中华典藏 全注全译本

国际儒学联合会教育系列丛书

丛书指导委员会主任
————滕文生 牟钟鉴 董金裕
总主编
————钱 逊 郭齐家
汉唐书局专家委员会审定

孟子 上

颜炳罡 译注

济南出版社 汉唐书局

图书在版编目（CIP）数据

孟子. 上 / 颜炳罡译注. —济南：济南出版社，2023.4
（中华典藏）
ISBN 978-7-5488-5568-2

Ⅰ.①孟… Ⅱ.①颜… Ⅲ.①儒家②《孟子》—研究 Ⅳ.①B222.55

中国国家版本馆 CIP 数据核字（2023）第 052252 号

出 版 人	田俊林
丛书策划	付晓丽　冀春雨
责任编辑	冀春雨　殷　剑
图书审读	陈　昇
装帧设计	王铭基　谭　正

出版发行	济南出版社
地　　址	济南市二环南路1号
编辑热线	0531—86131747　82926535（编辑室）
发行热线	82709072　86131701　86131729　82924885（发行部）
印　　刷	山东彩峰印刷股份有限公司
版　　次	2023年6月第1版
印　　次	2023年6月第1次印刷
开　　本	170 mm×240 mm　16开
印　　张	15.5
字　　数	220千
印　　数	1—4000册
定　　价	58.00元

（济南版图书，如有印装错误，请与出版社联系调换。联系电话：0531-86131736）

总　序

中国共产党的二十大报告指出：我们必须坚定历史自信、文化自信，坚持古为今用、推陈出新，把马克思主义思想精髓同中华优秀传统文化精华贯通起来。2023年2月7日，习近平总书记在学习贯彻党的二十大精神研讨班开班式上发表重要讲话，指出：中国式现代化，深深植根于中华优秀传统文化。

中华优秀传统文化的显著特点是启发人的内心自觉，追求的是人的身与心、人与人、人与社会、人与宇宙自然的统一与和谐，表现出人的崇高的精神境界，其思想背后是中国人对天道、天命和道德人格典范的敬畏。中华经典记录了中华优秀传统文化的本和源、根和魂，是构成我们民族文化、民族智慧、民族心灵的庞大载体，是支撑我们民族生存、发展、创新的活水源头，是几千年来维护我中华民族屡经重大灾难而始终不解体的坚强纽带。中华经典是人生教育学典籍，或者说是人生的课本、教材，靠一代代中国人的诵读、解释，并在传承中发展、创造，在极深刻意义上参与塑成了中华民族的历史和生活世界。其中蕴含的天下为公、民为邦本、为政以德、革故鼎新、任人唯贤、天人合一、自强不息、厚德载物、讲信修睦、亲仁善邻等精神，是中国人民在长期生产生活中积累的宇宙观、天下观、社会观、道德观的重要体现，是地地道道的"中国式"。

济南出版社·汉唐书局以习近平新时代中国特色社会主义思想为指导，高度落实习近平总书记关于中华优秀传统文化的一系列重要论述，深度理解中华经典的根源与发展，联合国际儒学联合会组织全国中华优秀传统文化相关领域的专家学者，通过深耕细作，潜心编写，精心注译，严谨校对，专业编排，集结成册，向广大读者隆重推出"中华典藏"系列丛书。本丛书包括20种典籍，即《论语》《孟子》《大学》《中庸》《近思录》《周易》《道德经》《诗经》《史记》《孙子兵法》《孔子家语》《三字经》《百家姓》《千字文》《千家诗》《弟子规》《龙文鞭影》《声律启蒙》《笠翁对韵》《蒙求》，除经典原文、注释、大意（译文）外，还根据每部典籍的特点，设置了知识拓展、释疑解惑等。

终身学习、终身教育已经成了这个时代的常态。中华经典是"母乳"，是最具纯正、最富营养、最有价值的终身学习资源。中华经典是整体之学，是身心之学，是素养之学，是每一个中国人在这个动荡变革时代中培养定力、安身立命的大宝典。因此，中华经典的受益者不仅仅是在校的老师和学生，还包括各级各类领导干部、工农兵学商等各行各业人员（如企业家、工厂工人、手工业者、新农村建设者、解放军官兵、科研工作者、医务工作者等），以及海外侨胞、留学生。

中华民族的祖先曾追求这样一种境界：为天地立心，为生民立命，为往圣继绝学，为万世开太平。我郑重将"中华典藏"这套普及性丛书推荐给读者，希望我们这个团队经过近十年共同奋斗所凝结的智慧，走向大众，让诵读中华经典的琅琅之声传遍祖国的大江南北，让我们每个人心中有山河，心中有宇宙，心中有父母，心中有圣贤，心中有家国天下，心中有我们中华民族的精神，心中有我们中国人的本心、本性。让我们全民为实现中华民族的伟大复兴与构建人类命运共同体凝聚智慧、贡献力量。

是为序！

郭齐家

2023年2月于北京回龙观寓所

目录

篇章体例
◎ 原文
◎ 注释
◎ 大意
◎ 释疑解惑

上册

导读	1
梁惠王上	1
梁惠王下	19
公孙丑上	42
公孙丑下	73
滕文公上	99
滕文公下	125
离娄上	151
离娄下	176

下册

万章上	208
万章下	243
告子上	269
告子下	294
尽心上	325
尽心下	353
	397

1

导　读

一、孟子其人其书

孟子，名轲，字子舆，战国时期邹国（今山东邹城）人。其生卒年月已不可详考，其中两种说法比较流行：一、杨伯峻等认为，孟子生于周安王十七年，即公元前385年，卒于周赧王十一年，即公元前304年，由北京大学编写、商务印书馆1995年出版的《中国哲学史》教材也持这种观点；二、任继愈等认为，孟子生于周烈王四年，即公元前372年，卒于周赧王二十六年，即公元前289年。孟子是鲁国贵族孟孙氏的后裔，后家道衰落，迁到邹国。据传说，孟子幼年丧父，在母亲的养育下长大成人。"孟母三迁""子不学，断机杼"等都相当有名，成为千古美谈。从时人对孟子"后丧逾前丧"批评来看，孟子"幼年丧父"的故事可能是后人为了拉近孟子与孔子的距离而制造的"神话"。孟子父亲死在母亲前面，他安葬母亲的礼仪比安葬父亲隆重、陪葬品更丰厚，如果孟子未成年父亲就去世了，孟子不应承担这份责任。不过，在男主外、女主内的传统家庭结构中，孟子受母亲影响更大些完全是可能的。对于孟子的师承关系有种种说法，《史记·孟子荀卿列传》记载，孟子"受业于子思之门人"。子思是战国时期一位杰出的哲学家，但对于"子思之门人"，后世已不知其名，看来孟子的这位老师在当时思想界的地位不高。不过，孟子自述"予未得为孔子之徒也，予私淑诸人也"（《孟子·离娄下》，以下凡引此书，只注篇名）。孟子一生追求，"乃所愿，则学孔子"（《公孙丑上》）。

孟子学成之后，在邹、滕等国设科教学，开始了一生教授学生的生活。孟子秉持"往者不追，来者不拒"（《尽心下》）开放讲学的方针，获得了成功，以至于"后车数十乘，从游数百人"（《滕文公下》），就是今天看来场面也非常壮观。办学成功后,他仿效孔子,开始周游列国,推行他的"仁政""王道"主张,欲实现其平治天下的政治抱负。他游历过齐、宋、薛、鲁、滕、梁等国。"游事齐宣王,宣王不能用。适梁,梁惠王不果所言,则见以为迂远而阔于事情。当是之时,秦用商君,富国强兵;楚、魏用吴起,战胜弱敌;齐威王、齐宣王用孙子、田忌之徒,而诸侯东面朝齐。天下方务于合从连横,以攻伐为贤。而孟轲乃述唐、虞、三代之德,是以所如者不合。"(《史记·孟子荀卿列传》)齐国与梁国是大国,孟子向齐宣王、梁惠王等推行他的治国主张,但未被采纳。晚年,孟子回到家乡,"退而与万章之徒序《诗》《书》,述仲尼之意,作《孟子》七篇"(《史记·孟子荀卿列传》)。

据《汉书·艺文志》记载,《孟子》一书共十一篇。十一篇中,内七篇,外四篇。外篇名为《性善》《辨文》《说孝经》《为政》。最早为《孟子》作注的赵岐认为,外四篇其文不能弘深,不与内七篇相似,不是孟子所作,而是后世学者仿作,故而他只注内七篇,不为外四篇作注。后世学者大都接受了赵岐的说法,以致外四篇失传。

关于《孟子》的作者有三说:一说是孟子自著,以赵岐、朱熹等为代表。赵岐《孟子题辞》:"此书,孟子之所作也,故总谓之《孟子》。"二说是孟子的学生根据孟子的言行编纂而成,以韩愈、晁公武、崔述、近人蒋伯潜等为代表。他们认为《孟子》一书由孟子的学生完成,而贡献最多的是公孙丑、万章二人。蒋伯潜的根据有三:一是梁襄王、梁惠王、齐宣王、邹穆公、滕文公、鲁平公等全称谥号,如果成于孟子生前,这些人不可能全部去世;二是孟子的学生称某某子,如乐正子、公都子等,老师著书没有称学生为子之理;三是《孟子》全书,全称孟子,不合乎周秦诸子著书习惯。由此他得出结论:《孟子》非孟子所著,乃是其学生记录孟子言行整理而成,仿《论语》之作[①]。第三种说法是《孟子》一书由孟子与其学生共同完成,以司马迁为代表。《史记·孟子荀卿列传》:"孟轲所如者不合,退而与万章之徒序《诗》《书》,述仲尼之意,作《孟子》七篇。"司马迁的说法给我们留下联想的空间:《孟子》既是自著,又不完全是自著,其学生公孙丑、万章之徒参与其中。至于其学生参与得多深,是否在孟子

[①] 蒋伯潜著:《十三经概论》,上海古籍出版社1983年版,第614—615页。

去世后，他们在掌握第一手资料的基础上继续加工，这都给我们留下了想象的空间。我们认为第三种说法比较可靠。

《孟子》成书以后，经历了由子而传、由传入经的演化过程。《孟子》本为子书，两汉时，《孟子》地位渐高，已列《论语》之次，在经子之间、传记之列。五代时，蜀主孟昶命毋昭裔楷书《易》、《书》、《诗》、《周礼》、《仪礼》、《礼记》、《春秋》三传、《论语》、《孟子》十一经刻石，是《孟子》入经之始。南宋朱子定《孟子》入"四书"。元、明、清以来以"四书"取士，《孟子》成为官方教科书。

二、以人禽之辨贞定"性善"说

孟子思想博大精深，涉及面极其广泛，天道说、性命说、性善说、修养说、仁政说、民本说、教育说等等，不一而足。这里我们不拟对孟子的思想展开全面论述，而以人禽之辨、义利之辨、王霸之辨、华夷之辨为纲，对其思想做一简要的论述。

人禽之辨是孟子思想的哲学基础、根基。学术界习惯称孟子学为心性之学。诚然，由"子思唱之，孟轲和之"的思孟学派内彻心性，外透天道、天命，建立了精致的儒家哲学系统，弥补了先秦儒家思辨系统之不足，但探讨心性、天道并不是孟子思想的目的，也不是孟子的主旨。孟子学的本质是人学，其心性、天道是为人服务的，或者说是从属于人的，孟子的"仁政"主张与"王道"理想是通过人的德性提升尤其是统治者的德性提升实现的。由是，什么是人或人何以为人，人如何成为人，就成为孟子思考、关注的重点，人何以为人的问题说到底是人异于禽兽或人为什么高于禽兽的问题。孟子深刻地意识到人与禽兽的差别很小。他说："人之所以异于禽兽者几希，庶民去之，君子存之。"（《离娄下》）

人，固动物之类也，因而人与禽兽的区别非常小，然而就是那非常小或者"几希"之点构成了人不同于禽兽或高于禽兽的根据。这是人之所以为人的理由所在，是人的真正意义。这个"几希"之点就是仁、义、礼、智"四端"。有这"四端"，人就是人，没有了这"四端"，人就不成其为人。孟子说：

所以谓人皆有不忍人之心者：今人乍见孺子将入于井，皆有怵惕恻隐之心，非所以内交于孺子之父母也，非所以要誉于乡党朋友也，非恶其声而然也。由是观之，无恻隐之心，非人也；无羞恶之心，非人也；无辞让之心，非人也；无是非之心，非人也。恻隐之心，仁之端也；羞恶之心，义之端也；辞让之心，礼之端也；是非之心，智之端也。人之有是四端也，犹其有四体也。有是四端而自谓不能者，自贼者也；谓其君不能者，贼其君者也。凡有四端于我者，知皆扩而充之矣，若火之始然，泉之始达。苟能充之，足以保四海；苟不充之，不足以事父母。（《公孙丑上》）

　　在孟子看来，仁、义、礼、智"四端"就像人的"四体"即四肢一样，是人与生俱来的，这是人所独具而禽兽所没有的，是人与禽兽区别的"几希"之点。孟子告诉人们，由"四端"所构成的人与禽兽的区别是本源的、先天的、普遍的、必然的，不是次生的、后发的、特殊的、或然的，也就是说，这"四端"是人与生俱来的类本质，凡人皆有之。从"四端"的意义说，人与禽兽的区别是本质的、内在的，不是形式的、外在的。

　　人与禽兽有许许多多的共同点，孟子并没有否认这些共同点，如告子的"生之谓性""食色，性也"等。孟子认为，"生之谓性""食色，性也"是人与禽兽共有的本质，不是人所特有的属性。"生之谓性"一定含着"犬之性，犹牛之性，牛之性，犹人之性"（《告子上》）这一逻辑推断，因为从生的意义界定性，凡动物皆为天地之生灵，都赋有生的意义，因而不能将人与禽兽区别开来，反而会造成人与禽兽的混同。"食色，性也"与"生之谓性"是同等意义的命题。食，赵岐、朱熹等认为是"甘食"，即美味；色，是悦色，即喜欢好的色彩；由此有的学者认为"食色"指喜好美好事物，这一观点虽然有些道理，但我们认为不够通透。《礼记·礼运》："饮食男女，人之大欲存焉。"焦循《孟子正义》、杨伯峻《孟子译注》皆认为，"食色"，即饮食男女，我们赞同这一说法。饮食是一切动物维系其生存的基本方式，不必甘食；色是一切动物繁衍、延续种类存在的基本方式，不必悦色。不过，食色这种属性，禽兽也有，同样不是人所独有的属性。总之，孟子的人禽之辨不是指向人与禽兽共有什么，而是指向人不同于禽兽、高于禽兽的独特之处。禽兽所没有而人所独有的属性就是人之所以为人的本质，即人性。从这个意义上说，孟子认为人性本善，而不是向善或善的潜能。

"四端"是先天的、与生俱来的本质，人伦之道与"四端"一样是人独有，而禽兽所没有的属性，但人伦之道不是先天的，而是后天的。如果说"四端"构成了人与禽兽内在本质的区别，那么人伦就构成了人与禽兽外在的区别。他说：

> 人之有道也，饱食、暖衣、逸居而无教，则近于禽兽。圣人有忧之，使契为司徒，教以人伦：父子有亲，君臣有义，夫妇有别，长幼有序，朋友有信。（《滕文公上》）

人，吃饱了，穿暖了，居住环境安逸了，而没有教化，就接近于禽兽。通过圣人的教化，接受"父子有亲，君臣有义，夫妇有别，长幼有序，朋友有信"五伦之教，将人与禽兽区别开来。从人类社会演进的角度，道德人伦是人类社会的物质生活发展到一定高度而产生的，道德人伦是人告别动物世界走向人类社会的标志，这是孟子人禽之辨的第二层含义。

显然，第一层含义的人禽之辨与第二层含义的人禽之辨在孟子那里并不协调。如果说在"四端"意义上辨人禽是本质主义的辨析，那么在人伦意义上辨人禽则是历史主义的辨析，而本质主义的辨析与历史主义的辨析在孟子那里怎样实现高度融合则是我们要思考的重心。从本质上说，人人都是一样的，然而，从历史主义的角度，他又说"契为司徒，教以人伦"，契何以"教以人伦"，孟子只能回答契是"先知先觉"，这样他就又不能不承认圣人与人有差异。我们认为，孟子在人禽之辨两层区分上的张力可能是由分疏问题的角度不同造成的。圣人与众人在本质上没有差异，差异是后天的、气质的，不是义理的。

孟子人禽之辨的两层区分第一层是本质的，第二层是历史的，第二层区分从属于第一层，而不是相反。从本质上说，人之所以异于禽兽者在于仁、义、礼、智"四端"。"四端"并非等量齐观，而是可以浓缩为仁、义"两端"，故而告子概括孟子是"以人性为仁义"（《告子上》）时，孟子并不持异议。从"仁，人心也""仁，人之安宅也""义，人路也"的意义上说，仁比义更具有本源性和内在性。总之，仁、义是人之所以为人的本质，是不同于禽兽、高于禽兽的根本标志。

三、以义利之辨捍卫人类尊严

谈到孟子或儒家的义利观，学术界常常冠以孟子"重义轻利""贵义贱利"，甚至"唯义主义"的标签，但是，大凡读过《孟子》一书的人都会发现，孟子常常告诉统治者"何必曰利？亦有仁义而已矣"。而其背后是"王天下"之大利。遍阅先秦诸子之书，没有几位思想家像孟子那样一再强调百姓的物质利益，这种矛盾背后究竟隐藏着怎样的秘密呢？

学术界认为孟子"重义轻利"或"唯义主义"者，都以如下两处内容作为主要证据：

孟子见梁惠王。王曰："叟！不远千里而来，亦将有以利吾国乎？"

孟子对曰："王何必曰利？亦有仁义而已矣。王曰，'何以利吾国？'大夫曰，'何以利吾家？'士庶人曰，'何以利吾身？'上下交征利而国危矣。万乘之国，弑其君者，必千乘之家；千乘之国，弑其君者，必百乘之家。万取千焉，千取百焉，不为不多矣。苟为后义而先利，不夺不餍。未有仁而遗其亲者也，未有义而后其君者也。王亦曰仁义而已矣，何必曰利？"（《梁惠王上》）

宋牼（kēng）将之楚，孟子遇于石丘，曰："先生将何之？"曰："吾闻秦楚构兵，我将见楚王说而罢之。楚王不悦，我将见秦王说而罢之。二王我将有所遇焉。"曰："轲也请无问其详，愿闻其指。说之将何如？"曰："我将言其不利也。"曰："先生之志则大矣，先生之号则不可。先生以利说秦楚之王，秦楚之王悦于利，以罢三军之师，是三军之士乐罢而悦于利也。为人臣者，怀利以事其君；为人子者，怀利以事其父；为人弟者，怀利以事其兄；是君臣、父子、兄弟终去仁义，怀利以相接；然而不亡者，未之有也。先生以仁义说秦楚之王，秦楚之王悦于仁义，而罢三军之师，是三军之士乐罢而悦于仁义也。为人臣者，怀仁义以事其君；为人子者，怀仁义以事其父；为人弟者，怀仁义以事其兄；是君臣、父子、兄弟去利。怀仁义以相接也，然而不王者，未之有也。何必曰利？"（《告子下》）

所有注意到孟子义利之辨的学者，无不留意到孟子的"王何必曰利？亦有仁义而已矣"这一掷地有声的千古名句，并将此作为孟子"重义轻利"，或者说是孟子否定利的重要证据。如果我们认真读一下原文，体会一下孟子语言的真意，就会发现孟子并没有否定利，而是认为在仁义背后隐藏着更大的利。孟子告诉梁惠王，"上下交征利而国危矣"，而国家陷入危险的境地，对国君是害还是利，当然是一目了然的。相反，如果国君行仁义，举国崇尚仁义，那么"未有仁而遗其亲者也，未有义而后其君者也"，这是国君最大的利。上述第一段文献告诉我们，义与利不是轻重问题，而是先后问题，即作为统治者，是以仁义为出发点还是以利害作为出发点的问题，而将"后义而先利"，即将利作为出发点，举国上下，将会"不夺不餍"，国危矣，何利之有？

如果说，义利之辨在上引第一段文献是先后问题的话，那么义利之辨在第二段文献则是内外问题，即是说，将义置定于内还是将利置定于内的问题，用《大学》的话来说，就是内本外末还是外本内末的问题。"为人臣者，怀利以事其君；为人子者，怀利以事其父；为人弟者，怀利以事其兄；是君臣、父子、兄弟终去仁义，怀利以相接；然而不亡者，未之有也。""怀利"就是将利益置定于内，视利益为自己内在的，一切以利益为出发点、为考量去对待各种复杂的人际关系，这样一来，整个社会的人都会视对方为手段、为工具，道德操守即仁义没有了，这样国家没有不灭亡的。相反，"为人臣者，怀仁义以事其君；为人子者，怀仁义以事其父；为人弟者，怀仁义以事其兄；是君臣、父子、兄弟去利，怀仁义以相接也；然而不王者，未之有也。""怀仁义"就是将仁义置定于内，以仁义作为内在于自己生命的价值标准，一切以仁义为出发点、为考量去对待各种各样的人际关系，这样整个社会的道德操守、信用关系就建立起来了，人人成为君子，真正实现了这一点就可以一统天下。整个社会人与人之间"怀利"相接，则亡；而"怀仁义"相接，则王。一亡一王，结局何止霄壤！

在孟子看来，以仁义为出发点，可以获得天下之大利，而以利益或利害为出发点,"天下交征利"或天下人怀利以相接,则会导致天下之大害。从这个意义上说,孟子没有轻利,更没有贱利,而是更注重天下之大利或者天下根本利益。

如果说孟子上面所说的利是利害之利,而不是利益,尤其不是物质利益的话,那么下面的引文,孟子则直接论及百姓的物质利益。他说:

不违农时,谷不可胜食也;数罟不入洿池,鱼鳖不可胜食也;斧斤以时入山林,材木不可胜用也。谷与鱼鳖不可胜食,材木不可胜用,是使民养生丧死无憾也。养生丧死无憾,王道之始也。五亩之宅,树之以桑,五十者可以衣帛矣。鸡豚狗彘之畜,无失其时,七十者可以食肉矣。百亩之田,勿夺其时,数口之家可以无饥矣。谨庠序之教,申之以孝悌之义,颁白者不负戴于道路矣。七十者衣帛食肉,黎民不饥不寒,然而不王者,未之有也。(《梁惠王上》)

无恒产而有恒心者,惟士为能。若民,则无恒产,因无恒心。苟无恒心,放辟邪侈,无不为已。及陷于罪,然后从而刑之,是罔民也。焉有仁人在位罔民而可为也?是故明君制民之产,必使仰足以事父母,俯足以畜妻子,乐岁终身饱,凶年免于死亡;然后驱而之善,故民之从之也轻。(《梁惠王上》)

百姓"养生丧死无憾,王道之始也","七十者衣帛食肉,黎民不饥不寒,然而不王者,未之有也"。民生,是永恒的话题,而关注民生是孟子思想的一大特色,民生就是人民最大的利益诉求,也是统治集团经国安邦、长治久安的物质基础。英明的国君一定会"制民之产","必使仰足以事父母,俯足以畜妻子,乐岁终身饱,凶年免于死亡。然后驱而之善,故民之从之也轻"。这一思想恰恰是孔子"富而后教"的继承与发挥。

由"何必曰利"到开口闭口离不开利,这一看似矛盾的现象其实在孟子那里存有内在的一致性。作为统治者不能"以利为利",而只能"以义为利"。"以利为利"或举国上下"怀利以相接",结果只能"上下交征利而国危矣"。关心百姓生活,对于统治者而言,就是怀仁义以接百姓,就是统治者最大的利益,因百姓也会怀仁义以接国君，上仁下义，国家安定。

　　孟子并非重义轻利，也非贵义贱利，义利问题在孟子那里不是轻重问题、贵贱问题，而是主观动机与客观效果问题，是先后次第问题；义是主观世界的问题，利是客观效验问题；义是道德理性之事，利是事实世界之事；二者并非同类，异类非比，故而义与利不能放在同一个天平上称其轻重，也不可能在同一尺度校短长。仁义是根本，利是末节，仁义存则利存焉，仁义亡则大害至焉，这是孟子的义利之辨。劳思光先生谓："义即理，有普遍性；利只有特殊性。特殊性不能作为价值规范之基础。"①

　　其实，孟子的义利之辨是人禽之辨的运用与延伸，义和利在孟子那里不是孰轻孰重的问题，是道德理性与工具理性何者更具有优先性的问题。由仁义行，即统治者要将道德理性放在优先地位，不言利而获天下之大利，而将百姓的利益、人民生活保障放在首要地位，对执政者而言也是由仁义行或怀仁义以接百姓，忧乐与民同之，即将人民的利益放在心上，就是执政者的大利。只有将孟子的义与利之辨放在辩证原则下，才能理解其义利之辨的真义。

　　如果说人禽之辨是孟子学的基础，那么义利之辨就是孟子学的核心。由义利之辨开启了孟子的君子与小人之辨、大体与小体之辨、天爵与人爵之辨等。虽说义利之辨是人类永恒的话题，但在"上无道揆也，下无法守也，朝不信道，工不信度，君子犯义，小人犯刑"（《离娄上》）的人欲横流的战国时代，无疑成为最迫切的道德问题、理论问题。这一问题可能是《孟子》一书开篇即"王何必曰利，亦有仁义而已矣"的原因。

　　仁义是人的本质，是人之所以为人的根据。人类是向上提升，还是向下沉沦；是守住仁义的底线有尊严地活着，还是在物欲追逐中将人间变成生物式的"丛林"世界，这是义利之辨的价值所在，"居仁由义"乃至"舍生取义"是对人类尊严的捍卫。

四、以王霸之辨探究人类最理想的治理模式

　　孟子义利之辨之旨在于确立仁义的优先性、绝对性与至上性，仁义是人之良

---

① 劳思光著：《新编中国哲学史》一卷，广西师范大学出版社2005年版，第125页。

贵，是人心人路，是人之安宅，代表着人的尊严与价值，而王霸之辨是义利之辨的运用。行仁义则是王道，假仁义则是霸道。

孟子曰："以力假仁者霸，霸必有大国；以德行仁者王，王不待大。汤以七十里，文王以百里。以力服人者，非心服也，力不赡也；以德服人者，中心悦而诚服也，如七十子之服孔子也。《诗》云：'自西自东，自南自北，无思不服。'此之谓也。"（《公孙丑上》）

王霸之辨表面上看是德力之辨，即崇尚德行为王，还是崇尚武力为霸，但这不是问题的本质，王道与霸道的不同说到底是对待仁义的态度、方式之不同。以仁义为口号，或打着仁义的旗帜，诉诸武力征服他国就是霸道，大国才能称霸，小国无力推行霸道；以高尚的道德操守，真心推行仁政，即本着仁义的原则去推行仁政就是王道，实行王道不一定是大国。王道的意义是建立型范，天下归心，故而它不必待大。当然，汤以七十里最终得灭夏桀，没有超越夏桀之力也是无法完成的，而文王以百里，并没有实现灭商纣、王天下之大业，而王天下依然是靠其子武王之力实现的，周公东征，克殷践奄，同样要诉诸武力。故而，王霸之辨不在于尚力与不尚力，而在于武力背后的价值支撑。

后世学者谈起孟子的王霸之辨，往往将孟子冠之以"贵王贱霸"的典型。其实王道在孟子那里并不是天下治理的最高境界，而是在天下大乱、诸侯争地夺城的战国时代，对普遍流行的霸道主义的一种超越和反省，高于三王的尧舜之治才是孟子的理想境界。治理天下之道的境界有高低，而决定境界高低者在于治者之一心，即取决于治者对仁义的态度及处理方式。所谓"尧舜，性之也；汤武，身之也；五霸，假之也。久假而不归，恶知其非有也"（《尽心上》）。王道相当于"汤武，身之也"。孟子又说："尧舜，性之也，汤武，反之也。"（《尽心下》）"身之"是从行上说，对仁义身体力行，努力践行；"反之"，是从性上说，通过修养工夫返回本性原初状态；霸道即五霸，假之也。假之即借仁义之名，以行讨伐之实。在尧舜，是由仁义行；在汤武，是行仁义；在五霸，是假仁义。在尧舜，仁义是内在于自己的本性，率性而行，不思而得，不勉而中，天理自然，圆满无缺；在汤武，伸张大义于天下，解民于倒悬之中，即行仁义，一天下；在五霸，假借仁义之名，以讨伐诸侯，横行天下。尧舜之治，以性行仁，由仁义行；汤武，以德行仁，是为王道；王霸，以力假仁，是为霸道。诚如陈大齐先生所言："'由仁义行'，可谓施仁的最高级。""'以德行仁'，是施仁的次高级，'以力假仁'，则为施仁的最低级。"① 陈先生的说法是有道理的。

王道并非孟子追求的治理天下的最高境界，同样霸道也不是孟子心目中最坏的社会状态或最低劣的治理方式。他说："五霸者，三王之罪人也；今之诸侯，五霸之罪人也；今之大夫，今之诸侯之罪人也……是故天子讨而不伐，诸侯伐而不讨。五霸者，搂诸侯以伐诸侯者也，故曰，五霸者，三王之罪人也。五霸，桓公为盛。葵丘之会，诸侯束牲载书而不歃血。初命曰，诛不孝，无易树子，无以妾为妻。再命曰，尊贤育才，以彰有德。三命曰，敬老慈幼，无忘宾旅。四命曰，士无世官，官事无摄，取士必得，无专杀大夫。五命曰，无曲防，无遏籴，无有封而不告。曰，凡我同盟之人，既盟之后，言归于好。今之诸侯皆犯此五禁，故曰，今之诸侯，五霸之罪人也。长君之恶其罪小，逢君之恶其罪大。今之大夫皆逢君之恶，故曰，今之大夫，今之诸侯之罪人也。"（《告子下》）霸道盛行的时代，虽然不及三王，然而霸主会盟诸侯，仍然维持社会基本秩序、规范与道德原则，而今之诸侯，连这些基本的秩序、规范和道德原则全抛弃了，故而"今之诸侯，五霸之罪人也"。

可见，孟子贵王贱霸是有条件的，不是无条件的。诚然，在王霸对比情况下，孟子推崇王道，贬斥霸道，但放在人类历史的长河中，分析王道与霸道，王道并非孟子的最高理想，霸道也不是孟子认为最坏的选择。当然，由仁义行的尧舜之世已经一去不复返了，而人类也不会在人欲横流、仁义充塞、率兽而食人的时代继续下去，而是在相当长的历史时期内在王霸之间做出选择。当举国崇拜霸道的时候，孟子高举王道主义的旗帜，对整个社会无疑具有清醒镇静之功。

王道政治是儒家所设计的社会治理模式。它以"仁政"为标准，以"民贵君轻"为出发点，要求统治者以高尚的道德操守从事国家管理活动，以德服人，顺民之意，遂民所欲，关注民生，实现尧舜时代"天下为公"的理想。

---

① 陈大齐著：《孟子待解录》，台湾商务印书馆1991年版，第347—348页。

五、以华夷之辨对抗野蛮与非理性

如果人禽之辨是哲学问题,义利之辨是伦理学问题,王霸之辨是政治问题的话,那么华夷之辨是孟子思想体系中的文化问题。孟子华夷之辨的实质是要求人类文明向上提升,而不是向下沉沦。在儒家文化系统中,文化、文明是有高低之分的,而华夏文明高于周边地区的文明形态,主张以华变夷,反对以夷变华。

华夷之辨在孟子以前就已经成为重要话题。《春秋左传正义·定公十年》:"中国有礼仪之大,故称夏;有服章之美,谓之华。"《春秋左传·闵公元年》狄人伐邢,管仲说:"戎狄豺狼,不可厌也;诸夏亲昵,不可弃也。"齐人救邢。管仲备受孔子称赞,主要原因在于管仲打出了"尊王攘夷"的口号,以实际行动捍卫了华夏文化免受夷化的侵扰。在"南夷与北狄交,中国不绝若线"(《春秋公羊传·僖公四年》)的春秋时代,齐桓公等挺身而出,为防止华夏"被发左衽"做出了贡献。"裔不谋夏,夷不乱华",成为春秋之际华夷之辨的主色调。

孟子说:

"吾闻用夏变夷者,未闻变于夷者也。陈良,楚产也,悦周公、仲尼之道,北学于中国。北方之学者,未能或之先也。彼所谓豪杰之士也。子之兄弟事之数十年,师死而遂倍之!昔者孔子没,三年之外,门人治任将归,入揖于子贡,相向而哭,皆失声,然后归。子贡反,筑室于场,独居三年,然后归。他日,子夏、子张、子游以有若似圣人,欲以所事孔子事之,强曾子。曾子曰:'不可。江、汉以濯之,秋阳以暴之,皜皜乎不可尚已。'今也南蛮𫛢舌之人,非先王之道,子倍子之师而学之,亦异于曾子矣。吾闻出于幽谷迁于乔木者,未闻下乔木而入于幽谷者。《鲁颂》曰:'戎狄是膺,荆舒是惩。'周公方且膺之,子是之学,亦为不善变矣。"(《滕文公上》)

劳思光先生认为:"孟子又以北方文化之立场批评南方之许行为蛮夷之道。

此节理论意义不大，从略。"①学术界一般认为，孟子在这里真正贡献是其社会分工理论，而其华夷之辨没有意义，故略而不谈。我们认为，孟子与许行辩论的理论利器是社会分工，但社会分工理论不是孟子理论的实质，而是其副产品，以夏变夷还是以夷变夏才是孟子社会分工理论的落脚点。如果仅仅纠缠于孟子社会分工的论述，可谓见末而不知本、见用而不知体、见术而不见道的皮相之论。

夏夷之辨就是华夷之辨。孟子的华夷观已经不是春秋时代的族群观念、地域观念，而是一种文化观念、文明观念，是承认社会进步还是社会后退的观念。社会分工甚至劳力与劳心的分工是社会发展的必然，是社会从野蛮进入到文明状态的必然。如果从许子之道，"贤者与民并耕而食，饔飧而治"，而国家有"仓廪府库"就是"厉民而自养"，那么只有取消国家，取消政府，取消行政管理，即倒退到前文明的状态。这种状态就是农家的代表人物许行本身也达不到。"以粟易械器者，不为厉陶冶；陶冶亦以其械器易粟者，岂为厉农夫哉？且许子何不为陶冶，舍皆取诸其宫中而用之？何为纷纷然与百工交易？何许子之不惮烦？"（《滕文公上》）在进入文明状态的战国时代，社会分工已成为必然，许子也只有不惮烦而纷纷然与百工交易，不可能完全自给自足。

孟子的华夷之辨不是北方文化与南方文化的问题，而是文明与野蛮的问题，是进步的历史文化观与倒退的历史文化观问题。由荆楚文化向华夏文化转化就是进步，而由华夏文化向荆楚文化转化就是倒退。华夏指向华夏的正统文化，尤其是周公、孔子所传承的尧舜之道；而夷则代表了非正统文化，无论是农家、墨家乃至道家之言，只要是主张倒退，偏离周公、孔子之道，就是夷。陈良是楚国人，对华夏文化有着极高的热情，从南方的楚国到北方学习周公、孔子之道，成为南方儒学的重要传人与代表。陈相及其弟陈辛追随陈良数十年，成为周公、孔子之道信奉者。不过，陈良死后，陈相、陈辛兄弟遂背叛其师而改信许行农家之学，由周公、孔子之道改信倒退到前文明状态的许子之言，是典型的由夏变夷，是由文明高地走向文化的低谷，正所谓"下乔木而入幽谷者"。

儒学与农家之争表面上是承不承认社会分工之争，实质是进步的文化观与倒退的文化观之争，是文与野的较量，故而孟子通过尧、舜、禹时期的文明发展过

---

① 劳思光著：《新编中国哲学史》一卷，广西师范大学出版社2005年版，第139页。

程说明圣王不耕的合理性。"后稷教民稼穑，树艺五谷；五谷熟而民人育。人之有道也：饱食、暖衣、逸居而无教，则近于禽兽。圣人有忧之，使契为司徒，教以人伦：父子有亲，君臣有义，夫妇有别，长幼有序，朋友有信。放勋曰：'劳之来之，匡之直之，辅之翼之，使自得之，又从而振德之。'圣人之忧民如此，而暇耕乎？"（《滕文公上》）问题是人们只是"饱食、暖衣、逸居而无教，则近于禽兽"，必须教以人伦，通过人伦尤其是五伦将人与禽兽区别开来。如果从许子之言，人类最理想的状态不过饱食、暖衣、逸居而已。而在孟子看来，饱食、暖衣、逸居固然重要，但不是人与禽兽的本质问题。由此看来，孟子的华夷之辨是建立在人禽之辨之上的，是以人禽之辨为理论支撑的文明观，也可以视为人禽之辨合乎逻辑的延伸。

许子之言不是对周公、孔子之道的提升，而是对人类文明的反动。孟子从人禽之辨的角度对此予以否定，论证以夏变夷的合理性，对以夷变夏给予坚决排斥。夏夷之辨在孟子那里不仅仅适用于农家，也适用于墨家、道家。他直斥墨家"无父"、杨朱"无君"，皆非人道的理论，而是禽兽之道。

> 公都子曰："外人皆称夫子好辩，敢问何也？"孟子曰："予岂好辩哉？予不得已也。天下之生久矣，一治一乱。当尧之时，水逆行，泛滥于中国，蛇龙居之，民无所定；下者为巢，上者为营窟。《书》曰：'洚水警余。'洚水者，洪水也。使禹治之。禹掘地而注之海，驱蛇龙而放之菹；水由地中行，江、淮、河、汉是也。险阻既远，鸟兽之害人者消，然后人得平土而居之。尧舜既没，圣人之道衰，暴君代作，坏宫室以为污池，民无所安息；弃田以为园囿，使民不得衣食。邪说暴行又作，园囿、污池、沛泽多而禽兽至。及纣之身，天下又大乱。周公相武王，诛纣伐奄，三年讨其君，驱飞廉于海隅而戮之，灭国者五十，驱虎、豹、犀、象而远之，天下大悦。书曰：'丕显哉，文王谟！丕承哉，武王烈！佑启我后人，咸以正无缺。'世衰道微，邪说暴行有作，臣弑其君者有之，子弑其父者有之。孔子惧，作《春秋》。《春秋》，天子之事也；是故孔子曰：'知我者，其惟《春秋》乎！罪我者，其惟《春秋》乎！'圣王不作，诸侯放恣，处士横议，杨朱、

◎ 导 读

墨翟之言盈天下。天下之言不归杨，则归墨。杨氏为我，是无君也；墨氏兼爱，是无父也。无父无君，是禽兽也。公明仪曰：'庖有肥肉，厩有肥马，民有饥色，野有饿莩，此率兽而食人也。'杨墨之道不息，孔子之道不著，是邪说诬民，充塞仁义也。仁义充塞，则率兽食人，人将相食。吾为此惧，闲先圣之道，距杨墨，放淫辞，邪说者不得作。作于其心，害于其事；作于其事，害于其政。圣人复起，不易吾言矣。昔者禹抑洪水而天下平，周公兼夷狄、驱猛兽而百姓宁，孔子成《春秋》而乱臣贼子惧。《诗》云：'戎狄是膺，荆舒是惩，则莫我敢承。'无父无君，是周公所膺也。我亦欲正人心，息邪说，距诐行，放淫辞，以承三圣者；岂好辩哉？予不得已也。能言距杨墨者，圣人之徒也。"（《滕文公下》）

孟子对农家学者许行的批判与对墨子学派、道家杨朱学派的批判完全是一致的：第一，他批判的立足点是文明进步史观；第二，其批判墨家、道家、农家的价值支撑是人禽之辨。他认为，人类文明的发展不是一帆风顺的，其中充满曲折，可谓一治一乱。而治乱循环并不是简单的重复，每一次循环都是在更高意义上的提升。然而每当人类文明出现危机之时，也是转机的开始，禹、周公、孔子等挺身而出，力挽狂澜，再造文明。禹、周公、孔子三圣代表着三个时代。

在"圣王不作，诸侯放恣，处士横议"的时代，孟子不得不好辩，不得不挺身而出，以"正人心，息邪说，距诐行，放淫辞"，以承尧、舜、周公、孔子先圣的志业。他强烈地批判杨朱学派和墨家学说，认为前者是"无君"，后者是"无父"，皆为禽兽之教，非人伦之教。孟子对杨朱学派和墨家学派"无君""无父"的指责最为学术界诟病。即使同情地理解孟子的学者，也不敢为孟子对杨朱与墨子的批判进行辩护。孟祥才教授认为，孟子对杨朱、墨家的批判"更多反映的是他作为儒家学派代表人物的思想和学术偏见"[1]。而台湾学者认为，孟子对杨朱学派和墨家学派的批判对杨朱和墨子"缺乏同情""是与真相有隔之见"[2]。那么真相究竟如何呢？杨朱学派思想可能非常复杂，而孟子对其

---

[1] 孟祥才著：《孟子传》，齐鲁书社2013年版，第96页。
[2] 王邦雄、曾昭旭、杨祖汉著：《孟子义理疏解》，台湾鹅湖出版社1995年版，第342-343页。

15

整个思想体系置之度外，而直接抓要害"为我"二字。何为"为我"？"杨子取为我，拔一毛而利天下，不为也。"（《尽心下》）意思是，拔一毛对己无损，然而可利天下，杨子不为。在"为我"的意义上说，这种人生态度不但是自私自利、极端利己主义的，而且是冷血的，故颜之推称之为"冷肠"。如果说"人人不损一毫，人人不利天下，天下治矣"，那么这样的"天下治"自出现国家以来是不会有的。除非人类倒退到茹毛饮血的时代，倒退到没有政府、没有国家的状态。杨朱"为我"放弃了社会责任和公民担当，可以说正是子路批判的那种"欲洁其身，而乱大伦"。隐者的这种大伦就是"君臣之义"（《论语·微子》）。杨朱"为我"，说到底就是废除"君臣之义"。孟子直斥其"无君"，不过戳穿了"皇帝的新装"而已。近世以来，许多论者一定要将杨朱与自由、人权联系起来，岂不可笑？

墨家"兼爱"是不是"无父"呢？朱熹注："墨子爱无差等，而视其至亲无异众人，故无父。"在"兼爱"的口号下，墨子主张"视人之父若己父"，所谓人己不分，人之父与己之父不分，天下之大，人民之众，人之父多矣，皆视为己父，而己父也成人之父，故而"无父"。

站在儒家伦理的立场上，孟子批判杨朱"无君"和墨子"无父"并没有错，然而"无君""无父"是否就是禽兽呢？当然我们有权追问。站在儒家的立场上，"君臣有义""父子有亲"，一是指向政治伦理，一是指向血缘伦理。亲亲为仁，尊贤为义，仁义是人的内在本质，"杨墨之道不息，孔子之道不著，是邪说诬民，充塞仁义也。仁义充塞，则率兽食人，人将相食"。杨朱与墨家学说的流行，仁义充塞，使人丧失了人的本质，由此，"无父无君，是禽兽也"的逻辑推论并没有问题。但是无论是杨朱，还是墨子，都不是简单的"为我""兼爱"就能穷尽其全部理论学说的，孟子抓住"为我""兼爱"进行猛烈的批判与讨伐，显然有以偏概全之嫌。

华夷之辨是文化之争，人禽之辨是孟子华夷之辨的价值支撑和哲学基础。孟子将华夷问题由族类问题转化为文化问题，由内外转化为自身的文化问题。在孟子看来，华代表着三圣先王相传之道，是中华文化的主流、正统与根本，而夷代表着对这一正统的偏离。捍卫先王之道，"距杨墨，放淫辞"，使"邪说者不得作"成为其历史使命。

　　人禽之辨是孟子四辨之学的哲学基础，是其全部理论学说的价值支撑，由人禽之辨上通天人之辨，内彻性命之辨，由此贞定"性善论"的真正意义。义利之辨是孟子四辨的中心，由义利之辨散出去，可有天爵与人爵之辨、大体与小体之辨、君子与小人之辨，由此确立道德理性的绝对性、普遍性与至上性。义利之辨上贯人禽之辨，下通王霸之辨。王霸之辨是义利之辨的引申，也是义利之辨的具体化。放到整个人类历史过程中，王道并非孟子认为的最好的治理方式，霸道也不是最坏的治理方式，但王霸之争是战国时代结束长期战祸让天下"定乎一"的有效方式。王道表现在具体施政纲领上就是仁政，仁政是孟子政治学说的核心观念。孟子将华夷之辨由族类之区别转化为主流、正统文化与非正统文化之争，辟杨墨，斥许行，以捍卫尧、舜、禹、汤、文、武、周公、孔子之道。通过四辨之学，我们可以从另一个层面发现孟子思想体系的义理结构，更好地理解孟子思想的本质意义。

梁惠王上

《梁惠王上》分七章，我们认为可以将第三、四两章合为一章，实际上是六章，主要是孟子与梁惠王、梁襄王、齐宣王对话的记录。孟子提出了"先义后利""与民偕乐""制民之产""保民而王"等主张，明确地亮出了"仁政"学说。"不远千里""仁者无敌""老吾老，以及人之老；幼吾幼，以及人之幼""五十步笑百步""缘木求鱼"等，成为妇孺皆知的成语或名言。本篇蕴藏着深刻的治国理政和为人处世的哲理。

[1] 孟子见梁惠王①。王曰:"叟②!不远千里而来,亦将有以利吾国乎?"

孟子对曰:"王何必曰利?亦有仁义而已矣。王曰,'何以利吾国?'大夫曰,'何以利吾家?'士庶人③曰,'何以利吾身?'上下交征④利而国危矣。万乘⑤之国,弑⑥其君者,必千乘之家;千乘之国,弑其君者,必百乘之家。万取千焉,千取百焉,不为不多矣。苟为后义而先利,不夺不餍⑦。未有仁而遗其亲者也,未有义而后其君者也。王亦曰仁义而已矣,何必曰利?"

◎ **注释**　①〔梁惠王〕就是魏惠王(前400—前319),魏,国名。梁惠王,名罃,惠是谥号。公元前369年继父魏武侯之位,即位后九年由旧都安邑(今山西运城东)迁都大梁(今河南开封西北),所以又叫梁惠王。②〔叟〕老翁。③〔士庶人〕士和庶人。士,即有文化而无官位的人。庶人,即老百姓。④〔交征〕互相争夺。⑤〔乘(shèng)〕量词,古代用四匹马拉的一辆兵车叫一乘,诸侯国乃至卿大夫之家的势力大小往往以兵车的多少来衡量。⑥〔弑〕以下杀上,以卑杀尊,子杀父、臣下杀君上叫弑。⑦〔餍(yàn)〕满足。

◎ **大意**　孟子拜见梁惠王。梁惠王对孟子说:"老先生,您不远千里、长途跋涉来到我的国家,会给我的国家带来利益吧?"

孟子回答说:"王,您为什么开口一定讲利呢?(我能给您带来的)只不过是仁义罢了。王说,'怎样才有利于我的国家?'大夫说,'怎样才有利于我的封地?'一般的士人和老百姓也都会说,'怎样才有利于我自己?'自上而下都相互追逐私利,整个国家就危险了。拥有一万辆兵车的大国,杀掉其国君的,一定是拥有千辆兵车的大夫之家;拥有千辆兵车的国家,杀掉其国君的,一定是拥有百辆兵车的大夫之家。在拥有万辆兵车的国家中,大夫拥有千辆兵车;在拥有千辆兵车的国家中,大夫拥有百辆兵车;这些大夫所拥有的不能说不多。假若将利放在优先位置,而将义放在利的后面,那会闹到不篡夺国君君位就不满足的地步。

从来没有讲仁德的人会遗弃他的父母,也从来没有讲道义的人会怠慢他的君上。所以大王您也只要讲仁义就够了,为什么开口一定要讲利呢?"

◎ 释疑解惑

孟子的生卒年月已不可详考。一般说法,生于公元前 372 年,卒于公元前 289 年。第一,孟子年龄小于梁惠王,梁惠王公元前 369 年继位,在位 50 年,这样一来,梁惠王继位时,孟子才两岁,梁惠王去世时,孟子 52 岁。一说,孟子生于公元前 385 年,这样说来,梁惠王去世时,孟子则已经 66 岁。

本章集中反映了孟子与梁惠王价值观的冲突与张力、矛盾与焦虑。这一问题之所以放在首章,是因为此章体现了孟子思想的核心价值观,昭示了以孟子为代表的价值观与当时执政者价值观的冲突。

仁义,是孟子思想的核心价值,也是其全部学说关键之所在。以仁义为性,因而性善,以仁义为心,因而为本心,"由仁义行",仁义既是动机,也是目的,是动机与目的的合一,由此而行,行的是人生之大道,"居仁由义"的人生才是真正值得过的人生。

由孔子的仁到孟子的仁义,这是儒家价值观合乎逻辑的发展,如果说仁是孔子全部学说的核心的话,那么可以说,仁义是孟子全部学说的核心,故而"亦有仁义而已"如横空出世,力扫千军!

战国时代,是一个人欲横流的时代,言利、言货、言色、言勇,无论是位高者,还是位卑者,脱口而出,毫不遮掩,梁惠王之问"亦将有以利吾国乎"并不突兀。而孟子对时代的陈词滥调给予了当头棒喝:"亦有仁义而已矣。王何必曰利!"由此展开他的义利之辨。

孟子不是唯物主义者,在他看来,义与利的问题不是轻重问题,而是先后问题,即义与利何者更具有优先性的问题。如果将利放在第一位,放在优先的位置上,整个社会就会陷入"交征利"的状态,这样社会就没有前途,没有未来,只能在人欲的驱使下不断向下,直至沉沦。相反,将义放在第一位,放到优先的地位,社会各阶层的人们都会考虑对方的利益,社会就会出现和谐的局面,这是统治者最大的利,也是整个社会的利。

大家千万别忘了孟子言说的对象是梁惠王,不是普通的百姓。要求统治者将义放在治国理政的首位,不是很合理的吗?

[2] 孟子见梁惠王。王立于沼①上，顾鸿雁麋鹿，曰："贤者亦乐此乎？"

孟子对曰："贤者而后乐此，不贤者虽有此，不乐也。《诗》②云：'经始灵台，经之营之。庶民攻③之，不日④成之。经始勿亟⑤，庶民子来。王在灵囿，麀鹿攸伏⑥，麀鹿濯濯⑦，白鸟鹤鹤⑧。王在灵沼，於牣⑨鱼跃。'文王以民力为台为沼，而民欢乐之，谓其台曰灵台，谓其沼曰灵沼，乐其有麋鹿鱼鳖。古之人与民偕乐，故能乐也。《汤誓》⑩曰：'时日害丧，予及女偕亡。'民欲与之偕亡，虽有台池鸟兽，岂能独乐哉？"

◎ **注释** ①〔沼（zhǎo）〕水池。②〔《诗》〕即《诗经》，我国现存最早的诗歌总集，儒家的六经（《乐经》亡佚）之一。《诗经》保存了大抵自殷末至春秋中期的作品，存目三百一十一篇，实存共三百零五篇，又称《诗三百》，分为风、雅、颂三类。③〔攻〕旧注为治，劳作。④〔不日〕朱熹注：不终日也。一天都不用。⑤〔勿亟〕不用督促。⑥〔麀（yōu）鹿攸伏〕麀鹿，雌鹿。攸，所。伏，卧。母鹿安于它原来所在的地方，没有被惊动。⑦〔濯濯〕肥胖而毛有光泽的样子。⑧〔鹤鹤〕形容羽毛洁白的样子。⑨〔牣〕满。⑩〔《汤誓》〕《尚书》中的一篇。《尚书》是我国上古历史文献和部分追述上古事迹著作的汇编，是儒家经典之一，又称《书经》。《汤誓》这一篇，记载商汤讨伐暴君夏桀的誓词。"时日害丧，予及女偕亡"，这是百姓诅咒夏桀的话。时，这。害，同"曷"，何时的意思。

◎ **大意** 孟子拜见梁惠王。梁惠王站在池塘旁边，看着水池周围的鸿雁麋鹿，（得意扬扬地）问孟子："有贤德的人也喜欢享受这种快乐吗？"

孟子回答说："只有有贤德的人才能享受这种快乐，没有贤德的人即使拥有这些东西也享受不到快乐。《诗经·大雅·灵台》篇说：'开始筑灵台，又测量又经营，百姓齐建造，不久便建成。开工不督促，百姓都赶来。文王偶来游灵囿，母鹿伏地乐悠悠，母鹿肥又美，白鸟羽毛洁。王到灵沼上，满池鱼跳跃。'周文王虽然动用民力兴建高台深池，百姓却十分高兴，把他的高台叫作'灵台'，把他的深池叫作'灵沼',还为文王拥有这些禽兽鱼鳖感到高兴。古代的贤人能够与民同乐,所以他自己也能得到真正的快乐。《尚书·汤誓》中说:'这个太阳(暗指夏桀)什么时候灭亡啊,我们愿意与你同归于尽。'百姓都要与他同归于尽,即使他有高台深池、珍禽异兽,难道他能享受这些东西给他带来的快乐吗?"

◎ 释疑解惑

"与民偕乐"是本章的主题。

面对精心设计的私家园囿,看到飞禽走兽的欢腾跳跃,梁惠王问:"贤者亦乐此乎?"孟子认为,贤者并不是不食人间烟火的"妖怪",更不是刻意过清贫生活的苦行者,因而他认可"此乐"。问题是作为梁国最高统治者的梁惠王如何才能拥有"此乐",保持"此乐"。孟子告诉梁惠王,有德的人才能拥有"此乐",无德的人拥有这些楼台亭榭,拥有这些鸿雁麋鹿,但不会拥有快乐。

有德者快乐,无德者即使拥有天下之财富也不会快乐。儒家一向注重历史传统,历史是一面镜子,可以照鉴当下与未来。周文王要建台,要建沼,百姓无不欢乐地主动助其完成,这是为什么呢?因为文王之台是天下人之台,文王之池是天下人之池,文王之禽兽鱼鳖天下人皆可观赏之,文王与民同乐,故而文王才能真正获得"此乐"。相反,夏桀自比太阳,以为自己可以光照天下,独享天下一切,结果天下百姓诅咒他,甚至想与他同归于尽。即使他拥有一切,但他快乐吗?

智慧深,山河大地立成金色,文王是也;罪孽重,食到口边皆化猛火,夏桀是也。作为统治者,"与民偕乐"是他的德,有德才有乐,德即其福;"不与民偕乐"是无德,无德而想独享其乐,甚至刻薄天下之人以成自己之乐,天下人共诛之,其福何存?

"与民偕乐""与百姓同乐"是孟子一再向统治者发出的呼吁,而范仲淹的"先天下之忧而忧,后天下之乐而乐"是士大夫对自身的要求,二者并不矛盾。孟子与范仲淹对忧乐的表述,不是谁高明不高明的问题,也不是境界的高低问题,而是对象不同的问题。儒家对自己要严,对他人要宽,对统治者要求"与民偕乐",对自己要求"后天下之乐而乐",其心一也。

[3] 梁惠王曰:"寡人①之于国也,尽心焉耳矣。河内②凶,则移其民于河东③,移其粟于河内。河东凶亦然。察邻国之政,无如寡人之用心者。邻国之民不加少,寡人之民不加多,何也?"

孟子对曰:"王好战,请以战喻。填然鼓之④,兵刃既接,弃甲曳兵而走⑤,或百步而后止,或五十步而后止。以五十步笑百步,则何如?"

曰:"不可,直不百步耳,是亦走也。"

曰:"王如知此,则无望民之多于邻国也。"

"不违农时,谷不可胜食也;数罟不入洿池⑥,鱼鳖不可胜食也;斧斤以时入山林⑦,材木不可胜用也。谷与鱼鳖不可胜食,材木不可胜用,是使民养生丧死无憾也。养生丧死无憾,王道之始也。

"五亩之宅,树之以桑,五十者可以衣帛矣。鸡豚狗彘之畜⑧,无失其时,七十者可以食肉矣。百亩之田,勿夺其时,数口之家可以无饥矣。谨庠序⑨之教,申之以孝悌之义,颁白⑩者不负戴于道路矣。七十者衣帛食肉,黎民不饥不寒,然而不王者,未之有也。

"狗彘食人食而不知检,涂有饿莩⑪而不知发;人死,则曰:'非我也,岁也。'是何异于刺人而杀之,曰:'非我也,兵也。'王无罪岁,斯天下之民至焉。"

◎ **注释** ①〔寡人〕寡,少,这里的寡人意指寡德之人,是古代国君对自己的谦称。②〔河内〕指当时魏国黄河以北的土地,大体是指今河南省黄河以北地区。③〔河东〕指当时魏国黄河以东的土地,大体是指今山西省黄河以东地区。④〔填然鼓之〕填然,形容声势宏大。鼓之,即打起鼓来,发动进攻。古人作战击鼓为进攻,鸣锣收兵。⑤〔弃甲曳(yè)兵而走〕弃,抛弃。甲,铠甲。曳,拖着。兵,兵器。走,跑。古人慢走为步,快走为趋,走为快跑。意思是说抛弃铠甲,拖着兵器,向后逃跑。⑥〔数（cù）罟（gǔ）不入洿（wū）池〕数，密、细。罟，网。洿，大、深。古人规定网眼细密之网禁止到河流、湖泊里打鱼，以保护鱼类资源的生长和繁殖。⑦〔斧斤以时入山林〕斤，斧头一种。时，时令季节。《礼记·王制》说："草木零落，然后入山林。"古人砍伐树木是有规定的，宜在草木凋落时砍伐，生长季节则不能砍伐。⑧〔鸡豚（tún）狗彘（zhì）之畜（xù）〕豚，小猪。彘，猪。畜，畜养，饲养。这里泛指一切家禽家畜的饲养。⑨〔庠（xiáng）序〕对古代地方学校的称谓。《礼记·学记》："古之教者，家有塾，党有庠，术有序，国有学。"家，这里指"闾"，二十五户人共住一巷称为闾。塾，设在闾中的学校。党，五百户为党。庠，设在党中的学校。术，同"遂"，一万二千五百家为遂。序，设在遂中的学校。国，国都，学，大学。⑩〔颁白〕头发花白。颁，同"斑"。⑪〔饿莩（piǎo）〕饿死的人。莩，同"殍"，饿死的人。

◎ **大意**　梁惠王说："我对于治理国家，可谓是尽心尽力了。如果河内发生了灾荒，我就把居于河内的百姓迁移到河东，还把河东的粮食运到河内（以赈灾）。假如河东发生了灾荒也采取同样的办法。我观察周围国家的政事，没有像我这样尽心竭力的。但是周围国家的百姓却没有减少，而我的百姓也不见增多，这是为什么呢？"

孟子回答说："大王您喜好战争，那么就请允许我拿战争打个比方吧。战鼓咚咚地敲响了，双方士兵的兵器刚刚接触，有的士兵就丢掉盔甲拖着兵器逃跑了，有的士兵逃了上百步停下来，有的士兵只逃了五十步就停下来了。逃跑了五十步的士兵嘲笑那些跑了一百步的士兵，大王您觉得怎么样呢？"

梁惠王说："不行，只不过是没有逃到一百步罢了，同样是逃跑。"

孟子说："大王如果您懂得这个道理，就不要期望自己国家的百姓比周围国家的百姓多了。

"（治国者）只要不违背农时，那么粮食就会多得吃不完了；如果不用细密的渔网到大的湖泊、池塘中去捕鱼，那么鱼鳖也就多得吃不完了；根据一定的时节到林中砍伐树木，那么木材也就多得用不完了。粮食和鱼鳖多得吃不完，木材多得用不完，就能使老百姓供养生者、安葬死者而不至于感到不满足了。老百姓养生丧死没有什么不满足，这便是王道的开始。

"方圆五亩大的宅院，在里面栽上桑树，五十岁以上的人就有丝织的衣服可穿了。鸡和狗猪之类的家畜，不要耽误它们繁殖、饲养的时间，七十岁以上的人就有肉吃了。百亩大的田地，如果能够得到及时耕种，一家老小数口人就不会挨饿了。认真地搞好学校的教育，反复向人们阐明孝敬父母、尊敬兄长的道理，须发花白的老人就不会肩挑背负地在道路上艰难行走了。七十岁以上的人穿着丝绵袄，吃着肥肉，普通老百姓不会挨饿受冻，这样还不能使人归服而一统天下的是不可能的。

"（如今）猪狗之类的牲畜吃着人吃的粮食却不知道设法制止，路上出现了饿死的人却不知道开仓救济饥民；老百姓死了，却说'杀死他们的不是我，是凶年饥岁啊'。这与用刀子刺杀一个人，却说'杀死他的不是我，是刀子'有什么区别呢？大王您要是能不归罪于凶年饥岁，这样普天之下的老百姓就都会来投奔您了。"

◎ 释疑解惑

梁惠王陷入了苦恼之中，他自我感觉对治理梁国已经用心良苦，甚至是倾注全力，然而收效甚微，"邻国之民不加少，寡人之民不加多"。

梁惠王问孟子原因。孟子十分机智，没有正面回答他的问题，而是运用形象的比喻，让其开悟。两军对垒，双方短兵相接，士兵们畏战而逃，有的逃了一百步后停下来，有的逃了五十步后停下来，逃跑五十步的士兵嘲笑逃了一百步的士兵，可以吗？梁惠王当然明白，五十步也好，一百步也罢，都是逃跑，只有程度的不同，没有本质上的区别。孟子告诉梁惠王，既然明白这个道理，那么就该懂得"邻国之民不加少，寡人之民不加多"的原因了。一句话，梁惠王与其他诸侯国君没有本质的不同，最多只有程度的差异，归根结底是一样的人。

梁惠王在孟子面前大谈德治，以及其治国之良策："河内凶，则移其民于河东，移其粟于河内。河东凶亦然。"这些政策都是治标不治本，都是问题出现了，才着手解决问题，而不是从根本上防止这些问题发生。什么才是治本？孟子由此提出了一系列养民、足民、惠民、富民的政策，"不违农时，谷不可胜食也；数罟不入洿池，鱼鳖不可胜食也；斧斤以时入山林，材木不可胜用也；谷与鱼鳖不可胜食，材木不可胜用，是使民养生丧死无憾也。养生丧死无憾，王道之始也。五亩之宅，树之以桑，五十者可以衣帛矣。鸡豚狗彘之畜，无失其时，七十者可以食肉矣。百亩之田，勿夺其时，数口之家可以无饥矣。谨庠序之教，申之以孝悌之义，颁白者不负戴于道路矣。七十者衣帛食肉，黎民不饥不寒，然而不王者，未之有也"。孟子从"王何必曰利？亦有仁义而已矣"到此大谈百姓之利，可见其重公利、民利，认为只有解决了百姓的基本生活问题，才有可能王天下。"养生丧死无憾，王道之始也"，民生是永恒的主题，是一切良政之由。民生问题解决了，"申之以孝悌之义"，百姓才能更好地贯彻和执行孝道与悌道。

孟子直指梁惠王的痛处，他自以为对梁国尽心了，可是孟子所见则是"狗彘食人食而不知检，涂有饿莩而不知发"，百姓饿死了，却说不是自己不尽心为政造成的，而是自然灾害造成的。这与用刀子杀死人，说不是自己杀的，而是刀子杀的，有什么区别？由是孟子点出"王无罪岁"，那么天下的百姓都会归顺。

"王无罪岁"，四字十分有力！百姓受冻挨饿的原因不是自然灾害，而是统治者治国理政的方式出了问题，是政策出了问题。因此，统治者要反躬自问，而不是把责任推给自然灾害。

[4] 梁惠王曰："寡人愿安承教。"

孟子对曰："杀人以梃①与刃，有以异乎？"

曰："无以异也。"

"以刃与政，有以异乎？"

曰："无以异也。"

曰："庖②有肥肉，厩③有肥马，民有饥色，野有饿莩，此率兽而食人也。兽相食，且人恶之④；为民父母，行政，不免于率兽而食人，恶⑤在其为民父母也？仲尼⑥曰：'始作俑⑦者，其无后乎！'为其象人而用之也。如之何其使斯民饥而死也？"

◎ **注释** ①〔梃(tǐng)〕棍棒。②〔庖(páo)〕厨房。③〔厩(jiù)〕马圈。④〔兽相食，且人恶(wù)之〕且，还。恶，憎恶。其意是说禽兽之间相互吞食，人还憎恶这种现象。⑤〔恶(wū)〕疑问代词，怎么。⑥〔仲尼〕孔子，名丘，字仲尼。⑦〔俑〕古代陪葬用的偶人，用陶或木做成。

◎ **大意** 梁惠王说："我很乐意受到您的指教。"

孟子答道："用木棒和刀子杀人，有什么不同吗？"

梁惠王说:"没有什么不同。"

(孟子问:)"用刀子和用行政手段杀人有什么不同吗?"

(梁惠王)回答说:"没有什么不同。"

(孟子)说:"厨房里摆放着肥美的肉食,马圈里养着健壮的马匹,老百姓却面带饥色,田野里横躺着饿死者的尸体,这相当于当政的人带领着禽兽吃人啊。禽兽之间相互吞食,人们还厌恶这种事情;作为国君,施政发令,却不能免于带领禽兽吃人(这种事情发生),怎能称得上是国君呢?孔子说:'第一个制作用于殉葬的木偶、泥偶的人,应该没有后代了吧!'(孔子为什么会对始作俑者如此深恶痛绝呢?)就是因为用了人形的木偶、泥偶去殉葬。(像这样用人形的木偶、泥偶殉葬尚且不可,为政者)又怎么能够让人民饿死呢?"

◎ 释疑解惑

经过孟子的开导,梁惠王终于表示"愿安承教"。

孟子告诉梁惠王:木棒可以杀人,刀子可以杀人,行政不当同样可以杀人。施政不当,杀人无形,然而为害更烈。"庖有肥肉,厩有肥马,民有饥色,野有饿莩",何止是以行政手段杀人!孟子明告梁惠王这是"率兽而食人",并直接将不负责任的官僚集团比喻为禽兽集团,言人所不能言,言人所不敢言,振聋发聩,响彻千古!

孟子是先秦时期最富有正义感、最具有抗争精神的思想家,他直斥那种一味揣摩国君之心意、迎合上司之心理的人是没有脊梁的"妾妇之道"。孟子的这种批判精神永远值得后人学习!

[5]　梁惠王曰:"晋国①,天下莫强焉,叟之所知也。及寡人之身,东败于齐,长子死焉②;西丧地于秦七百里③;南辱于楚④。寡人耻之,愿比死者壹洒⑤之,如之何则可?"

孟子对曰:"地方百里而可以王。王如施仁政于民,省刑罚,薄税敛⑥,深耕易耨⑦;壮者以暇日修其孝悌忠信,入以事其父兄,出以事其长上，可使制梃以挞秦楚之坚甲利兵矣。彼夺其民时，使不得耕耨以养其父母。父母冻饿，兄弟妻子离散。彼陷溺⑧其民，王往而征之，夫谁与王敌？故曰：'仁者无敌。'王请勿疑！"

◎ **注释** ①〔晋国〕春秋五霸之一，强盛时期疆域扩大到现在山西大部、河北西南部、河南北部和陕西部分地区，公元前376年，韩、赵、魏三家分晋地，晋亡。魏是晋国分出来的，魏惠王自称晋国，暗含他才是晋国正统之意。②〔东败于齐，长子死焉〕梁惠王三十年（前340年），齐国用田忌为将，孙膑为军师，在马陵大败魏军，杀魏将庞涓，俘虏太子申（惠王长子）。③〔西丧地于秦七百里〕梁惠王三十一年（前339年），秦国伐魏国，魏因安邑离秦近，迁都大梁。后魏屡献河西之地给秦国。④〔南辱于楚〕梁惠王后元十一年（前324年），魏在襄陵（现在河南睢县西）被楚国打败的事。⑤〔洒（xǐ）〕通"洗"，洗雪。⑥〔薄税敛〕薄，减轻，减少。税敛，国家向百姓征收的钱粮。意为减轻赋税。⑦〔深耕易耨（nòu）〕易，治。耨，锄草。深耕土地，除去杂草。⑧〔陷溺〕陷，下陷。溺，淹在水里。

◎ **大意** 梁惠王说："晋国的强大，当时没有哪个国家能够比得上，这是您知道的。但是到了我在位的时候，东面和齐国作战，被齐国打败，连我的大儿子也战死了；西面被秦国占去了七百里的土地；在南边又受到楚国的羞辱（被楚国打败，抢去了八个城池）。我对此深以为耻，希望能够为我们所有的战死者报仇雪恨，怎样才可以做到呢？"

孟子回答说："方圆百里的小国也可以统一天下而称王。大王您如果能够对老百姓实行仁政，减免严刑峻法，减轻苛捐杂税，（使老百姓可以）深耕细作、除去杂草，壮年的人在闲暇的时候可以修习孝顺父母、尊敬兄长、忠诚守信的道德，在家用以侍奉父母和兄长，在外用以侍奉长辈和上级，这样，哪怕是使用木棒也可以打败秦楚身披坚厚铁甲、手执锐利兵器的军队了。

"秦国和楚国剥夺人民的耕作时间，使他们不能进行耕种，以养活他们的父母。父母挨饿受冻，兄弟妻子东逃西散。这两国使他们的百姓陷于水深火热之中，大王您去征讨他们，有谁能与您抗衡呢？所以说：'有仁德的人无敌于天下。'请您不要再怀疑了。"

◎ 释疑解惑

梁惠王东败于齐，西败于秦，南辱于楚，让曾经以五霸之一的晋国正统继承者自居的梁惠王屡屡蒙羞，发誓要报仇雪恨，洗刷前耻。

孟子表面上没有反对梁惠王的想法，但实际上告诉梁惠王以他的方法不仅不能洗刷前耻，反而会让他蒙受更大的耻辱。如何才能真正一洗过去的耻辱呢？孟子向梁惠王开出了行仁政的"药方"。行仁政既要"省刑罚，薄税敛，深耕易耨"，又要对国民进行孝悌忠信教育。孟子的"仁政说"影响深远。而"仁者无敌"四字成为许多中国人的精神支撑和信仰。

[6] 孟子见梁襄王①，出，语②人曰："望之不似人君，就之而不见所畏焉。卒③然问曰：'天下恶乎定？'

"吾对曰：'定于一④。'

"'孰能一之？'

"对曰：'不嗜杀人者能一之。'

"'孰能与之？'

"对曰：'天下莫不与也。王知夫苗乎？七八月之间旱，则苗槁矣。天油然作云，沛然下雨，则苗浡然⑤兴之矣。其如是，孰能御之？今夫天下之人牧⑥，未有不嗜⑦杀人者也。如有不嗜杀人者，则天下之民皆引领而望之矣。诚如是也，民归之，由水之就下，沛然谁能御之？'"

◎ 注释　①〔梁襄王〕即魏襄王，名嗣，魏惠王的儿子。前318—前296年在位，襄是他死后的谥号。梁惠王死时，孟子没有离开魏国，襄王继位后不久，与孟子相见。②〔语〕告诉。③〔卒（cù）〕通"猝"，突然。④〔定于一〕一，统一。朱熹《集注》云："必合于一然后定。"⑤〔浡（bó）然〕迅速兴起的样子。⑥〔人牧〕管理民众的人，从牧牛、牧羊之意转化而来。⑦〔嗜〕喜欢。

◎ 梁惠王上

◎ **大意** 孟子谒见梁襄王，出来以后，告诉别人说："远远看上去，不像一个国君的样子，走近他（梁襄王），也没有威严。他突然问我：'天下怎样才能够安定下来？'

"我回答说：'天下归于统一就能安定。'

"梁襄王问道：'谁能统一天下？'

"我回答说：'不喜好杀人的国君就能够统一天下。'

"梁襄王又问：'谁会支持和归附他呢？'

"我回答道：'天下没有不支持和归附于他的。大王您知道禾苗生长的情况吗？七八月的时候天气干旱，禾苗都枯萎了。一旦天上乌云密布，大雨倾盆，禾苗有的又蓬勃地生长起来了。像这样的情形，谁能阻止的了呢？当今天下各国的国君没有一个是不喜好杀人的。如果有不喜好杀人的国君出现，则天下的老百姓都伸长了脖子等待他来解救自己呢。果真这样做了，那么老百姓归附他，就如同水往低处流一样，奔腾澎湃，又有谁能阻挡得了呢？'"

◎ **释疑解惑**

梁襄王刚刚继位之时，可能孟子还没有离开魏国，才有了两人的这次相见。

孟子对梁襄王印象不好，"望之不似人君"是他对梁襄王的第一印象，也是他对梁襄王的评判，但孟子对与梁襄王这次会面所讨论的问题还是饶有兴趣的。梁襄王向孟子提出了战国时代天下人都关心的问题："天下恶乎定？"

孟子告诉梁襄王"定于一"，这三个字非常有力。天下和平在于天下统一，天下不统一，四分五裂，就不可能有和平。

孟子对一统天下的国君并没有太高的要求，只要"不嗜杀人者"即可。而战国时代，兼并战争愈演愈烈，争城以战，杀人盈城，争地以战，杀人盈野，无一不以杀人为乐。天下百姓企盼战火熄灭，盼望不好战的国君出现，这样的国君一旦出现，民众都会前来归附。"不嗜杀人者"心中还存有仁，将此仁推至极处，就可以成为仁君。

梁襄王在继位之初，继承其父的志向，欲雪东败于齐、西削于秦、南辱于楚的奇耻大辱，决心用战争的方式解决问题。他继位第一年（前318年），联合魏、赵、韩、楚、燕五国之兵合纵攻秦，无功而返。第二年（前317年），又与齐国在关津开战，同样大败而归。他继承了父亲好战的习性，也延续了父亲在战场上的耻辱。大概孟子知其好战，所以明确告诉他"不嗜杀人者能一之"。梁襄王当然听不进孟子的劝告，也不会采纳孟子的主张，依然为嗜杀之君。孟子大概知道梁襄王不是可教之人，所以离开了梁国。

[7] 齐宣王①问曰："齐桓、晋文②之事可得闻乎？"

孟子对曰："仲尼之徒无道桓文之事者，是以后世无传焉，臣未之闻也。无以③，则王乎？"

曰："德何如则可以王矣？"

曰："保民而王，莫之能御也。"

曰："若寡人者，可以保民乎哉？"

曰："可。"

曰："何由知吾可也？"

曰："臣闻之胡龁④曰，王坐于堂上，有牵牛而过堂下者，王见之，曰：'牛何之？'对曰：'将以衅钟⑤。'王曰：'舍之！吾不忍其觳觫⑥，若无罪而就死地。'对曰：'然则废衅钟与？'曰：'何可废也？以羊易之！'不识有诸？"

曰："有之。"

曰："是心足以王矣。百姓皆以王为爱也，臣固知王之不忍也。"

王曰："然；诚有百姓者。齐国虽褊小⑦，吾何爱一牛？即不忍其觳觫，若无罪而就死地，故以羊易之也。"

曰："王无异于百姓之以王为爱也。以小易大，彼恶知之？王若隐其无罪而就死地，则牛羊何择焉？"

王笑曰："是诚何心哉？我非爱其财而易之以羊也。宜乎百姓之谓我爱也。"

曰："无伤⑧也，是乃仁术⑨也，见牛未见羊也。君子之于禽兽也，见其生，不忍见其死；闻其声，不忍食其肉。是以君子远庖厨也。"

王说⑩曰："《诗》云：'他人有心，予忖度之⑪。'夫子之谓也。夫我乃行之，反而求之，不得吾心。夫子言之，于我心有戚戚⑫焉。此心之所以合于王者，何也？"

曰："有复于王者曰：'吾力足以举百钧⑬，而不足以举一羽；明足以察秋毫之末⑭，而不见舆薪⑮。'则王许之乎？"

曰："否。"

"今恩足以及禽兽，而功不至于百姓者，独何与？然则一羽之不举，为不用力焉；舆薪之不见，为不用明焉；百姓之不见保，为不用恩焉。故王之不王，不为也，非不能也。"

曰："不为者与不能者之形何以异？"

曰："挟太山以超北海⑯，语人曰：'我不能。'是诚不能也。为长者折枝⑰，语人曰：'我不能。'是不为也，非不能也。故王之不王，非挟太山以超北海之类也；王之不王，是折枝之类也。

"老吾老，以及人之老；幼吾幼，以及人之幼。天下可运于掌。《诗》云：'刑于寡妻，至于兄弟，以御于家邦⑱。'言举斯心加诸彼而已。故推恩足以保四海，不推恩无以保妻子。古之人所以大过人者，无他焉，善推其所为而已矣。今恩足以及禽兽，而功不至于百姓者，独何与？

"权⑲，然后知轻重；度⑳，然后知长短。物皆然，心为甚。王请度之！

"抑王兴甲兵，危士臣，构怨于诸侯，然后快于心与？"

王曰："否。吾何快于是？将以求吾所大欲也。"

曰："王之所大欲可得闻与？"

王笑而不言。

曰："为肥甘不足于口与？轻暖不足于体与？抑为采色不足视于目与？声音不足听于耳与？便嬖㉑不足使令于前与？王之诸臣皆足以供之，而王岂为是哉？"

曰："否。吾不为是也。"

曰："然则王之所大欲可知已，欲辟土地，朝秦楚，莅㉒中国而抚四夷也。以若所为求若所欲，犹缘木而求鱼也。"

王曰："若是其甚与？"

曰："殆有甚焉。缘木求鱼，虽不得鱼，无后灾。以若所为求若所欲，尽心力而为之，后必有灾。"

曰："可得闻与？"

曰："邹人与楚人战，则王以为孰胜？"

曰："楚人胜。"

曰："然则小固不可以敌大，寡固不可以敌众，弱固不可以敌强。海内之地方千里者九，齐集有其一。以一服八，何以异于邹敌楚哉？盖㉓亦反其本矣。

"今王发政施仁，使天下仕者皆欲立于王之朝，耕者皆欲耕于王之野，商贾皆欲藏于王之市，行旅皆欲出于王之涂，天下之欲疾其君者皆欲赴愬㉔于王。其若是，孰能御之？"

王曰："吾惛㉕，不能进于是矣。愿夫子辅吾志，明以教我。我虽不敏，请尝试之。"

曰："无恒产㉖而有恒心㉗者，惟士为能。若民，则无恒产，因无恒心。苟无恒心，放辟邪侈㉘，无不为已。及陷于罪，然后从而刑之，是罔民㉙也。焉有仁人在位罔民而可为也？是故明君制民之产，必使仰足以事父母，俯足以畜妻子，乐岁终身饱，凶年免于死亡；

◎ 梁惠王上

然后驱而之善，故民之从之也轻。

"今也制民之产，仰不足以事父母，俯不足以畜妻子；乐岁终身苦，凶年不免于死亡。此惟救死而恐不赡㉚，奚暇㉛治礼义哉？

"王欲行之，则盍反其本矣。五亩之宅，树以之桑，五十者可以衣帛矣。鸡豚狗彘之畜，无失其时，七十者可以食肉矣。百亩之田，勿夺其时，八口之家可以无饥矣。谨庠序之教，申之以孝悌之义，颁白者不负戴于道路矣。老者衣帛食肉，黎民不饥不寒，然而不王者，未之有也。"

◎ **注释** ①〔齐宣王〕姓田，名辟疆。齐威王之子，齐湣王之父，约前319年—前301年在位。②〔齐桓、晋文〕指齐桓公、晋文公。齐桓公，春秋时齐国国君，春秋五霸之首，姓姜，名小白，前685年—前643年在位，将齐国推向空前的强盛。晋文公，春秋时晋国国君，春秋五霸之一，姓姬，名重耳，前636—前628年在位，是晋国大有作为的国君。③〔无以〕不得已。以，同"已"。④〔胡龁(hé)〕人名，齐宣王身边的近臣。⑤〔衅钟〕新钟铸成，杀牲取血涂抹钟的孔隙，用来祭祀。按照古代礼仪，凡是国家某件新器物或宗庙开始使用时，都要杀牲取血加以祭祀。⑥〔觳(hú)觫(sù)〕恐惧、战栗的样子。⑦〔褊(biǎn)小〕狭小。⑧〔无伤〕没有什么妨碍，可译为没有关系。⑨〔仁术〕实施、推扩仁爱的方法、途径。⑩〔说〕同"悦"，高兴。⑪〔他人有心，予忖(cǔn)度(duó)之〕见于《诗经·小雅·巧言》。忖度，揣测，意思是说，他人的心思，我能揣测到。⑫〔戚戚〕心动的样子，指有同感。⑬〔钧〕古代的计量单位，古人以30斤为一钧。⑭〔秋毫之末〕秋天动物新生出毛的末梢，喻为极细小的东西。⑮〔舆薪〕一车薪柴。⑯〔挟(xié)太山以超北海〕挟，夹在腋下。太山，泰山。超，跳过。北海，渤海。⑰〔为长者折枝〕枝，同"肢"，有三说：一说为年长者按摩肢体，二说指向老者折腰行鞠躬礼，三说替长者折树枝。其意是指轻而易举之事。⑱〔刑于寡妻，至于兄弟，以御于家邦〕见于《诗经·大雅·思齐》篇。刑，同"型"，指以身作则，为他人模范。寡妻，国君的嫡妻。御，治理。家邦，国家。意思是给妻子做好榜样，推及兄弟，以此德行来治理国家。⑲〔权〕秤锤，这里作动词用，指用秤称重。⑳〔度(duó)〕用尺量。

㉑〔便(pián)嬖(bì)〕国王宠爱的奴仆。㉒〔莅(lì)〕居高临下,引申为统治。㉓〔盍〕同"盍",兼词,"何不"的合音。㉔〔愬〕申诉。㉕〔惛〕同"昏",思想混乱不清。㉖〔恒产〕维持基本生活的固定的资产。㉗恒心,安分守己之心。㉘〔放辟邪侈〕放,放纵。辟,偏激、过分。邪,不正。侈,过分。逸纵放荡、不合正道之事。㉙〔罔民〕罔,同"网",这里用作动词。意指张开罗网陷害百姓。㉚〔赡(shàn)〕足,及。㉛〔奚暇〕奚,哪里。暇,空闲时间。意指哪里有空闲时间。

◎ **大意**　齐宣王问孟子:"齐桓公和晋文公称霸于诸侯的事,能讲给我听吗?"孟子回答说:"孔子的学生中没有人专门讲述齐桓公和晋文公事迹的,所以后世不曾传下来,我没有听说过。如果一定要听我讲,那我讲讲一统天下的王道,好吗?"

齐宣王说:"具备什么样的德行才可以实现一统天下的王道呢?"

孟子回答:"通过安抚百姓(让百姓安居乐业)而一统天下,就没有人能够阻挡了。"

齐宣王问:"像我这样的人,可以安抚百姓而使百姓安居乐业吗?"

孟子回答:"可以。"

齐宣王问:"您怎么知道我可以呢?"

孟子说:"我曾经听胡龁说,有一次大王坐在殿堂上,有一个人牵着一头牛从殿前经过,大王您看见之后就问:'牛要被牵到哪里去?'那人回答说:'准备宰了祭钟。'大王说:'放了它吧!看到它颤抖害怕的样子,我实在不忍心,它没有犯什么罪过却被送往屠宰场。'那个人问:'那么就废止祭钟的仪式吗?'大王说:'(祭钟的仪式)怎么可以废止呢?用羊来替换它吧!'不知道果真有这回事吗?"

齐宣王说:"有这么一回事。"

孟子接着说:"有这种心就能够使百姓归服而一统天下了。齐国的百姓都以为大王吝啬,我当然知道大王是不忍心啊!"

齐宣王说:"是这样!的确有百姓这么想。虽然齐国地方狭小,但我怎么会舍不得一头牛呢?就是不忍心看到它哆哆嗦嗦、害怕的样子,因为它没有什么罪过却被送往屠宰场,所以用羊来替换它。"

孟子说:"大王不要奇怪百姓认为您吝啬。用一只小羊来替换一头大牛,他们又怎么会知道大王您的心意呢?如果大王真的可怜牲畜没有罪过却被送去屠宰，那么牛和羊又有什么不同呢？"

齐宣王笑着说："这个真连我自己也不清楚是种什么心理啊！我不是爱财才用羊来替换牛的，也难怪老百姓以为我吝啬了。"

孟子说："这没有关系，这正是实施仁爱的方法。您当时只见到了牛而没有见到羊。一个有仁爱之心的人对于禽兽，看到它们活着的样子，就不忍心看到它们死去；听过它们悲鸣的哀号，就不忍心吃它们的肉。所以君子会把厨房建造得离住所远一些。"

齐宣王非常高兴地说："《诗经·小雅·巧言》讲：'别人的心意，我能揣摩到它。'说的就是先生您啊。我只是这样做了，回过头来思考一下，却又不知道自己为什么这样做。先生您这样一说，完全合乎我的心意。我的这种心意为什么就能和天下归服相符合呢？"

孟子回答说："有人向大王禀报说：'我力气很大，足以举起三千斤重的东西，但我拿不动一根羽毛。我的视力很好，足以看到秋天里动物刚换过的细毛，但我看不见一车的木柴，那么大王您会同意他这种说法吗？'"

齐宣王说："不会。"

孟子又说："现在大王您的不忍之心足以惠及禽兽，却不能使百姓得到好处，这是为什么呢？这样看来，一根羽毛都拿不动，是因为不愿意用力气；一整车的木柴看不见，是因为不愿意使用自己的眼睛；百姓不能被安抚、爱护，是因为大王不愿意广施恩泽。所以大王之所以不能使天下归服，是不肯做，而不是不能做。"

齐宣王又问："不肯做和不能做有什么不同呢？"

孟子说："将泰山夹在腋下跳过渤海，告诉别人说：'我做不到。'这是真的做不到。为年长之人折树枝，以做拐杖，告诉别人说：'我做不到。'这是不肯做，而不是做不到。所以大王不能使天下归服，并不是属于把泰山夹在腋下跳过渤海那样的事情；大王不能使天下归服，是属于为年长的人折条树枝那样的事情。

"孝敬我的父母，进而推广到孝敬别人的父母；慈爱我的孩子，进而推广到慈爱别人的孩子；那么治理天下便可以像把一件小东西放在手掌中转动一样容易了。《诗经·大雅·思齐》说：'在家做妻子的榜样，然后推及兄弟，进而推广到自己的封邑和全国。'这是说拿自己的不忍之心推到别人身上罢了。所以能推广自己的恩德，便足以安定天下；不能推广自己的恩德，就连自己的妻子和孩子都保护不了。古代有道德的人之所以能够远远超过常人，没有别的秘诀，只不过是善于推己及人罢了。现在大王的恩德足以泽被禽兽，却不能使老百姓得到好处，这是为什么呢？

"称一下，才知道轻重；量一量，才知道长短。任何事物都是这样的，人心尤其如此。大王，请您仔细考虑考虑吧！

"难道大王要兴师动众，使您的将士冒着生命危险，和诸侯结怨，然后心里才感到快乐吗？"

齐宣王说："不是这样，我怎么会以此为快乐呢？我之所以这样做，是要实现我远大的追求啊。"

孟子问道："大王能把您的远大追求说给我听听吗？"

齐宣王笑了笑却没有回答。

孟子就问："是美味的食物还不够可口吗？是因为轻暖的衣服还不够舒适吗？是艳丽的色彩还不够好看吗？是美妙的音乐不够悦耳吗？还是服侍左右的近臣不够役使吗？这些东西，大王的臣子们都能尽量供给，难道您真是为了这些东西吗？"

齐宣王说："不是，我不是为了这些东西。"

孟子说："既然这样，大王远大的追求可以知道了：大王是想扩张土地，使秦国、楚国等这样的大国都来朝见您，统一整个中原地区并且安抚周围边远的外族地区。但以大王现在的所作所为去追求这样的目标，就像爬到树上去捉鱼一样。"

齐宣王问道："真有这么严重吗？"

孟子回答说："恐怕比这还要严重。爬到树上去捉鱼，尽管抓不到鱼，可是不会有什么灾害。以大王现在的所作所为去追求那样的目标，尽心竭力地去做，一定会带来后祸。"

齐宣王说："那您能将其中的原因说来听听吗？"

孟子说："如果邹国和楚国交战，那么大王认为谁会取得胜利？"

齐宣王回答说："楚国会取得胜利。"

孟子接着说："这样说来，小国固然对抗不了大国，人数少的固然对抗不了人数多的，力量弱的固然抵抗不了力量强的。现在天下地方超过千里的国家共有九个，齐国所有的土地聚集起来也不过只占九分之一，用九分之一的地方去征服九分之八的地方，这与拿邹国和楚国交战有什么区别？大王应该回到事情根本上去。

"现在大王如果能够发布政令，实行仁政，使天下做官的人都希望到大王朝廷中做官，耕田的人都希望到大王的土地上耕种，商人都希望到大王的市场上做生意，旅行的人都希望到大王的国土上游历，天下各国中痛恨自己君主的人都希望到大王跟前来申诉。要是真能做到这样，天下又有谁能够抵挡您呢？"

齐宣王说："我头脑发昏，没能领会您的意思。盼望先生您能够从志向上多帮助我，明确教导我。我虽然不聪明，但请让我试一试。"

孟子说："没有固定的资产却有安分守己之心，只有读书明理的人才能够做到。至于普通的老百姓，如果没有稳定的资产，就不会有安分守己之心。如果没有安分守己之心，那就会放荡邪僻，不守正道，没有什么事是干不出来的。等到他们犯了罪，然后对他们施加刑罚，这等于是设下网罗陷害百姓。哪有有仁德的国君在位却设下网罗来陷害百姓的呢？所以圣明的国君一定让老百姓有固定的资产，一定要使老百姓对上足以奉养他们的父母，对下足以养活他们的妻子和儿女，好的年景里吃饱穿暖，即使是在凶年饥岁也能不至于冻饿而死；然后，再引导老百姓向善的道路上走，那么老百姓也就容易听从了。

"现在的情况是老百姓所有的资产，对上不足以侍奉他们的父母，对下又不足以养活他们的妻子和儿女；在好的年景里也要终身受苦，遇到了不好的年景就免不了要饿死。在这样的情况下，连救活自己的性命恐怕都做不到，哪有空余时间去讲求礼义呢？

"大王您既然想实现统一天下的大业，那么为什么不回到根本上来解决问题呢？在方圆五亩大的宅院中，周围栽上桑树，那么五十岁以上的人就有丝织的衣服可穿了。鸡和狗猪之类的家畜，不要耽误它们繁殖、饲养的时间，那么七十岁以上的人就有肉可吃了。百亩大的田地，如果能够得到及时的耕种，几口人的家庭就不会挨饿了。认真地搞好学校的教育，反复向人们阐明孝敬父母、尊敬兄长的道理，须发花白的老人就不会肩挑重担在道路上艰难行走了。七十岁以上的人穿着丝织的衣服，吃着肥肉，普通老百姓不会挨饿受冻，这样还不能使人归服而一统天下的，是不会有的。"

◎ 释疑解惑

这一章记载的可能是孟子初见齐宣王的场景。

孟子初见梁惠王，梁惠王开口便问：亦将有以利吾国乎？由是孟子展开了义利之辨。他明告梁惠王，崇尚功利，将利放在首位，而将仁义后置，必然导致"国危矣"的结局。相反，仁义前置，功利后置，对拥有国家者才能最为有利。

如果说梁惠王是功利主义者，那么可以说齐宣王是位霸道主义者；梁惠王言利，齐宣王直奔齐桓、晋文霸业主题。孟子明告齐宣王：孔子之徒不谈霸道，更不看重齐桓、晋文霸业，后世无传，故而无闻。然而孔子之徒有高于霸道的王道，有大于霸业的一统天下的王者之业，你想听听吗？当然，孟子并不是不知道齐桓、晋文之事，然而，顺应齐宣王霸者心理而言霸道，孟子与公孙衍、张仪之流就没有区别。超越霸道，直追三王之王道，让崇尚霸道的齐宣王反省，才是孟子的真正意义。

齐宣王对孟子的王道当然有所耳闻，故而才有"德何如，则可以王矣"之问，孟子指出"保民而王"，只要有保护百姓之德就可以进入到王道。齐宣王进而问像他这样的人是否可以保民。孟子回答说，当然可以。齐宣王又问怎么知道他可以。孟子认为齐宣王有不忍之心，即有仁心，故而可以。有一次有人牵着一头行将被宰杀祭钟的牛从大殿下走过，齐宣王不忍看到牛恐惧、战栗的样子，然而祭钟之礼又不能废除，要求易之以羊。齐国百姓从功利的角度看，以为齐宣王小气，所以以羊易牛。孟子指出：齐国人误解了齐宣王的真实心理，齐宣王确实是出于对动物的不忍之心，由此而断定他的确有"仁术"。这时齐宣王的良知良能被唤醒，他引言抒怀，认为他的心与孟子所说的仁心"有戚戚焉"，即非常契合。

由是，孟子说齐宣王"恩足以及禽兽，而功不至于百姓"，不是"挟太山以超北海"一样的"不能"，而是"为长者折枝"之类的"不为"。其实，王道的实现说到底非常简单："老吾老，以及人之老；幼吾幼，以及人之幼。"一句话，"举斯心加诸彼而已"，即以自己之心推及别人之心，推己及人。"故推恩足以保四海，不推恩无以保妻子。"齐宣王从理论上承认孟子说得有理，但在事实上他绝不愿放弃他的霸业之梦。

齐宣王说："将以求吾所大欲也。"他说自己有远大目标、远大追求，但当孟子问他的"大欲"是什么时，他竟然"笑而不言"，故作神秘。孟子指出，齐宣王的"大欲"不过是"辟土地，朝秦楚，莅中国而抚四夷"而已，但"以若所为求若所欲"问题一定比缘木求鱼还要严重，不但达不到目的，而且后患无穷。道理很简单，天下方圆千里的大国有九个，齐国不过是其中一个罢了，然而以一不敌八，齐国不可能让其他八个大国臣服，结果只能构怨于诸侯，招致天下共愤，使国家陷入危险的境地。

齐宣王在孟子的开导下终于明白了自己的那一套不可行，要求孟子辅志明教。由此孟子提出了"制民之产"的理论，论述了"恒产"与"恒心"的关系。"制民之产"的核心问题是解决、保障基本的民生，让百姓"仰足以事父母，俯足以畜妻子，乐岁终身饱，凶年免于死亡"，五十者衣帛，七十者食肉，数口之家无饥。在解决了百姓基本温饱的基础上，办好学校教育，反复向百姓申明孝悌之义，"然而不王者，未之有也"。

本章可谓精彩纷呈，妙语连珠，令人目不暇接。孟子深知齐宣王所思所想，而齐宣王对孟子的主张也是知根知底，故而一旦思想交锋，双方皆有的放矢，其中的跌宕起伏，令人赞叹！"保民而王""仁术""老吾老，以及人之老；幼吾幼，以及人之幼""制民之产"等观念，及"不能"与"不为"之辨，都对后世影响深远。

梁惠王下

　　《梁惠王下》主要围绕着三个中心议题展开：其一，当政者要关心民生，忧民之忧，乐民之乐。其二，捍卫仁义是君，贼害仁义是独夫；国君任用、罢黜、诛杀臣下要尊重民意。其三，交邻国之道，以大事小是仁德，以小事大需智慧。对大国与大国之间如何相处、小国如何自保的问题，孟子展开了具体说明。本卷中"妻离子散""水深火热""流连忘反""国人皆曰可杀""王顾左右而言他""乐民之乐者，民亦乐其乐；忧民之忧者，民亦忧其忧"等，均为家喻户晓的成语、名言。

◎ 梁惠王下

[1] 庄暴①见孟子，曰："暴见于王，王语暴以好乐，暴未有以对也。"曰："好乐何如？"

孟子曰："王之好乐甚，则齐国其庶几②乎！"

他日，见于王，曰："王尝语庄子以好乐，有诸？"

王变乎色，曰："寡人非能好先王之乐也，直好世俗之乐耳。"

曰："王之好乐甚，则齐其庶几乎！今之乐由古之乐也。"

曰："可得闻与？"

曰："独乐乐③，与人乐乐，孰乐？"

曰："不若与人。"

曰："与少乐乐，与众乐乐，孰乐？"

曰："不若与众。"

"臣请为王言乐。今王鼓乐于此，百姓闻王钟鼓之声，管籥之音④，举疾首蹙頞⑤而相告曰：'吾王之好鼓乐，夫何使我至于此极也？父子不相见，兄弟妻子离散。'今王田猎于此，百姓闻王车马之音，见羽旄⑥之美，举疾首蹙頞而相告曰：'吾王之好田猎，夫何使我至于此极也？父子不相见，兄弟妻子离散。'此无他，不与民同乐也。

"今王鼓乐于此，百姓闻王钟鼓之声，管籥之音，举欣欣然有喜色而相告曰：'吾王庶几无疾病与，何以能鼓乐也？'今王田猎于此，百姓闻王车马之音，见羽旄之美，举欣欣然有喜色而相告曰：'吾王庶几无疾病与，何以能田猎也？'此无他，与民同乐也。今王与百姓同乐，则王矣。"

◎ **注释** ①〔庄暴（pù）〕人名。已不可详考，朱熹认为是齐宣王之臣。②〔庶几〕

差不多。朱熹《四书章句集注》云："近辞也。言近于治。"这里指差不多治理好了，有希望了。③〔独乐乐〕独，自己。乐乐，前一个"乐"有人解释为名词，音乐，读为 yuè，也有人解释为动词，"悦乐之乐"，读 lè；后一个"乐"，学界意见比较一致，均指快乐。我们认为，前一个"乐"字为名词，但杨伯峻认为指音乐，不妥；焦循释为"作乐听乐"较准确。④〔钟鼓之声，管籥（yuè）之音〕这里泛指各种器乐所发出的声音。⑤〔疾首蹙（cù）頞（è）〕疾首，头痛的样子。蹙，皱，忧愁的样子。頞，《说文》释为"鼻茎"，应是鼻梁末端，两眉之间。⑥〔旄（máo）〕旗帜，这里指仪仗。

◎ **大意**　庄暴见到孟子说："我被齐宣王召见，齐宣王告诉我他喜欢听乐作乐，我不知道应该怎样回答。""爱好乐，怎么样呢？"

孟子说："齐王爱好乐，齐国差不多就治理好了。"

过了几天，孟子被齐宣王召见，（孟子）问道："大王您曾经告诉庄暴说您喜欢听乐作乐，有没有这么一回事呢？"

齐宣王一听，脸色大变，说："我爱好的乐并不是喜欢先王遗留下来的古乐，而是爱好世俗流行之乐罢了。"

孟子说："只要大王您十分爱好乐，齐国差不多就可以治理好了。现在流行的乐和古代的乐是一样的。"

齐宣王问："可以把这个道理讲给我听听吗？"

孟子就说："单独一人赏乐快乐，与其他人一起赏乐快乐，哪一种情况更快乐呢？"

齐宣王回答说："当然是与别人一起赏乐更快乐些。"

孟子又问："与几个人一起赏乐快乐，与许多人一起赏乐快乐，哪一种更快乐一些呢？"

齐宣王回答说："当然是与许多人一起赏乐更快乐。"

（孟子紧接着说：）"请让我为您谈谈乐吧。假如大王您在这里奏乐，老百姓听到大王您的钟鼓奏出的声音和箫笛吹出的曲调，全都感到头痛、皱紧双眉互相诉苦说：'我们的大王如此喜欢奏乐，为什么置我于这种地步呢？父母与子女不能相见，兄弟、妻子离散。'假若大王您在这里打猎，老百姓听到大王您车马的声音，看到大王艳丽的旗帜，全都感到头痛，并且，皱紧双眉，互相诉苦说：'我们的大王这样爱好打猎，为什么置我于这种地步呢？父母与子女不相见，兄弟、妻子离散。'这没有别的原因，是大王不能与民同乐啊。

"假如大王您在这里奏乐，老百姓听到大王您的钟鼓奏出的声音和箫笛吹出的曲调，全都高高兴兴面带喜色地奔走相告：'我们的大王大概没有什么疾病吧，不然怎么能够奏乐呢？'假若大王您在这里打猎，老百姓听到大王您车马的声音，看到大王装饰艳丽的旗帜，全都高高兴兴面带喜色地奔走相告：'我们的大王大概没有什么疾病吧，不然怎么能够打猎呢？'这也没有别的原因，只是由于大王能够与民同乐罢了。如果大王您能够与民同乐，那么就能够使百姓归服您而统一天下了。"

◎ 释疑解惑

"与民同乐"是本章的关键词。

中国文化自古就是礼乐文化，古圣先贤一向重视乐教。大舜时期就有《韶》乐。孔子对《韶》乐大为赞叹，认为是尽善尽美之作。文王、武王也都重视乐教。孟子对齐宣王之好乐，极表赞同，以至于认为只要齐宣王好乐，齐国差不多就能治理好了。

齐宣王深知孟子的心意，无非是要他好先王之乐，成先王之治，但他并没有这么想。由是，他明确告诉孟子，他不好先王之乐，只好世俗之乐，用今天的话说，不好高雅之乐，只好当世流行之乐、通俗歌舞。孟子说"今之乐由古之乐也"，这样的回答让齐宣王很意外，颇感新鲜，出于好奇，他便向孟子请教其中的道理。

孟子虽然没有直接回答"今之乐由古之乐"的原因，但在孟子的潜台词里，古乐和今乐功能是相通的，那就是给人们带来快乐。独自一个人鼓乐赏乐快乐，还是与其他人一起鼓乐赏乐更快乐？是与少数人鼓乐赏乐快乐，还是与许多人一起鼓乐赏乐更快乐？这些问题齐宣王都明白。既然这样，那么最大的"众"是谁？当然是天下百姓。

孟子没有闲工夫与齐宣王谈论单纯的音乐欣赏，而是借助乐事讲治国平天下之大道。一个国君置百姓的生死于不顾，置百姓的困难于不顾，甚至悍然发动战争，让百姓饱经战火，使父子不得相见，兄弟、妻子离散。长期生活在百姓的诅咒、怨恨声中，这样的国君鼓乐赏乐，能快乐起来吗？相反，国君心里想着百姓，让百姓过上太平的日子，让百姓快乐起来，百姓自然会想着国君，惦念着国君。这样国君鼓乐、狩猎，老百姓由此知道国君身体健康，自然会很高兴。总之，国君心里有百姓，百姓快乐了，国君自然会快乐；如果心里没有百姓，甚至将自己的快乐建立在百姓的痛苦之上，百姓不快乐，国君何乐之有？

[2] 齐宣王问曰："文王之囿①方七十里，有诸？"

孟子对曰："于传有之。"

曰："若是其大乎？"

曰："民犹以为小也。"

曰："寡人之囿方四十里，民犹以为大，何也？"

曰："文王之囿方七十里，刍荛②者往焉，雉③兔者往焉，与民同之。民以为小，不亦宜乎？臣始至于境，问国之大禁④，然后敢入。臣闻郊关之内有囿方四十里，杀其麋⑤鹿者如杀人之罪，则是方四十里为阱⑥于国中。民以为大，不亦宜乎？"

◎ **注释** ①〔囿（yòu）〕古代供天子、王公贵族狩猎、游乐的园林，里面养有动物、种着花草树木。古时苑、囿合称，苑与囿略有不同，苑是开放式的，囿是有边界的。②〔刍荛（ráo）〕刍，割草。荛，砍柴。③〔雉〕野鸡。④〔大禁〕重大禁忌。⑤〔麋〕鹿的一种，学名叫麋鹿，俗称"四不像"。⑥〔阱〕陷阱。

◎ **大意** 齐宣王问孟子："传说周文王有一个纵横七十里的狩猎场，有这么回事吗？"

孟子回答说："古书上是有这样的记载。"

齐宣王又问："真的有这么大吗？"

孟子说："老百姓还认为它太小了呢！"

齐宣王说："我的狩猎场只有纵横四十里，老百姓认为大了，这是为什么呢？"

孟子回答说："周文王的狩猎场纵横七十里，割草打柴的人都可以去，打野鸡、兔子等野兽的人也都可以去，文王是与老百姓一同享用这个狩猎场。老百姓认为这个狩猎场太小了，不是很正常的吗？我刚到齐国边境，得知须先打听齐国有哪些重大的禁令，（弄清楚了）之后才敢进入齐国。我听说齐国都城的远郊有一个纵横四十里的狩猎场,如果杀死了里面的麋鹿,就等于犯了杀人之罪,那么,这就等于在齐国的国土上设置了一个纵横四十里的陷阱。老百姓认为这个狩猎场太大了,不也是应该的吗?"

◎ **释疑解惑**

本章接第一章而来,意义与第一章也十分接近。如果说第一章的中心是"与民同乐"的话,那么这一章的主题则是"与民共享"。

周文王是儒家理想中的圣王,他的狩猎场纵横七十里,老百姓并不觉得这个狩猎场大,反而觉得它太小;齐宣王的狩猎场纵横只有四十里,齐国的百姓却认为它太大了。这是为什么呢?齐宣王十分疑惑。本章,孟子解开的不仅是齐宣王的心结,而且是一切执政者的心结。

孟子告诉齐宣王,周文王的狩猎场纵横七十里,但百姓割草的人可以去,砍柴的人可以去,抓野鸡的人可以去,抓野兔的人也可以去,这地方是周文王的,也是百姓的。文王与民共享、共有,因此即使狩猎场纵横七十里,百姓还以为小,不是很合理的吗?

齐宣王的狩猎场纵横四十里,虽然没有周文王的大,但是齐宣王不能与民共享,完全是个人独占、独享,甚至百姓在其狩猎场里杀死一只麋鹿,也要与杀人同罪,这不等于在齐国挖了个大陷阱专门坑害百姓吗?

狩猎场的大小不是问题,问题的关键是狩猎场能否与民共享。如果不能与民共享,百姓就会唾弃你,如果能够与民共享,百姓就会拥护你。想百姓之所想,才是问题的关键。

[3] 齐宣王问曰:"交邻国有道乎?"

孟子对曰:"有。惟仁者为能以大事小,是故汤事葛[①],文王事昆夷[②]。惟智者为能以小事大,故大王事獯鬻[③],勾践事吴[④]。以大事小者,乐天者也;以小事大者,畏天者也。乐天者保天下,畏天者保其国。《诗》云:'畏天之威,于时保之[⑤]。'"

王曰:"大哉言矣!寡人有疾,寡人好勇。"

对曰:"王请无好小勇。夫抚剑疾视,曰:'彼恶敢当我哉!'此匹夫之勇,敌一人者也。王请大之!

"《诗》云:'王赫斯怒,爰整其旅,以遏徂莒,以笃周祜,以对于天下⑥。'此文王之勇也。文王一怒而安天下之民。

"《书》曰:'天降下民,作之君,作之师,惟曰其助上帝宠之,四方有罪无罪惟我在,天下曷敢有越厥志⑦?'一人衡行⑧于天下,武王耻之。此武王之勇也。而武王亦一怒而安天下之民。今王亦一怒而安天下之民,民惟恐王之不好勇也。"

◎ **注释** ①〔汤事葛〕汤,商汤,商王朝的创建人,以仁德而威服天下。葛,古国名。葛伯,葛国的国君,葛国是与商为邻的小国,故城在今河南宁陵北十五里处。汤事葛,参见《孟子·滕文公下》。②〔文王事昆夷〕文王,周文王。昆夷,也写作"混夷",周朝初年的西戎国名。文王事昆夷,此事已不得其详。③〔大王事獯(xūn)鬻(yù)〕大王,周文王的祖父,即古公亶父,当时周国常常受到北方一些少数民族的侵扰。獯鬻又称猃(xiǎn)狁(yǔn),当时北方的少数民族,有的学者认为是夏桀之后,迁居北方,秦汉以后称之为匈奴。④〔勾践事吴〕勾践(前497年—前465年在位),春秋末期越国国君。吴,指春秋时吴国国君夫差。公元前494年,越王勾践与吴王夫差交战,大败。勾践以卑辞厚礼向吴国求和。经多年卧薪尝胆,整军经国,越国逐步恢复国力,公元前478年,终于打败吴国,逼吴王夫差自杀。⑤〔畏天之威,于时保之〕出自《诗经·周颂·我将》,意即畏惧上天之威,时时小心才能保佑自己的国家。⑥〔王赫斯怒,爰整其旅,以遏徂(cú)莒,以笃周祜,以对于天下〕出自《诗经·大雅·皇矣》。赫斯,发怒的样子。爰,语气助词。遏,止。徂,往,到。莒,古国名,在今山东莒县。笃,厚。祜,福。意思是说:我(文王)勃然一怒,整顿好军队,去阻止侵犯莒国的敌人,以增厚我周国的福祉,以报答天下对周国的向往。⑦〔天降下民,作之君,作之师,惟曰其助上帝宠之,四方有罪无罪惟我在,天下曷敢有越厥志〕出自《尚书·周书·泰誓》,意思是说:上天降生了万民,替他们立了君主,又替他们安排好了老师,君主和老师的唯一任务是协助上天仁爱老百姓。普天下的百姓有罪没罪,都由我来裁决,天下有谁敢超越本分而胡作非为？ ⑧〔衡行〕即横行。

◎ **大意**　齐宣王问孟子说："跟周边的国家打交道有方法吗？"

孟子回答说："有。只有有仁德的国君才能以大国的身份去侍奉小国，所以商汤侍奉过葛伯，周文王侍奉过昆夷。只有有智慧的国君才能以小国的身份侍奉大国，所以周朝太王古公亶父曾侍奉过獯鬻，越王勾践侍奉过吴王夫差。以大国的身份侍奉小国的人，是乐于天命的人；以小国的身份侍奉大国的人，是敬畏天命的人。乐于天命的人足以保天下，敬畏天命的人足以保住自己的国家。《诗经·周颂·我将》说：'敬畏上天的威严，于是使国家得到安定。'"

齐宣王说："讲得好啊！但是我有个毛病，我好勇。"

孟子回答说："大王不要好小勇。有人手按剑柄、怒目圆睁地说：'你怎敢抵挡我呢？'这只是个人的小勇，只能抵挡得住一人而已。大王把勇扩大吧！

"《诗经·大雅·皇矣》中说：'我（文王）勃然大怒，于是整顿好军队，以阻止侵犯莒国的敌人，以增厚我周国福祉，以报答天下对我周国的向往。'这是周文王的勇敢，周文王一怒而使天下的百姓得到安定。

"《尚书》上说：'上天降生了万民，替他们立了君主，又替他们安排好了老师，君主和老师的唯一任务是协助上天仁爱老百姓。普天下的百姓有罪没罪，都由我来裁决，天下有谁敢超越本分而胡作非为？'只要有一个人在天下横行无忌，周武王便认为这是耻辱。这就是周武王之大勇。周武王也是一怒而使天下的百姓得到安定。如果大王您也能够一怒而使天下的百姓得到安定，百姓就会唯恐大王您不好勇了。"

◎ **释疑解惑**

本章主要有两层意义：一是大国与小国相处之道，二是安天下之勇。

齐宣王处四战之国，而孟子思想是"仁政"与"王道"，而问题是"仁政"与"王道"能解决战争时期的国家关系吗？于是齐宣王问孟子，与周边的国家打交道有没有固定的法则。孟子非常干脆地告诉他"有"。国家有大有小，大国与小国关系处理好了，天下当然就太平了。没有战乱，天下太平才是真正的目的，也是孟子的理想，同样是一切儒家人物的理想。大国与小国如何相处才能避免战争呢？孟子认为这取决于大国之君的心态与小国之君的智慧，即大国要有仁，小国要有智。

"以大事小"的事例，历史上有过，这就是"汤事葛，文王事昆夷"。商汤与周文王都是历史上有名的仁君,商汤的国力远远大于葛伯,文王的国力也大于昆夷,然而商汤、文王并没有以武力征服小国,而是以德泽去感化葛伯与昆夷,最终拥有天下。"以小事大"的事例,历史上同样有过,这就是"大王事獯鬻,勾践事吴",周太王立国,受到周边国家的侵扰,他以智慧化解之,终为周文王、周武王一统天下奠定了基础。越王勾践与吴王夫差相比,势小力微,然而他知道卧薪尝胆,经过长期准备,刻苦自励,终于灭吴。

"以大事小"顺天道,乐天命,大与小、强与弱,皆可化除,一切平平;"以小事大"敬天道,畏天命,深悟小固不可敌大,弱固不可敌强,既可以避敌锋芒,也可以卑辞厚礼,只有保存自己,才有化小为大、化弱为强的可能。"以大事小"需要胸怀,"以小事大"需要方式、方法,仁与智是交邻国之道的重要法门。

对孟子的这番言论,齐宣王虽然惊呼:"大哉言矣!"但相信以势力说话、崇拜武力的齐宣王并不接受,由是讨论进入第二层——寡人好勇。

"寡人好勇",看似与"以大事小"或"以小事大"不相干,其实不然。齐宣王既做不到仁,也不必用委曲求全之智,在他看来,处理国与国之间的关系说到底是要靠武力说话。孟子并不反对武力,更不贬斥勇的品德,但他的深意在于:武力是为什么服务?勇服务或服从于什么?斗一时之气,逞匹夫之勇,敌一人而已。勇扩而大之,就要效法文王、武王一怒而安天下。国家的武力是为百姓服务的,是让百姓过上安定生活的,是用来保护百姓的。这样的勇,才是百姓所期盼的。

[4] 齐宣王见孟子于雪宫①。王曰:"贤者亦有此乐乎?"

孟子对曰:"有。人不得,则非②其上矣。不得而非其上者,非也;为民上而不与民同乐者,亦非也。乐民之乐者,民亦乐其乐;忧民之忧者,民亦忧其忧。乐以天下,忧以天下,然而不王者,未之有也。

"昔者齐景公③问于晏子④曰:'吾欲观于转附、朝儛⑤,遵海而南,放于琅邪⑥,吾何修而可以比于先王观也?'

"晏子对曰:'善哉问也!天子适诸侯曰巡狩。巡狩者,巡所守也。诸侯朝于天子曰述职。述职者，述所职也。无非事者。春省耕而补不足，秋省敛而助不给。夏谚曰："吾王不游，吾何以休？吾王不豫⑦，吾何以助？一游一豫，为诸侯度。"今也不然：师行而粮食，饥者弗食，劳者弗息。睊睊胥谗⑧，民乃作慝。方命虐民，饮食若流。流连荒亡，为诸侯忧。从流下而忘反谓之流，从流上而忘反谓之连，从兽无厌谓之荒，乐酒无厌谓之亡。先王无流连之乐，荒亡之行。惟君所行也。'

"景公说，大戒于国，出舍于郊。于是始兴发补不足。召大师⑨曰：'为我作君臣相说之乐！'盖《徵招》《角招》⑩是也。其诗曰：'畜⑪君何尤？'畜君者，好君也。"

◎ **注释** ①〔雪宫〕齐宣王的离宫，即行宫，相当于今天的别墅。②〔非〕非议，批评。③〔齐景公〕春秋时齐国国君，姓姜，名杵臼，是姜齐历史上颇有所作为的国君，曾问政于孔子。孔子对之以君君、臣臣、父父、子子。④〔晏子〕名婴，齐景公时贤相。后人编有《晏子春秋》，记载了他的事迹，虽不乏附会，但从中足见晏子在齐国人心目中的地位。⑤〔转附、朝儛（wǔ）〕转附，山名，不少学者认为就是今山东省烟台市芝罘山。朝儛，山名，有的学者认为是今山东荣成市召石山，也有人认为是成山头。⑥〔琅邪〕齐国东部边境地名。⑦〔豫〕游闲。⑧〔睊（juàn）睊胥谗〕侧目而视的样子。胥，都。谗，谤。⑨〔大师〕即太师，宫廷乐官。⑩〔《徵招》《角招》〕太师所作乐名。⑪〔畜〕制止，限制。

◎ **大意** 齐宣王在雪宫召见孟子。宣王说："有贤德的人也有这种快乐吗？"

孟子回答说："有。人们得不到这种快乐，就会批评、怨恨他们的国君。得不到这种快乐而批评、怨恨自己的国君是不对的，但是作为国君却不能够与百姓共同享受这种快乐，也是不对的。以百姓的快乐为自己的快乐的人，百姓也会以他的快乐为自己的快乐；以百姓的忧愁为自己的忧愁的人，百姓也会以他的忧愁为自己的忧愁。以天下人的快乐为自己的快乐，以天下人的忧愁为自己的忧愁，这样还不能够使天下百姓归附的事，是不会有的。

"从前齐景公问晏婴：'我打算到转附、朝儛两座山上去游览一番，然后沿

着海边向南前进，直到琅邪山，我应该怎样做才能和过去圣贤之君的游览相比呢？'

"晏婴回答说：'问得好啊！天子到诸侯的国家去叫巡狩。所谓的巡狩，就是巡视诸侯所守的疆土。诸侯到天子的朝廷朝见天子叫述职。所谓的述职，就是报告职责内的工作。（无论是天子的巡狩，还是诸侯的述职）没有不和工作相结合的。春天视察人们耕种的情况，并且以此补助那些农具、种子不足的农户；秋天则视察人们收割的情况，并且借此帮助那些劳力和口粮不足的农户。夏朝时的一个谚语说："我们的大王如果不出游，我们怎么能够得到休息？我们的大王如果不出来走走，我们怎么能得到补助？我们大王的出游和闲走，都可以成为诸侯学习的法度。"现在却不是这样：国王一出游便兴师动众，大批的粮食被耗费，饥饿的人得不到饭吃，疲劳的人得不到休息。老百姓怒目而视，眼看就要起来作乱了。这样放弃先王的教导，虐待老百姓，大吃大喝，浪费饮食如同流水。这种流连荒亡的行为，不能不使诸侯为之深深担忧。从上游向下游泛舟游乐而忘返这叫作流，从下游挽舟而上乐而忘归这叫作连，追逐禽兽而不知厌倦叫作荒，爱好饮酒而没有节制叫作亡。古代的圣贤之君没有这种流连荒亡的行为。（应该怎样做）就由您自己决定吧！'

"齐景公非常高兴，先在都城内做好充分的准备，然后自己到郊外住下。从此开始开仓放粮，救济那些缺衣少食的贫苦百姓。齐景公又把乐官叫来，说：'替我作一首君臣同乐的歌曲吧！'大概就是《徵招》《角招》两首歌。歌词中说：'限制一些国君的喜好，又有什么过错呢？'限制国君的喜好，是爱护国君啊！"

◎ **释疑解惑**

本章有两层意义：一是当政者忧乐与民同之，乐以天下，忧以天下；二是"畜君者，好君也"。

在《梁惠王下》第一章中，孟子就告诉齐宣王，只有与民同乐，才能得到真正的快乐；否则，天下百姓诅咒，作为当政者就没有幸福、快乐可言。在这里，孟子进一步告诉齐宣王要"乐民之乐者，民亦乐其乐；忧民之忧者，民亦忧其忧"。将百姓的快乐放在心头，以百姓之快乐为自己的快乐；将百姓的忧愁放在心上，以百姓的忧愁为自己的忧愁。心里始终装着百姓，真正做到"民之所好好之，民之所恶恶之"，以百姓之好恶为自己之好恶，这就是"情为民所系"。"乐以天下，忧以天下"，这样就可以一统天下。

当政者沉溺于自己的欢乐，而不顾百姓的快乐，这是错误的；百姓目睹当政者欢乐而自己得不到当政者的那种欢乐，当然就会怨恨国君、批判国君。孟子认为以下非上也不对，这两种错误会造成更大的错误，那就是君与民的对立、仇恨，这样国家会太平吗？当政者还能乐其乐吗？

由是，孟子举出晏婴规劝齐景公的案例，借以说明古代的圣贤之君从无流连荒亡之行，国君不能节制自己的流连荒亡，一味到处游山玩水，造成大量食物、财富的浪费，百姓就会怨声载道，国家就会败亡。而齐景公则听从了晏婴的规劝，"春省耕而补不足，秋省敛而助不给"，将自己的出游与关注百姓的生活紧密结合起来，自觉限制自己的爱好、欢乐，收到了良好的效果。"畜君何尤"，限制国君的个人喜好有什么过错呢？"畜君者，好君也"，限制国君的个人喜好正是热爱国君的表现啊！

历史已经证明，如果一位国君不受限制，其权力不受约束，一定会成为暴君。这种暴君不但会给国家、百姓带来灾难性后果，而且最终会害了他自己，并将永远被钉在历史的耻辱柱上。"畜君者，好君也"，此话十分有理。

[5] 齐宣王问曰："人皆谓我毁明堂①，毁诸？已②乎？"

孟子对曰："夫明堂者，王者之堂也。王欲行王政，则勿毁之矣。"

王曰："王政可得闻与？"

对曰："昔者文王之治岐也，耕者九一③，仕者世禄，关市讥而不征④，泽梁⑤无禁，罪人不孥⑥。老而无妻曰鳏，老而无夫曰寡，老而无子曰独，幼而无父曰孤。此四者，天下之穷民而无告者。文王发政施仁，必先斯四者。《诗》云：'哿矣富人，哀此茕独。'⑦"

王曰："善哉言乎！"

曰："王如善之，则何为不行？"

王曰："寡人有疾，寡人好货。"

对曰："昔者公刘好货，《诗》云：'乃积乃仓，乃裹糇粮，于橐于囊。思戢用光。弓矢斯张，干戈戚扬，爰方启行⑧。'故居者有积仓，行者有裹囊也，然后可以爰方启行。王如好货，与百姓同之，于王何有？"

王曰："寡人有疾，寡人好色。"

对曰："昔者大王好色，爱厥妃。《诗》云：'古公亶父，来朝走马，率西水浒，至于岐下，爰及姜女，聿来胥宇⑨。'当是时也，内无怨女，外无旷夫。王如好色，与百姓同之，于王何有？"

◎ **注释**　①〔明堂〕为天子接见诸侯而设的建筑。这个明堂在齐国境内，可能为周天子东巡召见诸侯而建的。②〔已〕止，不。③〔耕者九一〕古代土地制度，又称井田制，将一平方里的土地划成井字形，每井九百亩，周围八家各一百亩，属私田，中间一百亩属公田。公田由八家共同耕种，公田的收入作为税交公家，耕完公田，八家才能耕私田。④〔关市讥而不征〕关，进入国境的道路上设立的关卡。市，集市，贸易、交易场所。讥，稽查。征，征税。⑤〔泽梁〕在流水中拦鱼的装置。⑥〔不孥（nú）〕不牵连妻子儿女。孥，本指妻子儿女，这里用作动词。⑦〔哿（kě）矣富人，哀此茕（qióng）独〕出自《诗经·小雅·正月》。哿，可以。茕，孤单。⑧〔乃积乃仓，乃裹糇（hóu）粮，于橐（tuó）于囊。思戢用光。弓矢斯张，干戈戚扬，爰方启行〕出自《诗经·大雅·公刘》。糇粮，干粮。橐、囊，都是盛食物的器皿。思，语气词。戢，同"辑"，和睦。用，因而。光，发扬光大。干戈戚扬，古人作战用的四种兵器。爰，于是。方，开始。启行，出发。⑨〔古公亶（dǎn）父，来朝走马，率西水浒，至于岐下，爰（yuán）及姜女，聿（yù）来胥宇〕出自《诗经·大雅·绵》。率，循也。浒，水边。姜女，太王的妃子，又称太姜。聿，语气助词。胥，省视，视察。宇，屋宇。

◎ **大意**　齐宣王问孟子说："人们都劝我把明堂拆掉，您说是拆掉呢，还是不拆？"

孟子说："明堂是有德之人一统天下的王者之堂。大王打算推行王者之政，就不要拆了吧。"

齐宣王问："什么是王者之政，能讲给我听听吗？"

◎ 梁惠王下

孟子说："从前周文王治理岐地的时候，对农民实行九一之税，对做官的人可以给予世代承袭的俸禄；在关口和市场上，只是查问一下，而不征税；池沼河流不设置捕鱼的禁令；对犯罪的人的刑罚只及于他本人而不连累他的父母妻儿。没有妻子的老年男人叫鳏夫，没有丈夫的老年女人叫作寡妇，没有子女的老人叫作独者，死了父亲的儿童叫孤儿。这四种人是天下最无依无靠的贫苦人。周文王发布命令，实行仁政，一定要首先抚恤这四种人。《诗经·小雅·正月》里说：'有钱财的人是可以过得去了，最可怜的还是那些孤独者。'"

齐宣王说："说得好啊！"

孟子就说："大王您如果认为王者之政好，那么您为什么不推行呢？"

齐宣王说："我有一个毛病，我贪爱财货。"

孟子回答说："从前公刘也贪爱财货，《诗经·大雅·公刘》上说：'收拾好囷和仓，包裹好干粮，装进小袋大囊。一心想安抚百姓，以使国运昌盛。箭上弦、弓开张，干戈戚扬都上场，浩浩荡荡奔前方。'所以说只有留在家里的人的仓库中积满了粮食，行军的人的橐囊里装满了干粮，这样才能前行。大王喜好财货，如果能够与百姓共同享用，实行王政，统一天下还有什么困难呢？"

齐宣王又说："我还有个毛病，我贪好女色。"

孟子回答说："从前周朝太王古公亶父也贪爱女色，宠爱他的妃子太姜。《诗经·大雅·绵》上说：'古公亶父为立家，一大清早骑上骏马，沿着邠西水边走，一直来到岐山下，同行的还有太妃姜，共同来把房室察。'在那个时候，没有找不着丈夫的女子，也没有找不到妻子的男子。大王喜好女色，努力满足百姓好色之性，实行王政统一天下，又有什么困难呢？"

◎ **释疑解惑**

本章的核心是孟子向齐宣王解释"王者之政"的具体内容。

孟子所说的"王者之政"就是实行合理的税收政策，在农业上实行九一之税，在商业上充分保证商人的利益，"关市讥而不征"，保证百姓在江河湖泊的捕捞权，犯罪刑罚只及犯罪者本人而不牵连父母妻儿，对鳏、寡、独、孤等社会弱势群体给予充分照顾。国君发政施仁，应首先从关怀鳏、寡、独、孤等弱势群体开始。

齐宣王对孟子的"王者之政"也深表赞赏，但他认为自己难以实行，因为自己"好货""好色"。孟子指出，"好货""好色"不是问题，问题在于国君"好货"

55

能否推己及人，知天下之人皆"好货"；国君"好色"，能否推己及人，知天下之人皆"好色"。"好货"而与民同之，让留在家里的人的粮食堆满仓库，行军的人的橐囊里装满了干粮，大王"好货"，实行王者之政何难之有？"好色"就要学习周朝太王古公亶父。古公亶父也贪爱女色，宠爱他的妃子太姜。但他不是将天下女色皆充入后宫，而是与民同之，使"内无怨女，外无旷夫"。大王"好色"，实行王者之政，何难之有？

孟子的"王者之政"，说到底就是仁政。仁政就是以仁爱之心，行仁爱之政，就是推己及人之政。国君"好货""好色"，应将自己"好货""好色"之心推及天下，充分照顾百姓的"好货""好色"之心，满足天下百姓之要求，这就是"王者之政"。

战国时代是战火纷飞的年代，也是个"寡廉鲜耻"的时代，齐宣王以国君之尊，"好货""好色"之词脱口而出，毫不遮掩。从好的一面想，人们可以说齐宣王坦荡、真诚；从坏的一面想，可以说齐宣王无耻之极，毫无廉耻之心。然而孟子善于开导，顺势而为，借助历史案例，向齐宣王说出自己的主张。

民生是永恒的主题，而一个社会的良知呈现关键看其对鳏、寡、孤、独、疾等群体的关怀程度。从孔子的"大同"理想到孟子的"王者之政"，再到荀子的"王制"设计，先秦儒家对此均有很好的论述，给我们留下丰富的文化资源。

[6] 孟子谓齐宣王曰："王之臣有托其妻子于其友而之楚游者，比①其反也，则冻馁其妻子，则如之何？"

王曰："弃②之。"

曰："士师③不能治士，则如之何？"

王曰："已④之。"

曰："四境之内不治，则如之何？"

王顾⑤左右而言他。

◎ **注释** ①〔比〕及，至，这里指等到。②〔弃〕抛弃，这里指绝交。③〔士师〕

古代的司法官。④〔已〕止，这里指罢免。⑤〔顾〕回头看，这里指环顾。

◎ **大意**　孟子对齐宣王说："大王您的臣属中有个人把他的妻子和儿女托付给朋友，自己到楚国去游说去了，等他回来时，发现他的妻子和儿女正挨饿受冻，那么应该怎样对待（他那个朋友）呢？"

齐宣王说："与他绝交。"

孟子又问："假如掌管刑罚的长官不能管理他的下级，那应该怎么办呢？"

齐宣王说："罢免他。"

孟子又问："一个国家如果治理得不好，（对它的君主）应该怎么办呢？"

齐宣王环顾左右，把话题扯到别处去了。

◎ **释疑解惑**

本章呈现出孟子高超的游说能力与论辩技巧。

通过有负朋友之托的设定，孟子让齐宣王一步步陷入早已设计好的理论陷阱。齐宣王起初不假思索地说出"弃之""罢之"，到问及"四境之内不治，则如之何"时，只好"顾左右而言他"。这说明当问题不涉及自身利益时，执政者是冷静的、清醒的，不乏处置问题和解决问题的手段与方法；一旦涉及自身利益，执政者心里便有所顾忌，像齐宣王只好装聋作哑，"顾左右而言他"。

在孟子思想中，暗含着当政者的权力是受百姓重托之意。依孟子的逻辑，四境之内不治，有负百姓重托，这样的国君显然应该罢免。对这一逻辑齐宣王是清楚的，不得不"顾左右而言他"。

[7]　孟子见齐宣王，曰："所谓故国①者，非谓有乔木②之谓也，有世臣③之谓也。王无亲臣矣，昔者所进④，今日不知其亡⑤也。"

王曰："吾何以识其不才而舍之？"

曰："国君进贤，如不得已，将使卑逾尊，疏逾戚，可不慎与？左右皆曰贤，未可也；诸大夫皆曰贤，未可也；国人皆曰贤，然后察之；见贤焉，然后用之。左右皆曰不可，勿听；诸大夫皆曰不可，勿听；国人皆曰不可，然后察之；见不可焉，然后去之。左右皆曰可杀，勿听；诸大夫皆曰可杀，勿听；国人皆曰可杀，然后察之；见可杀焉，然后杀之。故曰，国人杀之也。如此，然后可以为民父母。"

◎ **注释**　①〔故国〕指历史悠久的国家。②〔乔木〕高大的树木。③〔世臣〕世代建立功勋的大臣。④〔进〕进用。⑤〔亡〕去位，去职。

◎ **大意**　孟子谒见齐宣王，说："我们平常所说的历史悠久的国家，并不是指这个国家有年代久远的高大树木，而是说这个国家世代有功勋卓著的大臣。大王现在没有亲信的臣子了，过去所进用的人才，现在想不到都失去他们的职位了。"齐宣王说："我如何才能识别他无用而舍弃他呢？"

孟子说："一个国家的君主选用贤人，如果迫不得已要选拔新人，那就可以使地位低的人超过地位高的人，关系疏远的人超过关系亲密的人，这样的事情能不谨慎对待吗？左右亲近的人都说这个人贤能，不可轻信；众位大夫都说这个人贤能，也不可轻信；全体国人都说这个人贤能，然后对他进行考察；确实发现他贤能，才能起用他。左右亲近的人都说这个人不贤能，不要轻信；众位大夫都说这个人不贤能，也不要轻信；全体国人都说这个人不贤能，然后对他进行考察；确实发现他不贤能，才能罢免他。左右亲近的人都说这个人该杀，不要轻信；众位大夫都说这个人该杀，也不要轻信；全体国人都说这个人该杀，然后对他进行考察；确实发现他有该杀之罪，才能杀掉他。所以才可以说这是国人杀死的，而非国君杀死的。这样，才可以真正做百姓的父母。"

◎ **释疑解惑**

本章孟子表达了三层意义，即进贤、罢官、杀有罪。

无论是进贤、罢官还是杀有罪，在孟子看来都要听从民意。进用一个人才，"左右皆曰贤，未可也；诸大夫皆曰贤，未可也；国人皆曰贤，然后察之；见贤焉，然后用之。左右皆曰不可，勿听；诸大夫皆曰不可，勿听；国人皆曰不可，然后察之；见不可焉，然后去之。左右皆曰可杀，勿听；诸大夫皆曰可杀，勿听；国人皆曰可杀，然后察之；见可杀焉，然后杀之"。所以说是国人杀之，而非国君杀之。国人所杀之人，是举国之敌。

孟子本章所表达的思想，我们虽不敢妄言是民主思想，但最起码它与民主思想不是矛盾的、冲突的、对立的。由孟子的这一逻辑思路推演下去，未尝不可以发展出中国意义的民主制度。我们说孟子是民意论者，不一定就是民主论者。当然孟子也没有陷入民粹主义，更不是民意无限论者。他十分重视民意，但更重视客观实际，认为民意不能包办一切，决定一切。由此可见，孟子在政治设计上是位理性主义者。

[8] 齐宣王问曰："汤放桀①，武王伐纣②，有诸？"

孟子对曰："于传有之。"

曰："臣弑③其君，可乎？"

曰："贼仁④者谓之贼，贼义⑤者谓之残。残贼之人谓之'一夫'。闻诛一夫⑥纣矣，未闻弑君也。"

◎ **注释** ①〔汤放桀〕汤，商汤，商王朝开国君主。放，流放。桀，名癸，谥桀，夏朝末代国君，以残暴著称。②〔武王伐纣〕商朝末年，商纣王暴虐无道。周文王之子、周公之兄武王姬发出兵伐商纣王，商纣王兵败自杀。③〔弑〕指地位卑下的人以下犯上，杀死地位尊贵的人。④〔贼仁〕指灭绝人的善良本性，残害社会良善。贼，害，伤害。⑤〔贼义〕损害正义。⑥〔一夫〕独夫，指众叛亲离的暴君。

◎ **大意** 齐宣王问孟子说："传说商汤流放了夏桀，周武王曾讨伐商纣，有这回事吗？"

孟子回答说："史书上的确有这样的记载。"

齐宣王说："做臣子的杀死他的国君，可以吗？"

孟子回答说："残害人的善良本性的人叫作'贼'，残害社会正义的人叫作'残'。这两种人又称之为'独夫'。听说周武王诛杀了独夫商纣王，没听说他杀过君主。"

◎ **释疑解惑**

商汤讨伐夏桀时，商汤是诸侯国的国君；武王讨伐商纣时，武王也是纣的下属。因为夏桀也好，纣王也罢，虽然无道，但就政治身份而言，他们还是天子。在齐宣王看来，商汤、周武王是以下犯上，是"臣弑其君"。

儒家一向重视名分，非礼勿视，非礼勿听，非礼勿言，非礼勿动，以下犯上，当然是"臣弑其君"，当然属于非礼行为。然而，儒家人物一向赞扬汤武革命，认为是除暴安善、顺天应人之大业。如此不是自相矛盾了吗？

孟子认为，君只有像个君才是个君。因为君有君的标准，如果君不合乎这个标准，不再履行君的职责，不承担君之所以为君的社会责任，君便不再是君。设立国君，设立天子，其意义何在？不过是为保护人的良善，捍卫人间正道，然而夏桀、商纣不仅不维护社会的良善，捍卫人间正道，相反竟然干起了破坏社会良善，公然践踏人间正义的勾当。这样的君不仅不再是君，而且已成为独夫民贼，人人可得而诛之，况商汤、周武王乎！

[9] 孟子谓齐宣王，曰："为巨室①，则必使工师求大木。工师得大木，则王喜，以为能胜其任也。匠人斫而小之②，则王怒，以为不胜其任矣。夫人幼而学之，壮而欲行之，王曰'姑舍女所学而从我'，则何如？今有璞玉③于此，虽万镒，必使玉人雕琢之。至于治国家，则曰'姑舍女所学而从我'，则何以异于教玉人雕琢玉哉？"

◎ **注释** ①〔巨室〕大房子。齐宣王当时可能正大兴土木，盖大官殿。②〔斫（zhuó）而小之〕斫，砍。不断地砍，将大木砍成细棍。③〔璞（pú）玉〕未加工的玉石。

◎ **大意** 孟子谒见齐宣王，说："建造一所大房子，那么就一定要派工师去寻找大的木料。工师得到一块大的木料，大王就非常高兴，认为他能够胜任职责。如果工匠把大木料砍小了，大王就会非常生气，认为他不能胜任职责。一个人从小学习先王治理天下的方法，长大之后想实践自幼所学的治理天下的道理，大王却说：'暂且抛开你所学的东西，照着我的话去做吧！'那结果会怎么样呢？如果大王有一块未经雕琢的玉石，虽然它的价值高昂，也一定请玉匠雕琢它。可是说到治理国家，大王却说：'暂且抛开你所学的东西，照着我的话去做吧！'那么

◎ 梁惠王下

这与您要求玉匠按照您的办法雕琢玉石有什么不同呢？"

◎ **释疑解惑**

本章，孟子向齐宣王提出了尖锐的问题：究竟是道尊还是势尊？这也可说是专家治国还是官僚治国的问题。

在孟子看来，齐宣王建造大的宫殿，一定是请专业建筑师来设计、规划，让专业人士去找适合建造宫殿的材料。如果专业人士设计得好，找到的建筑材料也合适，那么齐宣王一定会高兴；否则，他就不高兴。然而谈到治国，有人自幼学习治国方法，且已经掌握了治国方法，但来到齐国后，却被齐宣王要求放弃自幼学习的治国之术，一切听从齐宣王安排。如果我们眼前有块璞玉，即使再昂贵，齐宣王也一定会请专业的玉匠来雕琢、加工。而一说到治国，就说"姑舍女所学而从我"，这与教导玉匠去雕琢璞玉有什么区别呢？

"姑舍女所学而从我"，这是一切权力拥有者的共同心愿。权力的本性往往会使人表现出傲慢、自大的一面，在传统社会，没有几个权力拥有者能自我约束、自我克制，真正做到礼贤下士、虚心受教。而知识分子出于个人利益的考量，有时会迁就权力，献媚权力，显露出"以顺为正"的妾妇之态，而没有阳刚、坦荡的丈夫气概。孟子认为自己就是伊尹，就是姜尚，而齐宣王要想成就王者之业，不是"姑舍女所学而从我"，而是相反，"学焉而后臣之"，即齐宣王要先向孟子学习，然后再让孟子成为他的大臣。

[10] 齐人伐燕①，胜之。宣王问曰："或谓寡人勿取，或谓寡人取。以万乘之国伐万乘之国，五旬而举之②，人力不至于此。不取，必有天殃③。取之，何如？"

孟子对曰："取之而燕民悦，则取之。古之人有行之者，武王是也④。取之而燕民不悦，则勿取。古之人有行之者，文王是也⑤。以万乘之国伐万乘之国，箪食壶浆⑥以迎王师，岂有他哉？避水火也。如水益深，如火益热，亦运而已矣⑦。"

◎ **注释** ①〔齐人伐燕〕发生在齐宣王五年（前315年），燕王哙仿尧舜禅让之事，将燕国让给他的相国子之。国人不服气，将军市被和太子平进攻子之，子之反攻，杀死了市被和太子平，导致燕国政局陷入混乱之中。齐宣王乘机出兵，大举进攻燕国，齐国军队很快就攻下燕国。②〔五旬而举之〕旬，十天为一旬，五旬为五十天。《战国策·燕策》记载：当齐国军队进攻燕国时，燕国"士卒不战，城门不闭"，齐国军队几乎没有遇到有效抵抗，五十天就攻入了燕国的首都，并杀死了燕王哙和子之。③〔不取，必有天殃〕齐宣王攻下燕国太容易，认为这不是人力所为，必为上天所赐。如果不占领燕国，就违背了天意，会有灾殃降临，会受上天的惩罚。这是齐宣王假借天意，寻找占领燕国的借口。④〔武王是也〕指周武王灭商纣王的事例。⑤〔文王是也〕指周文王三分天下有其二，仍然臣服于殷商。⑥〔箪食(sì)壶浆〕箪，盛饭的竹筐。食，饭。浆，米酒。⑦〔亦运而已矣〕亦，只是。运，转。如同击鼓传花，转下手罢了。

◎ **大意** 齐国人攻打燕国，战而胜之。齐宣王问孟子说："有些人劝我不要占领燕国，有些人则劝我占领它。以一个能出兵车万乘的大国去攻打另一个能出兵车万乘的大国，并且只用了五十天便攻下了它，仅凭人力好像做不到这一点（意为攻占燕国是天意）。如果不占领燕国，恐怕上天会降下灾害。那么就占领它，怎么样呢？"

孟子回答说："如果占领它而燕国的老百姓会高兴，那么就占领它。古人有这样做的，周武王便是。如果占领它而燕国的老百姓不高兴，那么就不要占领。古人也有这样做的，周文王便是。以一个能出兵车万乘的大国去攻打另一个能出兵车万乘的大国，那个国家的老百姓却用筐盛着饭，用壶盛着酒浆来欢迎大王您的军队，这难道还有别的意思吗？只不过是想避免再过那种水深火热的生活罢了。（如果燕国被占领）老百姓蒙受的灾难更加深重，那只是统治者由燕转变为齐罢了。"

◎ **释疑解惑**

齐宣王乘燕国内乱，发兵进攻燕国，用了五十天便攻下燕国国都。

胜利来得太快，来得太容易，这让处于惊喜之中的齐宣王下一步该怎么走，一时没了主张。朝堂之上，更是议论纷纷，有人主张占领燕国，有人主张撤兵。从齐宣王与孟子的谈话中可以看出，他是占领派，不是撤兵派。以万乘之国去攻打万乘之国，不到五十天便攻下了，这是天意啊！不占领燕国，恐怕违背天意，

◎ 梁惠王下

上天会降下灾祸啊。齐宣王带着"占领它，怎么样"的问题向孟子请教。

对此，孟子有自己的判断，民意即天意，天意在民意。如果占领燕国，而燕国百姓喜欢、高兴，就占领燕国。如果燕国百姓不欢迎、不喜欢，那就不占领。齐国之所以不到五十天就直取燕国国都，没有其他原因，只是燕国的百姓力图摆脱水深火热般的生活而已。如果占领燕国，加重了燕国人民水深火热的生活，那不过是从一个暴君转到另一个暴君手里而已。

齐宣王认为的天意，在孟子那里则转换为燕民悦与不悦。燕国百姓对齐国的占领感受最直接、最深，因而取与不取，不取决于齐宣王，而是取决于燕民。民心即天心，民之所欲，天必从之。

[11] 齐人伐燕，取之。诸侯将谋救燕。宣王曰："诸侯多谋伐寡人者，何以待之？"

孟子对曰："臣闻七十里为政于天下者，汤是也。未闻以千里畏人者也。《书》曰：'汤一征，自葛始①。'天下信之。东面而征，西夷怨；南面而征，北狄怨，曰：'奚为后我②？'民望之，若大旱之望云霓③也。归市者不止，耕者不变，诛其君而吊其民，若时雨降。民大悦。《书》曰：'徯我后，后来其苏④。'

"今燕虐其民，王往而征之，民以为将拯己于水火之中也，箪食壶浆以迎王师。若杀其父兄，系累⑤其子弟，毁其宗庙，迁其重器⑥，如之何其可也？天下固畏齐之强也，今又倍地而不行仁政，是动天下之兵也。王速出令，反其旄倪⑦，止其重器，谋于燕众，置君而后去之，则犹可及止也。"

◎ **注释** ①〔汤一征，自葛始〕现存《尚书》不见此六字，有的学者认为此为《尚书》逸文。②〔奚为后我〕怎么将我放在后面。③〔云霓〕霓，虹霓。古人认为虹霓出现是下雨的征兆。④〔徯我后，后来其苏〕徯，等待。后，王，君主。苏，恢复，苏醒，复活。后来其苏，君王来了就会有起色。⑤〔系累〕束缚，捆绑。⑥〔重器〕指贵重的祭器。⑦〔旄（mào）倪〕旄，通"耄"，八九十岁的人叫作耄，这里通指老年人。倪，儿，指小孩子。

◎ **大意**　齐国攻打燕国，并占领了燕国。一些诸侯国谋划营救燕国。齐宣王说："很多诸侯都在谋划讨伐我，如何对付他们呢？"

　　孟子说："我听说过有人以区区七十里的土地统一天下的，比如说商汤。还没听说过拥有上千里的土地却害怕别人的。《尚书》中说：'商汤当初开始出征的时候，是从讨伐葛伯开始的。'天下的人都相信他，他向东面作战，居住在西面的夷人就抱怨他；他向南面作战，北面的狄人也抱怨：'为什么把我们放在后面呢？'老百姓期待商汤到来，就像长期处于干旱状态而盼乌云和虹霓出现一样。（商汤征伐所到之地）做生意的人不停止经营，农民照常下地种田，只不过是诛杀残暴的君主，安抚当地的百姓罢了。对老百姓来说，就好像是旱天降落的及时雨。对此，老百姓非常高兴。《尚书》上说：'等待我们的君主啊，我们的君主来了之后，我们就能活命了。'

　　"现在燕国的国君虐待燕国的百姓，如果大王您去讨伐他，燕国的老百姓都认为您要将他们从水深火热中解救出来，所以用筐盛着饭，用壶盛着酒浆来欢迎大王的军队。如果大王您残杀他们的父母兄弟，俘虏他们的子弟，拆毁他们的祖宗祠庙，抢走他们的传国宝器，像这样怎么可以呢？天下人本来就害怕齐国强大，现在齐国的土地又扩大了一倍，却不推行仁政，这是您自己招惹天下的军队来对付您啊！大王您马上下达命令，把俘虏的老人和小孩送还给他们，停止搬运燕国的传国宝器，并和燕国的老百姓商量，另立新的君主，而后撤军，那应该还来得及阻止各诸侯国的军队到来。"

◎ **释疑解惑**

　　齐国大军攻下燕国，齐国一时大胜，成为东方强国，这让天下诸侯国很害怕。齐国在东方独大，造成战国时期诸雄势力失衡。由此各诸侯国谋划打着救燕的旗帜，削弱齐国的势力。

　　齐宣王害怕了，立即向孟子请教该怎么办。孟子告诉齐宣王，商汤以七十里之地，终于完成一统天下的大业，但他从来没有听说拥有千里之地的大国会害怕别人的。这说明齐宣王缺少大国之君的威仪，遇事容易惊慌失措。孟子向齐宣王进一步宣传他的仁政主张与王道理想。商汤行仁政，"东面而征，西夷怨；南面而征，北狄怨"，百姓期待商汤的军队就像是大旱时盼望及时雨一样。燕国国君暴虐其百姓，所以齐国军队到了燕国后，燕人"箪食壶浆以迎王师"。然而，齐国军队的到来，并没有给燕国百姓带来益处，反而做了一系列违背燕国百姓意愿的事情，加深了燕国百姓水深火热的生活，这是王者之师吗？这是仁政吗？这样做，能不遭到燕国百姓的反抗吗？

解救齐国危急的唯一办法，就是齐宣王立即下令，马上释放燕国的老人和小孩，停止搬运燕国的传国宝器，在征得燕国老百姓的同意后，为燕国设立新的君主，最后立即撤军。只有这样，才能避免"动天下之兵"。

齐国的危机是齐宣王一手造成的，是齐国的占领军造成的。齐国攻占燕国后，没有做燕人高兴之事，反而做了一系列让燕人不悦之事，不行仁政，而推行霸道，可以得意于一时，但不可能得意于长久。一句话，为政在于得民心，征战一定要顺民意。

[12] 邹与鲁哄①。穆公②问曰："吾有司③死者三十三人，而民莫之死也。诛之，则不可胜诛；不诛，则疾视其长上之死而不救，如之何则可也？"

孟子对曰："凶年饥岁，君之民老弱转乎沟壑，壮者散而之四方者，几千人矣；而君之仓廪实，府库充，有司莫以告，是上慢而残下也。曾子④曰：'戒之戒之！出乎尔者，反乎尔者也。'夫民今而后得反之也。君无尤⑤焉！君行仁政，斯民亲其上，死其长矣。"

◎ **注释** ①〔邹与鲁哄（hòng）〕邹，邹国，又称邾国，位于鲁国之南的小国，是孟子的父母之邦。鲁，鲁国。哄，冲突，交战。②〔穆公〕即邹穆公。③〔有司〕执行国君任务的相关官吏。④〔曾子〕孔子的学生曾参，相传作《孝经》。⑤〔尤〕责备，归罪。

◎ **大意** 邹国和鲁国发生了冲突。邹穆公问孟子："在冲突中，我国的官员死了三十三人，但是老百姓没有一个为他们去效死的。如果杀死这些（见死不救的）

百姓的话，那么人多得杀不过来；要是不杀他们，那么其他百姓就会效仿他们，眼睁睁地看着长官被杀死而不去营救，到底该怎么办才好呢？"

孟子回答说："在灾荒的年景里，国君的老百姓中，年老与弱小的人辗转饿死于山沟荒野之中，壮年之人四处逃命，有数千人之多；可是您的仓库里粮食堆得满满的，国库钱财充足，国君的官员们不把这种灾情向您报告，这是在位的官员上欺国君，下害百姓。曾子说过：'警惕啊，警惕！你怎样对待人家，人家就会怎样对待你。'从今往后，老百姓如果有合适的机会就要以同样的手段对待您的官员了。国君您不要责怪他们了。您推行仁政，这样老百姓才会亲近他们的长官，并愿意为他们献出生命。"

◎ 释疑解惑

在邹国与鲁国的冲突中，官吏战死，老百姓眼睁睁地看着这些官吏战死，却无动于衷，袖手旁观，这让邹穆公十分郁闷。如果杀了这些百姓，可谓杀不胜杀；如果不杀，则会引起恶性循环，以后碰到这种情况，其他百姓还会仿效他们。百姓眼睁睁看着自己的长官在冲突中死去而不施以援手，对于这种情况该怎么办呢？邹穆公就这个问题向孟子请教。

孟子并没有告诉邹穆公该不该杀这些百姓，而是转换角度，分析造成这种局面的原因。有因必有果，如果找不到因，这种果就还会出现。邹国是孟子的家乡，孟子对造成这种局面的原因十分清楚。邹国，遇上凶年饥岁，年老者与弱小者饿死在沟壑，壮者只好四处逃亡，以求活命，而国家仓库里粮食堆得满满的，国库钱财充足，只是这些官员没有向国君报告灾情，是他们严重失职。他们对上欺骗国君，对下残害百姓，不关心百姓疾苦、死活，却让百姓为其卖命，这是不可能的。官员怎样对待百姓，百姓就会怎样对待官员。

在孟子看来，错不在百姓，而在于这些对百姓没有感情的官员。解决问题的方法也很简单，就是国君推行仁政，充分关心百姓的利益诉求，想百姓之所想，急百姓之所急，亲民、仁民。这样百姓就会亲近其官员，尊敬其长上，愿为自己的国家奉献生命。

国家与百姓是共同体，利害相关。作为一国之君的执政者，只有关心百姓，百姓才能感受到国家的关爱，爱国之心才会随之而生。

◎ 梁惠王下

［13］ 滕文公①问曰："滕，小国也，间于齐、楚。事齐乎？事楚乎？"

孟子对曰："是谋非吾所能及也。无已，则有一焉：凿斯池也，筑斯城也，与民守之，效死而民弗去，则是可为也。"

◎ **注释** ①〔滕文公〕战国时滕国国君，与孟子同时代，且交往颇多。滕，西周初期建立的小国，初封周文王之子错叔绣，故城在今山东省滕州市西南。

◎ **大意** 滕文公问孟子："滕国是一个小国，夹在齐国和楚国两大国之间，我们应该侍奉齐国呢，还是侍奉楚国？"

孟子回答说："这样重大的决策不是我能做出的。如果一定要出主意，办法只有一个：挖深护城河，加固城墙，与老百姓共同守城，这样老百姓宁肯献出自己的生命也不愿离开，也许可以行得通。"

◎ **释疑解惑**

战国时代，兼并战争愈演愈烈，大国之间合纵连横有充分的空间，而夹在大国之间的小国则朝不保夕。滕国是当时的弱小之国，北有强齐，南有强楚，齐楚时而联合，时而争战。滕文公是位开明国君，他不时向孟子请教保国之法。但无论是孟子还是滕文公，都深知滕国的战略空间太小。孟子强调滕国应有自己的国格，既不要事齐，也不要事楚，而要做好自己的工作，挖深护城河，加固城墙，举国一心，才有可能行得通。

［14］ 滕文公问曰："齐人将筑薛①，吾甚恐，如之何则可？"

孟子对曰："昔者大王居邠②，狄人侵之，去，之岐山之下居焉。非择而取之，不得已也。苟为善，后世子孙必有王者矣。君子创业垂统，为可继也。若夫成功，则天也。君如彼何哉？强为善而已矣。"

◎ **注释** ①〔薛〕古国名，故城在今山东省枣庄市薛城区。春秋初期薛国还存在，后为齐国所灭。齐威王时，薛为齐相田婴的封地。为了巩固齐国南方边境，防止楚国入侵，田婴加固了薛城。②〔邠〕地名，在今陕西省。

◎ **大意** 滕文公问孟子说："齐国人正准备加固薛城，我非常害怕，应该怎么办才可以呢？"

孟子回答说："从前太王古公亶父居住在邠地，遭到狄人侵犯，他便离开，迁移到了岐山定居。太王并不是为自己选好这个地方作为定居之所，是迫不得已才这样做的啊！如果一个国君愿意行仁政，那么他的后世子孙一定会有成就王业的。有贤德的人创立基业，并把它传给子孙，希望世世代代可以继承下去。至于能否成功，全看天意了。现在您又能拿齐国怎么样呢？只有力行仁政罢了！"

◎ **释疑解惑**

作为小国之君，处四战之地，确实难以有所作为。齐国公然地修筑、加固薛城，使滕国面临直接威胁。滕文公惊慌失措，连忙向孟子请教化解危急的办法。

由于滕国势力太过弱小，根本不是大国的对手。小固不可敌大，弱固不可敌强，滕国与当时大国，如齐国、楚国势力悬殊。孟子也没有点石成金、撒豆成兵的本领，所以他只好借周文王的祖父古公亶父，迁到别处，以避敌锋芒之事，来说明力行善道，后世子孙必有王者兴。君子创业垂统，是让后世子孙将先人的事业世世代代传下去，这是创业者的主观意愿。

人只能管好自己，做好自己，而无法控制、改变自然法则，故而孟子告诉滕文公"强为善而已矣"。

[15] 滕文公问曰："滕，小国也；竭力以事大国，则不得免焉，如之何则可？"

孟子对曰："昔者大王居邠，狄人侵之。事之以皮币①，不得免焉；事之以犬马，不得免焉；事之以珠玉，不得免焉。乃属其耆老②而告之曰：'狄人之所欲者，吾土地也。吾闻之也：君子不以其所以养人者害人。二三子何患乎无君？我将去之。'去邠，逾梁山③，邑于岐山之下居焉。邠人曰：'仁人也，不可失也。'从之者如归市。

"或曰：'世守也，非身之所能为也。效死勿去。'

"君请择于斯二者。"

◎ **注释** ①〔皮币〕皮，用动物毛皮制作成的裘。币，缯帛。②〔耆老〕《礼记·曲礼》谓："六十曰耆。"《说文》："七十曰老。"这里泛指年老的人。③〔梁山〕山名，位于今陕西省乾县西北。

◎ **大意** 滕文公问孟子："滕国是一个小国，竭尽全力地侍奉大国，最后却难免于灾祸，应该怎么办才可以呢？"

孟子说："当初，太王古公亶父居住在邠地，狄人来侵。太王用皮裘和丝绸去讨好他们，狄人没有停止侵犯；又用良狗名马去讨好他们，狄人也没有停止侵犯；又用珍宝珠玉去讨好他们，狄人仍然没有停止侵犯。太王便召集国内年老的人，告诉他们：'狄人想要得到的是我们的土地。我听说过：有贤德的人不能用生养人的东西来害人。你们何必害怕没有国君呢？我准备离开这里，免得使你们受害。'于是太王离开邠地，越过梁山，在岐山之下新建了一个城邑定居下来。邠地的百姓说：'太王是位有仁德的人啊，我们不能失去他。'追随太王而去的人好像赶市集一样。

"有人说：'这是祖宗传下来让我们子孙后代保守的基业，不是我能擅自决定把它丢弃的。宁可牺牲性命，我也不离开。'

"请您在以上两条道路中选择一条吧！"

◎ **释疑解惑**

滕文公三次向孟子请教，其实就是一个问题：滕国如何在大国夹击下存活下去。

这三次，孟子分别给出不同的答案：第一次，孟子告诉滕文公应誓死捍卫滕国；第二次，他告诉滕文公，应当效法太王古公亶父迁走，以避锋芒；第三次，孟子告诉滕文公在以上两个方案中任选其一。滕文公的焦虑与孟子的无奈，跃然纸上。孟子告诉滕文公，国家的存亡不是自己能决定的，但实行仁政则是自己能做到的。力行仁政，至于成功与否则听天由命吧！

[16] 鲁平公①将出，嬖人臧仓②者请曰："他日君出，则必命有司所之。今乘舆已驾矣，有司未知所之，敢请。"

公曰："将见孟子。"

曰："何哉？君所为轻身以先于匹夫者，以为贤乎？礼义由贤者出，而孟子之后丧逾前丧③。君无见焉！"

公曰："诺。"

乐正子④入见，曰："君奚为不见孟轲也？"

曰："或告寡人曰'孟子之后丧逾前丧'，是以不往见也。"

曰："何哉？君所谓逾者，前以士，后以大夫；前以三鼎，而后以五鼎与？"

曰："否；谓棺椁衣衾之美也。"

曰："非所谓逾也，贫富不同也。"

乐正子见孟子，曰："克告于君，君为来见也。嬖人有臧仓者沮⑤君，君是以不果来也。"

曰："行，或使之；止，或尼⑥之。行止，非人所能也。吾之不遇鲁侯，天也。臧氏之子焉能使予不遇哉？"

◎ **注释** ①〔鲁平公〕即姬叔，战国时期鲁国国君，鲁景公之子，在位20年，鲁国国力日衰。②〔嬖人臧仓〕嬖人，国君宠幸的小臣、近侍或姬妾。此处指被宠爱的小臣。臧仓，人名。③〔后丧逾前丧〕后丧，丧母。逾，越过。前丧，丧父。孟子的父亲死在母亲的前面，孟子葬送母亲的规格高于父亲。④〔乐正子〕姓乐正，名克，孟子的学生。⑤〔沮〕同"阻"，阻止。⑥〔尼〕外力阻止。

◎ **大意** 鲁平公要外出，他所宠幸的小臣臧仓急忙前来请示说："过去您外出，总是将要去的地方通知管事的人。现在车马都已经准备好了，管事的人还不知道您要去哪里，因此冒昧请您明示。"

鲁平公说:"要去见孟子。"

臧仓说:"您降低自己的身份主动去拜访一个普通人,这是为什么呢?是因为他是位贤人吗?贤德之人做事应该合乎礼义,然而孟子为母亲治丧事的规格,超过了先前为父亲治丧事的规格。您别去见他!"

鲁平公说:"好吧。"

乐正子入朝见鲁平公,问:"您为什么不去见孟子呢?"

鲁平公说:"有人告诉我说'孟子为母亲办丧事的规格超过了为父亲办丧事的规格',所以我不去见他。"

乐正子就问:"您所说的'超过',是什么意思呢?是指先前为父亲办丧事用士礼,后来为母亲办丧事用大夫之礼吗?还是先前为父亲办丧事用三鼎之礼,后来为母亲办丧事用了五鼎之礼吗?"

鲁平公说:"不是的,我是指棺椁衣物的华美(后者超过前者)。"

乐正子说:"这不能叫'超过',是前后贫富不同的缘故。"

乐正子去见孟子,说:"我曾把您推荐给国君,他打算来见您的。可是有个叫臧仓的宠臣阻止了他,所以国君最终没有来。"

孟子说:"(道)能行,或有某种力量促使它;(道)不能行,或有某种力量阻碍它。(道)行或者不行,不是人力所能决定的。我不能和鲁君相见,是天意啊!姓臧的小子怎能使我不和鲁君相见呢?"

◎ **释疑解惑**

鲁国在战国时代已经沦落为二流国家,日渐衰微。大概鲁平公即位不久,在孟子学生乐正克的劝说下,他力图振作,礼贤下士,欲拜见孟子。

臧仓作为鲁平公的小臣,一句话就阻止了这次重大会见,而且理由十分简单,即孟子行事不合礼义。为此,臧仓还找到依据,即孟子的父亲先死,母亲后亡,孟子为母亲办丧事的规格高于为父亲办丧事的规格。父亲与母亲在子女的心目中应该是一样的,"后丧逾前丧"就是不合礼。

事实上,孟子在丧送父母上并没有违背礼:其一,他丧送父母的身份是一样的,没有前以士而后以大夫的错位;其二,对待父母的礼仪,他使用的礼器也是相同的,没有前三鼎而后五鼎。只是由于父母去世时,孟子的经济状况不同,陪葬的物品前后不同而已。孟子的做法本来在情理之中,却因这个小小误会未与鲁平公相见,也使孟子在鲁国一展政治抱负的雄心无法实现。

在孟子看来，他不能和鲁平公相遇，不是误会，而是天意；不是偶然，而是必然。孟子称之为天意。孟子不得见鲁平公的天意是什么呢？是上天将要使鲁国衰落。道能否实行是历史的必然，不是人为的、偶然的因素所能支配的。

公孙丑上

《公孙丑上》共九章，其主题是假想孟子"当路于齐"或"加齐之卿相""得行道焉"的政治抱负和治国方略，由此孟子像政治演说家一样展开了他的系列"就职演说"。在孟子的"演说"中，"王道"与"仁政"是整个政治设计的主题词。在这里，他对什么是"王"、什么是"霸"，做出了明确的界定，并从哲学层面对"仁政"进一步做出了说明，旗帜鲜明地亮出了自己"贵王贱霸"的政治态度与立场。由此他提出了"贤者在位，能者在职"的政治主张和惠农利商的经济政策，同时对政治人物的心理素质和人格修养提出严格要求：扩充仁、义、礼、智"四端"，养浩然之气，知进退之道等等。本卷中的"故家遗俗""流风善政""事半功倍""解民倒悬""出类拔萃""揠苗助长""具体而微""生民未有""圣之时者""舍己从人""与人为善""以德服人""心悦诚服"等，已经成为后人熟悉的成语典故；"虽千万人，吾往矣"等，则成为千古名句。

[1] 公孙丑^①问曰："夫子当路^②于齐，管仲、晏子^③之功，可复许乎？"

孟子曰："子诚齐人也，知管仲、晏子而已矣。或问乎曾西^④曰：'吾子与子路孰贤？'曾西蹴然曰：'吾先子之所畏也。'曰：'然则吾子与管仲孰贤？'曾西艴然^⑤不悦，曰：'尔何曾比予于管仲？管仲得君如彼其专也，行乎国政如彼其久也，功烈如彼其卑也；尔何曾比予于是？'"曰："管仲，曾西之所不为也，而子为我愿之乎？"

曰："管仲以其君霸，晏子以其君显。管仲、晏子犹不足为与？"

曰："以齐王，由反手也。"

曰："若是，则弟子之惑滋甚。且以文王之德，百年而后崩，犹未洽于天下；武王、周公^⑥继之，然后大行。今言王若易然，则文王不足法与？"

曰："文王何可当也？由汤至于武丁^⑦，贤圣之君六七作，天下归殷久矣，久则难变也。武丁朝诸侯，有天下，犹运之掌也。纣之去武丁未久也，其故家遗俗，流风善政，犹有存者；又有微子、微仲、王子比干、箕子、胶鬲^⑧——皆贤人也——相与辅相之，故久而后失之也。尺地，莫非其有也；一民，莫非其臣也；然而文王犹方百里起，是以难也。齐人有言曰：'虽有智慧，不如乘势；虽有镃基^⑨，不如待时。'今时则易然也。夏后、殷、周之盛，地未有过千里者也，而齐有其地矣；鸡鸣狗吠相闻，而达乎四境，而齐有其民矣。地不改辟矣，民不改聚矣，行仁政而王，莫之能御也。且王者之不作，未有疏于此时者也；民之憔悴于虐政，未有甚于此时者也。饥者易为食，渴者易为饮。孔子曰：'德之流行，速于置邮而传命⑩。'当今之时，万乘之国行仁政，民之悦之，犹解倒悬也。故事半古之人，功必倍之，惟此时为然。"

◎ **注释**　①〔公孙丑〕齐国人，孟子的弟子。②〔当路〕当政，当权。③〔管仲、晏子〕春秋时期齐桓公之相，辅佐齐桓公实现春秋首霸的伟业。晏子，即晏婴，齐景公时的名相。④〔曾西〕名申，字子西，鲁国人，孔子学生曾参的儿子，也有人认为是曾参的孙子。⑤〔艴（bó）然〕恼怒、生气的样子。⑥〔周公〕姓姬，名旦，周文王的儿子，周武王的弟弟，辅助武王伐纣。武王死后，辅佐武王之子成王定乱，安定天下。鲁国的始祖。⑦〔由汤至于武丁〕汤是殷商的开国之君，武丁是商的中兴之君。从商汤到武丁之间的太甲、大戊、祖乙、盘庚等都是颇有作为的国君，故孟子有"贤圣之君六七作"之说。⑧〔微子、微仲、王子比干、箕子、胶鬲〕微子，名启，宋国开国之君，一说商纣王之叔父，一说商纣王庶兄，后说是。微仲，名衍，微子启之弟，后继微子启之位，为宋国第二任国君，孔子的先祖。王子比干，商纣王之叔父，屡谏纣王，被纣王剖心害死。箕子，商纣王的叔父，比干谏而死，箕子惧，佯狂为奴，为纣王所囚禁。武王伐纣后，释箕子之囚。胶鬲，纣王之贤臣。⑨〔镃基〕农具，相当于今天的锄头之类。⑩〔置邮而传命〕置、邮，皆为古代驿站名称。传命，传达国家的政令。

◎ **大意**　公孙丑问道："如果您在齐国当权，管仲、晏婴那样的功业，能再次建立起来吗？"

孟子说："你真是个齐国人啊，只知道管仲、晏婴罢了。有人问曾西说：'您和子路相比，谁更贤明？'曾西不安地说：'子路是我的先辈所敬畏的人（我哪敢和他相比）。'那人又问：'既然这样，那么你和管仲相比谁更贤明？'曾西顿时很生气地说：'你怎么能拿我同管仲相比？管仲得到齐桓公的信任是那样专一，执掌国政是那样长久，而功业却是那样卑微。你为什么竟拿我同这个人相比？'"（孟子接着又）说："管仲是曾西都不愿跟他相比的人，你以为我会愿意学他吗？"

公孙丑说："管仲使他的国君称霸天下，晏婴使他的国君扬名诸侯。管仲、晏婴难道还不值得效仿吗？"

孟子说："像齐国（这样的大国）统一天下，简直是易如反掌。"

公孙丑说："如果是这样，那么我就更糊涂了。凭文王的德行，寿近百岁才去世，都没能（使仁政）遍及天下；周武王、周公继承他的事业，这才（使仁政）遍及天下。现在您说起统一天下，似乎很容易的样子，那么文王也不值得效法了吗？"

孟子说："我们哪里可以同文王相提并论呢？从商汤到武丁，贤明的君主出了六七位，天下的人归顺殷朝很久了，时间久了就难以改变了。武丁使诸侯来朝拜，将天下治理好，就像在手掌中转动东西一样容易。商纣距武丁的时代不算长，当时的勋旧世家、优良习俗、先民遗风、仁惠政教，还有留存下来的；又有微子、微仲、王子比干、箕子、胶鬲，他们都是贤臣，共同辅佐他，所以过了很长的时间才失掉天下。（当时，）没有一尺土地不是纣王所有，没有一个老百姓不是他的臣民，然而文王凭借方圆百里的地方创立丰功伟业，所以是很困难的。齐国有句谚语说：ّ虽然很聪明，不如利用时势；虽然有锄头，不如等待农时。'现在的时势要推行仁政，就容易多了。夏、殷、周三朝兴盛的时候，任何国家的土地都没有超过纵横一千里的，而现在齐国拥有千里之地；鸡鸣狗叫的声音，一直传到四周的国境，处处相闻，齐国已经有这么多的百姓了。土地不必再扩大，百姓不必再招聚，只要推行仁政使天下归服，就没有人能阻挡得了。况且，仁德的君王不出现，没有比现在间隔的时间更长久的了；百姓受暴政摧残，没有比现在更厉害的了。饥饿的人吃什么都不会挑剔，干渴的人不苛责所喝的东西。孔子说：ّ德政的流行，比驿站的传递政令还要迅速。'现在这个时候，拥有万辆兵车的大国实行仁政，百姓对此感到喜悦，就像倒悬着而被解救下来一样。所以，功力只要用到古人的一半，功效就会多出古人的一倍，只有现在这个时候才能办到。"

◎ 释疑解惑

本章的中心思想是霸业不足法，王道恰逢时。

公孙丑进入孟子门内未久，对孟子的思想、主张领会不深，同时作为齐国人，他又一直想着齐国的霸业之梦，所以对齐国的贤相管仲、晏婴在齐国历史上建立的功业念念不忘。公孙丑想知道，如果孟子在齐国当权，是否会重建管仲、晏婴那样的功业。

管仲使君霸，晏婴使君显，但孟子认为这是低层次的霸道，不是一统天下的王道。而霸道不足法，仁政、王道恰逢其时。在孟子看来，以齐国当时之国土，以天下当时之形势，齐王一统天下，易如反掌。

公孙丑更加疑惑：以周文王之德，而且是百年而后崩，还没有实现一统天下的梦想；武王、周公继承文王事业，经过长期的努力才得以实现，怎么齐王实现王道就是易如反掌了呢？为解公孙丑之惑，孟子引入历史现实主义，对殷商做了客观的评价。殷商时代是一个伟大的时代，由开国之君汤到武丁，"圣贤之君六七作，天下归殷久矣"。时间长久了历史就有了惯性，而要改变历史惯性，并不是一时、也不是一世能做得到的。更何况纣王距离武丁的时代不远，故家遗俗，流风善政，并没有完全消失。纣王时代的微子启、微仲、王子比干、箕子、胶鬲等都是贤人，他们都辅佐过纣王。所以，文王凭借方圆百里之地的小国，百年而不得一统天下，不是很自然的吗？

从主观上讲，齐国已经具备了称王于天下的条件。当时的齐国，地方千里，鸡鸣狗吠相闻，"地不改辟矣，民不改聚矣，行仁政而王，莫之能御也"。客观上，历史机运已到，由天下一统的王道到列国纷争的霸道盛行，时间已经很久了，民心思统已经很长时间了，天下百姓的苦难没有比这个时代更严重的了。这也为王者作，行仁政，一统天下提供了客观条件。这个时候，万乘之国如果实行仁政，恰如解民于倒悬之中，一定会达到事半功倍的效果。

孟子对历史的分析是客观的、冷静的，相当到位，对天下大势、历史趋向的分析尤其显示了他的高远智慧与前瞻性见解。问题是，不管是齐宣王，还是梁惠王，皆以为孟子迂远而阔于事情，即理想太高，不切实际，不如霸道来得痛快，因而都没有听信孟子之言。他们急于求成，不仅霸业未成，反而为后世子孙留下祸患，先后亡国，只能让人扼腕叹息。

[2] 公孙丑问曰："夫子加齐之卿相，得行道焉，虽由此霸王，不异矣。如此，则动心[①]否乎？"

孟子曰："否；我四十不动心。"

曰："若是，则夫子过孟贲[②]远矣。"

曰："是不难，告子[③]先我不动心。"

曰："不动心有道乎？"

曰："有。北宫黝④之养勇也：不肤挠，不目逃，思以一豪挫于人，若挞之于市朝⑤；不受于褐宽博⑥，亦不受于万乘之君；视刺万乘之君，若刺褐夫；无严诸侯，恶声至，必反之。孟施舍⑦之所养勇也，曰：'视不胜犹胜也；量敌而后进，虑胜而后会，是畏三军者也。舍岂能为必胜哉？能无惧而已矣。'孟施舍似曾子，北宫黝似子夏⑧。夫二子之勇，未知其孰贤，然而孟施舍守约也。昔者曾子谓子襄⑨曰：'子好勇乎？吾尝闻大勇于夫子矣：自反而不缩⑩，虽褐宽博，吾不惴焉；自反而缩，虽千万人，吾往矣。'孟施舍之守气，又不如曾子之守约也。"

曰："敢问夫子之不动心，与告子之不动心，可得闻与？"

"告子曰：'不得于言，勿求于心⑪；不得于心，勿求于气⑫。'不得于心，勿求于气，可；不得于言，勿求于心，不可。夫志，气之帅也；气，体之充也。夫志至焉，气次焉；故曰：'持其志，无暴其气⑬。'"

"既曰，'志至焉，气次焉。'又曰，'持其志，无暴其气'者，何也？"

曰："志壹则动气⑭，气壹则动志也。今夫蹶者趋者，是气也，而反动其心。"

"敢问夫子恶乎长？"

曰："我知言，我善养吾浩然之气⑮。"

"敢问何谓浩然之气？"

曰："难言也。其为气也，至大至刚，以直养而无害，则塞于天地之间。其为气也，配义与道；无是，馁⑯也。是集义所生者，非义袭而取之也。行有不慊⑰于心，则馁矣。我故曰：告子未尝知义，以其外之也。必有事焉而勿正⑱，心勿忘，勿助长也。无若宋人然：宋人有闵⑲其苗之不长而揠之者，芒芒然归，谓其人曰：'今日病矣！予助苗长矣！'其子趋而往视之，苗则槁矣。天下之不助苗长者寡矣。以为无益而舍之者，不耘苗者也；助之长者，揠苗者也——非徒无益，而又害之。"

"何谓知言？"

曰："诐辞⑳知其所蔽，淫辞㉑知其所陷，邪辞㉒知其所离，遁辞㉓知其所穷。生于其心，害于其政㉔；发于其政，害于其事。圣人复起，必从吾言矣。"

"宰我、子贡㉕善为说辞，冉牛、闵子、颜渊㉖善言德行。孔子兼之，曰：'我于辞命，则不能也。'然则夫子既圣矣乎？"

曰："恶！是何言也？昔者子贡问于孔子曰：'夫子圣矣乎？'孔子曰：'圣则吾不能，我学不厌而教不倦也。'子贡曰：'学不厌，智也；教不倦，仁也。仁且智，夫子既圣矣。'夫圣，孔子不居，是何言也？"

"昔者窃闻之：子夏、子游、子张皆有圣人之一体㉗，冉牛、闵子、颜渊则具体而微㉘，敢问所安。"

曰："姑舍是。"

曰："伯夷、伊尹㉙何如？"

曰："不同道。非其君不事，非其民不使；治则进，乱则退，伯夷也。何事非君，何使非民；治亦进，乱亦进，伊尹也。可以仕则仕，可以止则止，可以久则久，可以速则速，孔子也。皆古圣人也，吾未能有行焉；乃所愿，则学孔子也。"

"伯夷、伊尹于孔子，若是班乎？"

曰："否；自有生民以来，未有孔子也。"

曰:"然则有同与?"

曰:"有。得百里之地而君之,皆能以朝诸侯,有天下;行一不义,杀一不辜,而得天下,皆不为也。是则同。"

曰:"敢问其所以异。"

曰:"宰我、子贡、有若,智足以知圣人,污不至阿其所好㉚。宰我曰:'以予观于夫子,贤于尧、舜远矣。'子贡曰:'见其礼而知其政,闻其乐而知其德,由百世之后,等百世之王,莫之能违也。自生民以来,未有夫子也。'有若曰:'岂惟民哉?麒麟之于走兽,凤凰之于飞鸟,太山之于丘垤㉛,河海之于行潦㉜,类也。圣人之于民,亦类也。出于其类,拔乎其萃,自生民以来,未有盛于孔子也。'"

◎ **注释** ①〔动心〕朱熹谓孟子居齐之卿相,"任大责重如此,亦有所恐惧疑惑而动其心乎"。②〔孟贲〕古代的勇士,一说为卫人,一说为齐人。公孙丑为齐人,孟子在齐,这里的孟贲为齐人的可能性更大。③〔告子〕名不详。一说告子是墨子的学生,有《墨子·公孟》为证。一说告子是孟子的弟子,还有一种观点认为告子是道家学派的人物。我们认为,《孟子》一书中的告子与《墨子》一书中的告子应是两人,不是一人。从年代上看,孟子见到墨子学生的可能性不大,即使见到也几乎不能平等地进行学术论争。认为告子是道家人物的观点也不可取,因为道家批判仁义,而告子维护仁义。我们认为,告子既不是墨子的学生,也不是孟子的弟子,更不是道家人物,而是与孟子同时代的儒门人物。告子的"生之谓性""仁内义外"可能另有所本,不同于子思、孟子一派。孟子与告子之争是儒门内部之争,孟子与告子还有相互敬重的一面,孟子曾公开赞扬告子先于自己不动心。④〔北宫黝(yǒu)〕黝,人名,一说齐人,已不可详考。⑤〔市朝〕市,市场。朝,朝堂。相当于今天的大庭广众。⑥〔褐(hè)宽博〕褐,粗衣。褐宽博,社会底层人士所着服装。⑦〔孟施舍〕人名,已不可详考。⑧〔子夏〕姓卜,名商,字子夏,孔子晚年弟子,以文学名。⑨〔子襄〕赵岐《注》云:"曾子弟子也。"⑩〔缩〕直,引申为正直、正义。⑪〔不得于言,勿求于心〕朱熹注"不得"为不达,杨伯峻先生谓不得为不得胜之意。此处"不得于言,勿求于心"即在语言上说不通,就不要反求到心上找原因。

◎ 公孙丑上

⑫〔不得于心，勿求于气〕在自己心里都想不通，就不要发泄到意气上去。⑬〔持其志，无暴其气〕持，守也。暴，乱也。控制住自己的意志，就不会乱施意气。⑭〔志壹则动气〕壹，专一。志向坚定、专一，气则从之。⑮〔浩然之气〕浩然，朱熹注为盛大流行的样子。浩然之气，盛大流行之气。⑯〔馁〕朱熹注为饥乏而气不充体也。肚子饿了则血气不充，力气不足。⑰〔慊（qiè）〕满足、满意。赵岐《注》云："慊，快也。"两说均通。⑱〔必有事焉而勿正〕赵岐注，言人行义之事，必有福在其中，而勿正，但以为福，故为仁义也。朱熹注，正预期。言养气者，必以集义为事，而勿以预期其效。焦循《孟子正义》谓：正，犹止也。勿止，则自强不息。杨伯峻先生采王夫之《孟子稗疏》之观点："正者，征也，的也，指物以为征准使必然也。"古人解释，均不条畅。此处应为，正者，常也，经也，正常。勿正，是变，是权。"集义所生"的浩然之气，落实到生活中去养气，在具体实践中养气，即"必有事焉而勿正"，时或为非常、为权、为变。"男女授受不亲"是正，为常态，"嫂溺援之以手"为权，为非常态。"嫂溺援之以手"需要浩然之气，需要担当，同时援手之际，何尝不是养气之工夫。⑲〔闵〕《左传·宣公十二年》杜预《注》云："闵，忧也。"按古文"闵""愍"两字常通用。《说文》："愍，痛也。"痛也是"忧伤"之义。本篇第九章"厄穷而不悯"，字亦作"悯"。⑳〔诐辞〕偏颇的言辞。㉑〔淫辞〕夸张、过分的言辞。㉒〔邪辞〕不正之言辞。㉓〔遁辞〕躲闪的言辞。㉔〔生于其心，害于其政〕不当言辞生于心中，对于政事产生危害。㉕〔宰我、子贡〕宰我，孔子的弟子宰予。子贡，孔子的弟子端木赐。宰我、子贡都是孔门言语科的高足。㉖〔冉牛、闵子、颜渊〕冉牛，孔子的弟子冉耕，字伯牛。闵子，孔子的弟子闵损，字子骞。颜渊，孔子的弟子颜回，字子渊。冉牛、闵子、颜渊皆为孔门德行科的高足。㉗〔圣人之一体〕圣人的一个部分。㉘〔具体而微〕全面呈现圣人，但规模比较小。㉙〔伯夷、伊尹〕伯夷，商末孤竹国国君之子，周武王伐纣，伯夷叩马而谏，不果。周王朝建立，义不食周粟，与其弟叔齐饿死于首阳山下。伊尹，夏末商初政治家，曾耕于有莘之野，商汤三聘而起，辅佐汤、太甲等商王。㉚〔污不至阿其所好〕不至于夸大他们所喜好的人。㉛〔丘垤（dié）〕土之高处，不足以为山。垤，小土堆。㉜〔行潦（lǎo）〕潦，雨水大。行潦，流动的水。

◎ **大意**　公孙丑问道："老师您如果做了齐国的卿相，能够推行您的主张，即使因此而建立霸业或王业，也没有什么好奇怪的了。如果这样，您会动心吗？"
孟子说："不，我四十岁之后就不再动心了。"

公孙丑说:"如果这样,老师远远超过孟贲了。"

孟子说:"做到这点不难,告子能够比我更早不动心。"

公孙丑问:"做到不动心有什么方法吗?"

孟子回答:"有。北宫黝如此培养勇气:肌肤被刺而不退缩,双目被戳而不转睛,他觉得,自己受一点点挫折,就像在大庭广众之下挨了鞭打一样;他既不能忍受平民百姓的羞辱,也不能忍受大国君主的羞辱;把行刺大国君主看得跟行刺平民百姓一样;毫不畏惧诸侯,不礼貌的声音传到耳朵里,一定反击回去。孟施舍如此培养勇气,他说:'对待不能战胜的敌人,跟对待能够战胜的敌人一样;如果估量了敌人的力量后才前进,先考虑到能够取胜再交战,这是畏惧强大的敌人。我哪能做到必胜呢?只是无所畏惧罢了。'(培养勇气的方法,)孟施舍像曾子,北宫黝像子夏。这两人的勇气,不知道谁强些,但孟施舍是把握住了(培养勇气的)要领。从前,曾子对子襄说:'你喜好勇敢吗?我曾经在孔子那里听说过什么是大勇:反省自己,觉得正义不在自己这里,即使对方是普通百姓,我也不去恐吓人家;反省一下,正义在自己这里,即使面对千万人,我也勇往直前。'孟施舍的养勇是保持一种无所畏惧的盛气,又不如曾子能把握住要领(曾子能以理之曲直为断)。"

公孙丑又问:"我斗胆问一句,老师您的不动心和告子的不动心,可以讲给我听听吗?"

孟子说:"告子曾说:'假若在语言上讲不通,就不要向心里去寻求;自己心里没有弄明白,就不要求助意气。'自己心里没有弄明白,就不要求助于意气,是可以的;假若在语言中讲不通,就不必求助于心,就不可以。意志是意气的统帅,意气是充满整个身体的。意志到了哪里,意气也就在哪里表现出来。所以说:'坚定自己的意志,不要妄动意气。'"

公孙丑问:"既然说'意志到了哪里,意气也就在哪里表现出来',又说:'要坚定意志,不要妄动气',这是为什么呢?"

孟子说:"意志高度凝聚专一,意气自然会跟着意志转移;气假若高度凝聚专一,也一定会影响到意志,意志不能不为之动荡。譬如跌倒和奔跑,这是气的运动,反过来也使意志受到触动。"

公孙丑问:"请问,老师擅长哪方面?"

孟子说:"我善于分析别人的言辞,也善于培养我的浩然之气。"

公孙丑说:"请问什么叫浩然之气?"

孟子说:"这个难以说清楚啊。这一种气,至为浩大,至为阳刚,用正义去培养它而不去伤害它,就会充满于天地之间。作为一种气,它与道义相配合;失去道义,就会没有力量。它是由正义感的不断积累而产生的,不是偶然的正义举动就取得的。如果自己的行为有愧于心,它就没有力量了。因此我说,告子不懂得义,因为他把义看作是自己之外的东西。浩然之气在生活中要培养,但不要有特定的目的;心里不能忘记它,也不要违背规律地助长它。不要像宋国人那样:宋国有个担心他的禾苗不长而去拔高它的人,十分疲倦地回到家中,对家里人说:'今天累坏了,我帮助禾苗长高啦!'他的儿子赶忙跑到田里去看,发现禾苗已经枯死了。天下不拔苗助长的人实在很少啊。以为培养浩然之气没有用处而放弃的人,就像是不给禾苗锄草的人;违背规律帮助它生长的,就像拔苗助长的人,非但没有好处,反而害了它。"

公孙丑问:"什么叫善于分析别人的言辞?"

孟子说:"偏颇的言论,知道它在哪一方面被遮蔽而不明事理;过分的言论,知道它沉溺于什么而不能自拔;邪僻的言论,知道它违背了什么道理而乖张不正;搪塞的言论,知道它在哪里理屈词穷。(这四种言论)从心里产生出来,必然会对政治产生危害;如果把它体现为政治措施,一定会危害国家的各项具体工作。如果有圣人再次出现,也不会改变我的这一说法。"

公孙丑说:"宰我、子贡擅长辞令,冉牛、闵子、颜渊擅长阐述德行。孔子兼有这两方面的特长,却说:'我对于辞令,是不擅长的。'既然这样,您既知言,又养气,那么老师已经是圣人了吧?"

孟子说:"唉!这是什么话!从前子贡问孔子:'老师是圣人了吧?'孔子说:'圣人,我做不到,我只是学习不知满足,教人不知疲倦罢了。'子贡说:'学习不知满足,这是智;教人不知疲倦,这是仁。既有仁德又有智慧,老师已经是圣人了。'圣人,连孔子都不敢自居,(你却加在我的头上,)这是什么话呢?"

公孙丑说:"以前我听说过:子夏、子游、子张都有圣人一方面的长处,冉牛、闵子、颜渊大体上近似于孔子,只是没有孔子那样博大精深。请问您处于哪种情况?"

孟子说:"暂且不谈这个话题吧。"

公孙丑问:"伯夷、伊尹怎么样?"

孟子说："（他们的）处世之道不同。不是理想的君主不去侍奉，不是理想的百姓不去使唤；天下安定就入朝做官，天下动乱就辞官隐居，这是伯夷的处世之道。任何君主都可以侍奉，任何百姓都可以去役使；天下安定去做官，天下动乱也去做官，这是伊尹的处世之道。该做官就做官，该辞官就辞官，该久居就久居，该速去就速去，这是孔子的处世之道。（他们）都是古代的圣人，（可惜）我还做不到他们这样；至于我所希望的，那就是学习孔子。"

公孙丑问："伯夷、伊尹相对于孔子来说，是一样的吗？"

孟子说："不是。自有人类以来，没有人比得上孔子。"

公孙丑问："那么，他们有共同之处吗？"

孟子说："有。如果能有方圆百里的一块地方由他们做国君，他们都能使诸侯来朝见而统一天下；如果要他们干一件不合道德的事情，杀一个没有过失的人，因此能得到天下，他们都是不会去干的。这是他们的相同之处。"

公孙丑又问："请问孔子和他们不同的地方又在哪里呢？"

孟子说："宰我、子贡、有若，他们的智慧足以了解圣人，即使他们不好，也不至于阿谀吹捧他们所敬爱的人。宰我说：'以我看来，老师远远超过尧、舜了。'子贡说：'见了一国的礼制，就能了解它的政治；听了一国的音乐，就能知道它的德教；即使在百代以后，去评价百代以来的君主，也没有谁能违背孔子之道。自有人类以来，没有比得上孔子的。'有若说：'难道仅仅是人类有这样高下的不同吗？麒麟对于走兽，凤凰对于飞鸟，泰山对于土丘，河海对于水沟，都是同类的；圣人对于一般的人，也是同类的。但是都远远高出了同类，超出了同群。自有人类以来，没有任何人比孔子更伟大的了。'"

◎ **释疑解惑**

本章是《孟子》最难解的章节之一。自汉代起，历来注释家就见仁见智，莫衷一是。

抛开本章的一些细节不论，整体的层次还是十分清晰的。第一层讲"不动心"。如何才能"不动心"呢？要养勇。第二层讲"知言养气"。勇从何来？来自于"知言""养气"。"知言"就是明理，明理就是明德；"养气"就是培养由集义所生的浩然之气。第三层讲圣贤人格。而所有圣贤人格之中，孔子是标杆，是人之极致。"自生民以来，未有盛于孔子也"，是对孔子的赞颂，也是孟子对自己的期许。三层之间存在着逻辑上的递进和义理上的连贯，由"不动心"始，到展示孔子极致人格结束,首尾一贯,条理清晰,无论是文气,还是文理,一气呵成,处处精彩。

"不动心"是一种功夫,也是一种修养,更是一种定力。然而如何才能"不动心"呢?孟子回答要养勇。有了足够的勇气,就会有定力,有了定力,才能达到"不动心"的境界。孟子举出养勇的例子,北宫黝"不肤挠,不目逃",他既不忍受平民百姓的羞辱,也不害怕任何大国之君的污辱,"恶声至,必反之"。北宫黝所养之勇是血气之勇,是意气之勇。而孟施舍之勇无畏三军,不计后果,勇往直前,无所畏惧。孟施舍之勇不再是血气的,而是心理的、精神的无惧之勇。而曾子向子襄转述的夫子之勇才是真正的大勇。"自反而不缩,虽褐宽博,吾不惴焉;自反而缩,虽千万人,吾往矣。"在孟子看来,曾子所谓的大勇又高于孟施舍。曾子的大勇与孟施舍之勇在无所畏惧上没有差别,但曾子的大勇之所以高于孟施舍,是因为在曾子的大勇里有了"缩"与"不缩",即正义与非正义的道德判断。在非正义的情况下,勇无所着力;而在正义的前提下,对方纵然有千军万马,我也勇往直前。

怎么才能有这种勇呢?就此问题,孟子提出了"知言养气"的主张。

孟子所说的"气"是浩然之气。所谓"浩然之气"是一种至大至刚之气。至大无外,此气可以塞于天地之间,或者说天下无时无处不周流贯注;至刚无柔,如乾卦之爻,纯阳而无阴,故而浩然之气是一种阳刚之气。浩然之气"是集义所生者,非义袭而取之也","集义所生"是浩然之气的价值支撑,故而浩然之气是一种正气、刚正不阿之气。如果失去道义作为价值支撑,浩然之气就会萎缩,就不再盛大,不再拥有力量。如果我们的行为有愧于心,自己的浩然之气也会萎缩,也不再盛大,不再刚强,不再拥有力量。因此,孟子认为告子不懂得义,因为告子把义看作是自己之外的东西。

虽然浩然之气"以直养而无害",然而并不意味着我们在培养它时可以任意妄为,孟子由此提出了"勿忘勿助"四字养气法。"勿忘"即养气长存心中,不能忘记;"勿助"即不要违背规律地助长它,不能揠苗助长。助长,不仅无益,还损害了浩然之气的生长,而认为培养浩然之气没有用处而放弃的人,就像是不给禾苗锄草的懒汉。

养气说到底就是正义感的培养,知言则是理的问题。孟子明确说自己擅长的是"知言"。所谓"知言"就是能透彻了解别人的言辞是否合乎义理。偏颇的言论,知道它不全面之处；过分的言论，知道它过分在何处；邪僻的言论，知道它背离正道的地方，躲闪的言论，知道它何以理屈词穷。言是心的外在表达，不合义理之言产生于心，必然危害国家治理，如果把它体现为政治措施，一定会危害国家的各项具体工作。孟子相当有信心地说："圣人复起，必从吾言矣。"

言者，理之表也，理之诠也。任何理都需要言诠，然而言可以表诠理，又可以歪曲理，故而有诐辞、淫辞、邪辞、遁辞，此四辞为遮蔽理之害辞，知其所害，去其遮蔽，就是光明。知言是智，养气是德性培养，既知言，又养气，故而公孙丑说孟子是圣人。

由是，本章展开了第三层问题的讨论，品评圣贤气象。孟子当然不会自居为圣人，因为连孔子都不敢自居为圣人，孟子当然更不敢。

在孔门弟子中，子夏、子游、子张都有圣人之一体，冉牛、闵子、颜渊具有圣人之全体，但是还不够充实光大。谈到伯夷、伊尹、孔子，孟子认为他们都是圣人，但风格不同，伯夷代表了圣之清者，伊尹代表了圣之任者，孔子是圣之时者，而自己的终生追求就是学习孔子。

在孟子的心目中，孔子是最高之圣人，是自人类出现以来最伟大的圣人。孟子引用孔子的弟子宰我、子贡、有若的言语，进而论证自己对孔子的看法。宰我说："以予观于夫子，贤于尧、舜远矣。"子贡说："见其礼而知其政，闻其乐而知其德，由百世之后，等百世之王，莫之能违也。自生民以来，未有夫子也。"有若说："自生民以来，未有盛于孔子也。"

由此可见，孔子至高无上的形象塑造不是始于专制皇帝，更不是始于司马迁的《史记·孔子世家》，而是自孔子谢世起，孔门弟子就在追忆中创造着孔子的形象。孟子处于战国百家争鸣的时代，接过孔门弟子的大旗，进而强化孔子的崇高地位。所谓万世师表，所谓大成至圣，所谓至圣先师，都没有超越孔门弟子对孔子的歌颂。孔子历史地位的形成，首先来自于一群无权无势的读书人，来自古代读书人对他的礼赞与称颂。

本章篇幅较长，问题复杂，言深意远，是先秦儒家工夫论的重要文献。"不动心""浩然之气"，以及"虽千万人，吾往矣"等大无畏精神的培养，既需要道德意志的磨炼，可能也有特别的工夫进路。文天祥在元大都，独处囚室，养浩然之气、天地正气，自认为可以以一气而敌七气，保其身体无恙，由此留下千古绝唱《正气歌》。

◎ 公孙丑上

［3］ 孟子曰："以力假①仁者霸，霸必有大国；以德行仁者王，王不待大。汤以七十里，文王以百里。以力服人者，非心服也，力不赡②也；以德服人者，中心悦而诚服也，如七十子之服孔子也。《诗》云：'自西自东，自南自北，无思不服③。'此之谓也。"

◎ **注释** ①〔假〕凭借。②〔赡〕足。③〔自西自东，自南自北，无思不服〕出自《诗经·大雅·文王有声》。思，助词，无义。意思是说：自西到东，从南到北，无不心悦诚服。

◎ **大意** 孟子说："凭借武力，打着仁义旗号进行征伐的，可以称霸诸侯，称霸只有强大的国家才能做得到；依靠道德推行仁政的，可以称王，即一统天下，称王不一定需要国家强大——商汤只有方圆七十里的国土，文王只有方圆百里的国土（就使人心归服而一统天下了）。靠武力使人服从，人家不是真心服从，只是因为他本身的力量不足罢了；以德政使人服从，人家是发自内心地高兴，是真心服从，就像七十多位弟子敬服孔子那样。《诗经·大雅·文王有声》上说：'从西从东，从南从北，无不心悦诚服。'说的就是这个意思。"

◎ **释疑解惑**

在孟子思想中存有"四辨"，即人禽之辨、义利之辨、王霸之辨、华夏之辨。由人禽之辨建立起性善论，由义利之辨建立起以仁义为首的价值论，以王霸之辨建立起崇德尚义的平治理论，由华夏之辨建立起其文明论。

战国时代，诸雄并起，列国相互攻伐。长期的战乱使人心思定，那么该如何定呢？只有统一才能结束战争，实现天下太平，让百姓安居乐业。王霸问题在这种情势下，说到底是统一天下的方式、方法、途径的问题。是打着仁义等漂亮的旗帜行武力征讨之实，实现一统天下的目标，还是以德行政，为天下树立型范，最终一统天下？这是霸道与王道分野之所在。

称霸诸侯乃至称霸天下靠的是实力，只有大国才能有实力。翻开人类历史，纵横东西诸国，小国称霸只能自取灭亡，孟子的"霸必有大国"至今仍然是一条真理。然则王不待大。王天下不是靠实力，而是靠德政，说到底王者应为天下建立模范区域，让天下效法、学习。

王霸之辨既明确了治国、平天下的价值导向，也指出了治国、平天下的具体措施。王道要求统治者以德行政，为民表率，忧民之忧，乐民之乐，使天下百姓能够心悦诚服。

[4] 孟子曰："仁则荣，不仁则辱；今恶辱而居不仁，是犹恶湿而居下也。如恶之，莫如贵德而尊士，贤者在位，能者在职；国家闲暇①，及是时，明其政刑。虽大国，必畏之矣。《诗》云：'迨天之未阴雨，彻彼桑土，绸缪牖户。今此下民，或敢侮予②？'孔子曰：'为此诗者，其知道乎！能治其国家，谁敢侮之？'今国家闲暇，及是时，般乐怠敖③，是自求祸也。祸福无不自己求之者。《诗》云：'永言配命，自求多福④。'《太甲》⑤曰：'天作孽，犹可违；自作孽，不可活⑥。'此之谓也。"

◎ **注释** ①〔闲暇〕指国家安定，无内忧外患之时。②〔迨（dài）天之未阴雨，彻彼桑土（dù），绸缪牖户。今此下民，或敢侮予〕出自《诗经·豳风·鸱鸮》。迨，趁着。彻，剥取。土，同"杜"，桑土即桑树根。绸缪，缠结。牖，窗子。户，门。③〔般（pán）乐怠敖〕般乐，即乐。怠敖，怠惰游玩。④〔永言配命，自求多福〕出自《诗经·大雅·文王》。永，长久。配，合。命，天命。⑤〔《太甲》〕《尚书》中的篇名。⑥〔天作孽，犹可违；自作孽，不可活〕违，逃避。活，"逭（huàn）"的借字，意同逃。

◎ **大意** 孟子说："如果实行仁政，可获得尊荣；如果行不仁之政，就会招致耻辱。如果有人厌恶耻辱却又自处于不仁之地，这就像厌恶潮湿却又安于居住在低洼的地方一样。如果真的厌恶耻辱，就不如崇尚道德、尊重士人，让有贤德的人在位做官，让有才能的人在职办事。国家太平无事的时候，抓紧时间修明政教法典，如果能做到这些，即使是大国也会畏惧它了。《诗经》上说：'趁着尚未阴天，还没有下雨，剥了桑树根的皮，修缮好窗儿和门户。下边的人们啊，有谁敢欺侮我？'孔子说：'做这首诗的人，明白大道啊！能治理好他的国家，那谁还敢欺侮？'如果在国家太平无事的时候，趁机寻欢作乐，怠惰游玩，这是自找灾祸啊！祸与福，没有不是自己找来的。《诗经·大雅·文王》上说：'永远配合天命，自己求来更多的幸福。'《尚书·太甲》上说：'上天降下灾祸，还有办法逃；自己造下罪孽，那就别想逃脱。'说的就是这个道理。"

◎ 释疑解惑

"仁则荣，不仁则辱"是本章的基本观点，是本章全部言说的核心。由是，孟子向当政者提出努力的方向——行仁政。

孟子向当政者提出了"贵德而尊士"的主张，让"贤者在位，能者在职"。"贵德"就是敬重德行，是国君对自己的要求，也是国君对国民的庄严承诺。一个国君，自己不修德，不敬德，不尊德，甚至无德，乃至败德，根据"君子之德风，小人之德草"的理论，这个国家还会有德行吗？这个国家的国民会有德吗？自西周起，统治者强调只有"敬德保民"，才能长期、永久地执政。否则，国君贪一己之安逸，一味寻欢作乐，置个人德行于不顾，置民众生死于不顾，置国家安危于不顾，最终只会自取其亡。这就是"自作孽，不可活"。

只是尊德还不足以治理好天下国家，重要的是让"贤者在位，能者在职"。国家不是一人之国家，天下也不是一人之天下，天下国家绝非一人之智、一人之力可以治之，只有聚天下之英才，共治天下，才能成就大业。天下英才指的就是贤者、能者，"贵德"是主观条件，识贤、用贤、识能、用能才是保障。在"贤者在位，能者在职"的基础上，趁着国无战事的和平安定时期，抓紧时间修明政教法典，将内部事情处理好，将国家治理好。做到了这些，即使大国也会畏惧它了。"永言配命，自求多福"，意即国君的所作所为一定要与天命相匹配，个人之福、国家之福是国君努力奋斗、争取的结果。

孟子告诫当政者，只有做一个道德高尚的仁人，一位仁君，才能获得荣耀；如果没有好的道德修养，不去做一位仁君，轻则会招致羞辱，重则会"自作孽，不可活"。

孟子以强烈的对比手法，向当时的统治者指明了行仁政才是他们明智的选择。

[5] 孟子曰:"尊贤使能,俊杰在位,则天下之士皆悦,而愿立于其朝矣;市,廛而不征①,法而不廛②,则天下之商皆悦,而愿藏于其市矣;关,讥而不征③,则天下之旅皆悦,而愿出于其路矣;耕者,助而不税④,则天下之农皆悦,而愿耕于其野矣;廛⑤,无夫里之布,则天下之民皆悦,而愿为之氓⑥矣。信能行此五者,则邻国之民仰之若父母矣。率其子弟,攻其父母,自有生民以来未有能济者也。如此,则无敌于天下。无敌于天下者,天吏⑦也。然而不王者,未之有也。"

◎ **注释** ①〔廛(chán)而不征〕廛,此处指城市中可以用来贮藏货物的空地。征,征税。商人的货物可以贮藏于市中,但不收租税,可谓招商引资之措施。②〔法而不廛〕商人贮存于市中滞销的货物,官府以法取之。③〔讥而不征〕对行人所带货物,可以稽查,但不收税。④〔助而不税〕助,佐助公家治公田。"助而不税"意为佐助公家治公田后,不再另外收取赋税。⑤〔廛〕指市场上的建筑物。⑥〔氓〕指从外地迁来的居民,相当于今天所说的移民。⑦〔天吏〕接受天之命令管理天下的人。

◎ **大意** 孟子说:"尊重有贤德的人,任用有才能的人,杰出的人都有官位,那么天下的士人都会非常高兴,而且愿意到这样的朝廷去做官了;市场上,提供场地存放货物而不征收存贮货物的税,依照规定价格收购滞销货物而使货物不再积压在市场,那么天下的商人都会非常高兴,并且愿意把货物存放在这样的市场上了;在关卡,只检查行人货物而不征税,那么天下的旅客都会非常高兴,并且愿意经过这样的道路了;对于种田的人,只要他们佐助耕公田,就不再征收私田的赋税,那么天下的农民都会非常高兴,并且愿意在那样的田野里耕种了;人们居住的地方,没有劳役税和额外的地税,那么天下的人都会高兴,并且愿意来做那里的百姓了。真正能做到这五个方面的国君,邻国的百姓就会像敬仰父母一样敬仰他了。(邻国要想率领这样的百姓来攻打他,那就好像是)率领儿女去攻打他们的父母，自有人类以来，这种事没有能成功的。像这样，就能无敌于天下。无敌于天下的人，是奉了上天的命令来管理天下的人。这样还不能使天下人归附而称王，是从来没有过的事。"

◎ **释疑解惑**

　　孟子在这里提出了人才、商业流通、关税、农业、移民五大政策。在孟子看来，这五大政策是通往王道理想的必由之路，也是一统天下的必由之路。其"尊贤使能，俊杰在位"的政治政策是针对士阶层制定的，目的是吸引人才。"廛而不征，法而不廛"是针对商人制定的，目的是招商。"关，讥而不征"是边关政策，是针对过境人员制定的，目的是让过境人方便。"耕者，助而不税"是针对农民制定的，目的是扩大农业生产，调动农业生产的积极性。"廛，无夫里之布"是针对移民制定的，目的是吸引他国百姓前来定居。这五大政策的指导思想就是统治者惠民、宽民，想民之所想，急民之所急，忧民之所忧，让人才进来，让资本进来，让货物进来，让他国百姓进来，使自己的国家形成强大的吸聚效应，由此就能无敌于天下，而无敌于天下的人就是"天吏"。"天吏"者，天命之吏也。天吏王天下，自然而然。

　　孟子的这五大政策对现代社会的治理仍然有着启发意义。一个国家的竞争力说到底是对人才、资本、货物、移民等的吸引力，所以，孟子的这五大政策值得今人去思考。

[6]　孟子曰："人皆有不忍人之心。先王有不忍人之心，斯有不忍人之政矣。以不忍人之心，行不忍人之政，治天下可运之掌上。所以谓人皆有不忍人之心者，今人乍①见孺子将入于井，皆有怵惕恻隐②之心，非所以内③交于孺子之父母也，非所以要④誉于乡党朋友也，非恶其声而然也。由是观之，无恻隐之心，非人也；无羞恶之心，非人也；无辞让之心，非人也；无是非之心，非人也。恻隐之心，仁之端也；羞恶之心，义之端也；辞让之心，礼之端也；是非之心，智之端也。人之有是四端也，犹其有四体也。有是四端

而自谓不能者，自贼者也；谓其君不能者，贼其君者也。凡有四端于我者，知皆扩而充之矣，若火之始然，泉之始达。苟能充之，足以保四海；苟不充之，不足以事父母。"

◎ **注释**　①〔乍〕突然、猛然，意料之外。②〔怵（chù）惕恻隐〕怵，怵惕，惊恐。恻隐，哀痛。③〔内〕同"纳"，结交。④〔要〕求。

◎ **大意**　孟子说："人人都有不忍看到别人蒙受痛苦的心。先王因为有不忍看到别人蒙受痛苦的心，这才有不忍看到别人遭受痛苦的治理天下的政治。用不忍看到别人遭受痛苦的心，推行不忍看到别人遭受痛苦的治国方法，那么治理天下就会像把一件小东西放在手掌中转动那么容易了。之所以说人都有不忍看到别人遭受痛苦的心，（是因为）假如现在有人忽然看到一个孩子要掉到井里去了，都会有惊恐同情的心情，这并不是想借此同孩子的父母攀交情，不是为了在乡邻朋友中博取名声，也不是厌恶那孩子惊恐的啼哭声才做的。由此看来，没有同情心的，算不得人；没有羞耻心的，算不得人；没有谦让心的，算不得人；没有是非心的，算不得人。同情心是仁的萌芽，羞耻心是义的萌芽，谦让心是礼的萌芽，是非心是智的萌芽。人具有这四种萌芽，就像他有四肢一样。有这四种"开端"却说自己不能做到仁、义、礼、智的，这是自己戕害自己；说他的君主不能做到仁、义、礼、智的，这是戕害他的君主。凡自己本身具有这四种萌芽的人，如果能够懂得扩大充实它们，像火刚刚燃起，泉水刚刚涌出。如果能扩充它们，就足以安定天下；如果不扩充它们，那就连侍奉父母都做不到。"

◎ **释疑解惑**
　　本章在《孟子》中至为重要。第一，孟子在这里为"仁政"做出了权威的解释："以不忍人之心，行不忍人之政"就是"仁政"。第二，对人人都有"不忍人之心"，即同情心，说到底即本心善给出了自己的论证。他设想一个情景，就是任何人忽然看到一个孩子要掉到井里去了，都会有惊恐同情之心，并立即将这个孩子拉回来，不让他掉入井中。这样做既不是想借此同孩子的父母攀交情，不是在乡邻朋友中博取名声，也不是厌恶那孩子的啼哭声。当人们此心闪现之际，没有任何功利的计较，也没有私心的夹杂，完全是本心和良知的呈现。我们认为孟子的情景设定是合理的，论证也是有力的。

本章第三层意义是人与非人的区别：有仁、义、礼、智"四端"就是人，失去了这"四端"就不是人。一个人没有同情心，就不是人；没有羞耻心，就不是人；没有谦让心，就不是人；没有是非心，就不是人。同情心是仁的萌芽，羞耻心是义的萌芽，谦让心是礼的萌芽，是非心是智的萌芽。人具有这四种萌芽，就像他有四肢一样。这"四端"是先天的、与生俱来的，不是后天教化得来的。由此看来，"四端"是绝对的、命定的、超然的。仁、义、礼、智不是可有可无的相对价值，而是人作为人的绝对价值、无上价值。

既然人人都有"四端"，那么说不能做到仁、义、礼、智，就是"自贼"；说自己的君主不能做到仁、义、礼、智，就是害君。对任何人而言，仁、义、礼、智不是能不能的问题，而是为不为的问题。努力扩充自己先天具有的仁、义、礼、智，就可保四海；否则，不足以事父母。

本章是孟子性善论的重要内容，也可以说是孟子性善论的重要理论支撑，是孟子辨人禽的重要依据。

[7] 孟子曰："矢人①岂不仁于函人②哉？矢人唯恐不伤人，函人唯恐伤人。巫匠③亦然。故术不可不慎也。孔子曰：'里仁为美。择不处仁，焉得智？'夫仁，天之尊爵也，人之安宅也。莫之御而不仁，是不智也。不仁、不智，无礼、无义，人役④也。人役而耻为役，由弓人而耻为弓，矢人而耻为矢也。如耻之，莫如为仁。仁者如射，射者正己而后发；发而不中，不怨胜己者，反求诸己而已矣。"

◎ **注释** ①〔矢人〕造箭的人。②〔函人〕造铠甲的人。③〔巫匠〕巫，即巫医，治病救人的人。匠，木工，这里专指造棺材的人。④〔人役〕为人役，即成为他人的奴仆。

◎ **大意** 孟子说："造箭的人难道比造铠甲的人不仁吗？造箭的人唯恐所造之箭不能射死人，造铠甲的人则唯恐所造铠甲不能保护人。为人治病的巫医和做棺材的木匠也是这样，所以一个人选择职业不可不慎重啊！孔子说：'将自己的心置于仁的境界中最为美好，而选择不将自己的心放在仁的境界里，哪能算聪明？'仁，是天（赋予人的）最尊贵的爵位，是人最安适的住所。没有什么力量阻挡他（行仁），他却不仁，这便是不明智。不仁、不智，无礼、无义，只配做供人使唤的奴仆。当了奴仆却自以为耻，就像造弓的人觉得造弓可耻，造箭的人觉得造箭可耻一样。果真觉得可耻，不如好好地去实践仁。实践仁的人如同比赛箭的人一样，射手先要端正自己的姿势，然后放箭；如果没有射中目标，不怨恨赢了自己的人，而是反过来从自己身上找原因罢了。"

◎ **释疑解惑**

造箭的人与造铠甲的人都是人，皆有不忍人之心，在这一点上，二者并没有不同。但是造箭的人唯恐所造之箭不能射伤人，造铠甲的人唯恐穿上铠甲的人被射伤，巫医则唯恐救不活人，而造棺材的木匠却盼着死人（这样所造棺材才能售掉）。同样是人，同样有不忍人之心，有仁心，但职业不同，决定了其主观动机、追求目标的不同，从而造成不同的社会效果。故而孟子告诫人们，选择职业不可不慎重啊！

工匠就是要有工匠精神，而工匠精神就是严谨、专业、精益求精的精神。造箭的人技术不精，违背了工匠精神，背离了自己的职业操守，在自己行业里就混不下去，就可能被淘汰。然而，造箭的技术越精，武器越好，杀伤力就越强，杀伤、杀死的生命就越多。造箭的人的专业精神与其仁心是相背离的。造铠甲的人技术越精，造出的铠甲越坚硬，所保护的人就越多，其工匠精神与其仁心显然是一致的。这里孟子并不是批评矢人，赞美函人，也不是批评匠人而赞美巫医，而是指出择业不同会导致不同的效果。

本章的关键词就是"择"，目标是讲修身，至于矢人与函人、巫与匠只是借以说明"择"罢了。从社会分工上看，矢人与函人、巫与匠，没有一个是可以缺少的，不能用仁与不仁来判别高下。我们认为孟子的用心也绝非如此，他只是借此告诉人们：选择对人来说是何等的重要。人生最大的选择就是选择做人，选择做什么样的人。孟子引孔子的"里仁为美，择不处仁，焉得智"来说明选择的重要性。一般将孔子"里仁为美"的"里"理解为名词，认为是里弄，即居处的小环境，亦通。但我们认为将"里"理解为动词更好些，"里仁为美"就是将我们的心安放在仁的境界里最为美好，如果不这样，怎能算得上明智呢？因为仁是人最尊贵的象征，是人最安适的住所。没有谁能阻挡一个人去择仁而他却不仁，否则就是不智。不仁、不智，无礼、无义，只配做供人使唤的奴仆。选择了仁，就要实践仁，而实践仁的过程就是修身的过程。修身如同比赛射箭一样：射手先要端正自己的姿势，然后放箭；如果射不中目标，不怨恨赢了自己的人，"反求诸己而已矣"。

矢人与函人、巫与匠是本章的"枝叶"，不必过多地纠缠于此。"择"是关键，择仁、处仁、行仁是目标，反求诸己是实现仁的目标的方法。

[8] 孟子曰："子路①，人告之以有过，则喜。禹②闻善言，则拜。大舜有大焉，善与人同，舍己从人，乐取于人以为善。自耕稼、陶、渔以至为帝③，无非取于人者。取诸人以为善，是与人为善者也。故君子莫大乎与人为善。"

◎ **注释** ①〔子路〕孔子的弟子，姓仲，名由，字子路，小孔子九岁。②〔禹〕古代的圣王，相传受舜之命，治理洪水，为中华民族的生存与发展做出了巨大贡献。③〔自耕稼、陶、渔以至为帝〕《史记·五帝本纪》记载：舜耕历山，历山之人皆让畔；渔雷泽，雷泽之人皆让居；陶河滨，河滨器皆不苦窳。

◎ **大意** 孟子说："子路，别人告诉他错误的地方，他就高兴。禹，听到善言，就拜谢。大舜则更加伟大，有好的品德愿与他人共有，抛弃自己的缺点，学习别人的长处，乐于吸取别人的优点来修养自己的品德。舜从当农夫、陶工、渔夫，直到成为天子，不过是善于向别人学习罢了。吸取他人的优点来长养自己的善行，这是和别人一起行善。所以，君子没有比和别人一起行善更好的事了。"

◎ **释疑解惑**

子路、禹、大舜都是有德之人，代表着三种不同的境界。"子路，人告之以有过，则喜"，他有足够的胸怀欣然接受别人的批评，闻过则喜，过而能改，但这毕竟是消极的，不是积极的，是去恶，不是为善。"禹闻善言，则拜"，则由消极改过转化为积极成善。由"人告之以有过"到"闻善言"是一转向，这一转向是从去恶到从善的转向，是由消极成德到积极成德之转向。

禹，与子路相比，其境界自然高于子路，但禹之成德还只是积极地成个人之德，没有达到"与人为善"之境。在孟子眼里，舜更伟大。舜之所以伟大，在于他"善与人同，舍己从人，乐取于人以为善"。舜自己有良好美德，并愿与人共有，自己有不足，别人有长处，则善于改正自己，向别人学习，甚至从别人那里发现长处、发现善，以他人之善成就自己之善。舜耕于历山、陶于河滨、渔于雷泽，最终成为天子。舜从庶民到天子的过程是学习的过程，是其与人为善的过程，是学习他人的长处、优点的过程。吸取他人的优点来长养自己的善行，就是和别人一起行善，"故君子莫大乎与人为善"。"与人为善"是在成己中成人，在成人中成己，成己成人，与人一同长养，一同提高。

修己无非是改过、迁善，子路是改过，禹是迁善，大舜则是与人为善。与人为善既含改过，又含迁善，是二者的综合，但又不是二者的简单相加与组合，而是更高层次上的升华。与人为善所关怀的不是个体的自己，而是群体中的自己，视自己为群体中的一员，在群体中成长与提高，让自己的善与他人的善相呼应，让自己的善行与他人的善行相携而进，相得益彰，形成善的氛围与环境，从而使整个社会更加美好。

[9] 孟子曰："伯夷，非其君，不事；非其友，不友。不立于恶人之朝，不与恶人言；立于恶人之朝，与恶人言，如以朝衣朝冠坐于涂炭①。推恶恶之心，思与乡人②立，其冠不正，望望然③去之，若将浼④焉。是故诸侯虽有善其辞命而至者，不受也。不受也者，是亦不屑⑤就已。柳下惠⑥不羞污君，不卑小官；进不隐贤，必以其道；遗佚而不怨，厄穷而不悯。故曰：'尔为尔，我为我，虽袒裼裸裎⑦于我侧，尔焉能浼我哉？'故由由然⑧与之偕而不自失焉，援而止之而止。援而止之而止者，是亦不屑去已。"孟子曰："伯夷隘⑨，柳下惠不恭⑩。隘与不恭，君子不由也。"

◎ **注释** ①〔涂炭〕涂，泥沼。炭，炭火之余烬，这里指灰土。②〔乡人〕乡里的平常人。③〔望望然〕朱熹注："去而不顾貌。"杨伯峻注为："怨望貌，失望的样子。"④〔浼(měi)〕污。⑤〔不屑〕屑,赵岐注为洁,朱熹沿之。不屑即为不洁,今人理解不屑即不值,含轻蔑之意,亦通。⑥〔柳下惠〕鲁国人,姓展,名获,字禽,因家有柳树,居于其下,死后其妻倡议以惠为谥,门人从之,后人称之为柳下惠。一说,柳下为其采邑,以惠为谥,称柳下惠。⑦〔袒裼(xī)裸裎(chéng)〕袒裼,肉见于外而无衣。裸裎,裸身。⑧〔由由然〕怡然自得的样子。⑨〔隘〕狭小。⑩〔不恭〕不庄重。

◎ **大意** 孟子说:"伯夷,不是他理想的君主,就不去侍奉;不是他理想的朋友,就不去结交。不在坏人的朝廷里做官,不同坏人说话;在坏人的朝廷里做官,同坏人说话,就好像是穿戴着礼服礼帽坐在污泥或炭灰上一样。把这种憎恶坏人的心推广开去,他感到如果和一个乡下平常人站在一起,看到那人帽子戴得不正,就会表现出很失望的样子,然后径直离开,好像自己会被玷污似的。因此,诸侯尽管有用好言好语来请他的,他也不接受。他之所以不接受,就是因为不屑去接近。柳下惠不以侍奉不好的国君为羞耻,也不嫌弃官小而不做;在朝廷做官,不掩藏自己的贤能,但是一定要按自己的原则行事;不被国君重用而不怨恨,处境穷困而不忧伤。所以他说:'你是你,我是我,即使你在我身旁赤身裸体,又怎能玷污我呢?'所以他能怡然自得地同各类人处在一起而不丧失自己的原则,叫他留下,他就留下。叫他留下他就留下,也是不屑于离开罢了。"孟子又说:"伯夷器量狭小,柳下惠不够庄重。器量狭小与不庄重,君子是不会这样做的。"

◎ **释疑解惑**

上一章孟子主要从道德的角度对子路、禹、舜去恶为善的境界进行评判,本章则对两个重要的历史人物进行分析与衡定。本章的评价与《孟子》其他章节对这两个人评价并不相同,甚至大相径庭。

孟子公开指责伯夷格局太小,柳下惠不庄重,甚至认为二人的做法是"君子不为也"。显然伯夷、柳下惠的做法不合乎君子之道,不是君子做事的方式,故有"君子不由"之说。伯夷在《论语》中是仁人,柳下惠也因"以直道事人"受到孔子的赞扬与肯定。《孟子·万章下》曾充分肯定伯夷、柳下惠二人,"伯夷,圣之清者也""柳下惠,圣之和者也"。可见,孟子是将伯夷、柳下惠放入圣人之列,那又何以隘,何以不恭,何以君子不为?这让人很疑惑。古人如司马光等对此提出强烈的质疑。

我们甚至有理由怀疑这是不是孟子的思想。为什么反差这么大呢？当然白纸黑字出现于《孟子》一书中，必然有其合理性。那么该如何解释这一矛盾呢？伯夷的做法是，不是理想中的国君就不去侍奉，不是理想中的朋友就不去结交。不在恶人之朝做官，不与恶人交流。在恶人之朝为官，同恶人说话，如同穿着朝衣朝冠坐在污泥炭灰里一样。为保持自身的高洁，不让恶浊的世风沾染到自己身上，他将这恶恶之心充类至尽，平常看到有人帽子戴得不正，就好像自己被玷污似的，义无反顾地离开。即使有的诸侯国国君用好言好语来请他，他也不接受。他之所以不接受，就是因为不屑去接近。柳下惠不以侍奉不好的国君为羞耻，也不会因为官小而不做；在朝廷做官，不掩藏自己的贤能，但是一定要按自己的原则行事；不被国君重用而不怨恨，处境穷困而不忧伤。所以他说："你是你，我是我，即使你赤身裸体地在我身旁，又怎能玷污我呢？"所以他能怡然自得地同各类人处在一起而不丧失自己的原则，叫他留下，他就留下，这也是不屑于离开罢了。伯夷与柳下惠可谓各执一端，都走向了极端。伯夷太过狭隘，而柳下惠过于不庄重，都不合乎中道而行的原则。朱熹谓："夷、惠之行，固皆造乎至极之地，然既有所偏，则不能无弊，故不可由也。""造乎至极之地"是对"圣之清者也""圣之和者也"的解释，"然既有所偏，则不能无弊"，是对夷隘、惠不恭之说明，这是朱子对"不可由也"的回答。还有的学者想从对隘与不恭的重新诠释中为孟子开脱，认为伯夷是"不屑就"，柳下惠是"不屑去"，虽然在我们看来这有一定道理，但无法摆脱孟子对伯夷隘与柳下惠不恭的认定。隘与不恭是负面评价，无论如何也不会是正面肯定与褒扬。我们认为，孟子说伯夷是"圣之清"与"隘"，柳下惠是"圣之和"与"不恭"并不矛盾，"圣之清"和"圣之和"并非纯然之圣，皆为圣之偏。因为清而失之于隘，因为和而失之于不恭。因而孟子的榜样既非是伯夷那样的圣之清者，也不是柳下惠那样的圣之和者，而是孔子那样的"圣之时者"，"乃所愿，则学孔子也"。因而从本章所谓的"君子不由也"，并不能推出伯夷、柳下惠不是君子；这是孟子的自期之语，即表明他既不会学伯夷，也不会学柳下惠。

公孙丑下

　　《公孙丑下》共十四章。第一章，领引全篇。"天时不如地利，地利不如人和""得道者多助，失道者寡助"可谓众人皆知，成为中国人品评一个政治组织、军事集团得失成败的标准。第二章，孟子与齐王之争，反映了道与势、德与位的较量，显示出孟子捍卫"道"的尊严的决心，孟子明确告诉齐王，"故将大有为之君，必有所不召之臣"，不如是，就不能显道之尊、德之贵。第三、四、五章讲辞受之道。第六章讲与人相处之道。第七章是孟子论证自己厚葬母亲的合理性，强调"君子不以天下俭其亲"。第八、九章反对以无道伐无道，主张行天之伐。第十、十一、十二、十三、十四章，表露孟子去齐的心路历程和去齐的过程，显示出孟子的高度自信。他认为自己负有天降之命，有着"舍我其谁"的历史担当。

[1] 孟子曰："天时①不如地利，地利②不如人和③。三里之城，七里之郭④，环而攻之而不胜。夫环而攻之，必有得天时者矣；然而不胜者，是天时不如地利也。城非不高也，池非不深也，兵革非不坚利也，米粟非不多也；委⑤而去之，是地利不如人和也。故曰：域民⑥不以封疆之界，固国不以山溪之险，威天下不以兵革之利。得道者多助，失道者寡助。寡助之至，亲戚畔⑦之；多助之至，天下顺之。以天下之所顺，攻亲戚之所畔；故君子有⑧不战，战必胜矣。"

◎ **注释** ①〔天时〕此处之"天时"与《孙子兵法》中的"天"相似，是阴阳、寒暑、时制的总括，这里指士兵作战的气候、昼夜等有利条件。②〔地利〕相当于《孙子兵法》中的"地"，远近、险易、广狭等地形、地貌特征，主要指士兵作战的有利地形条件。③〔人和〕相当于《孙子兵法》中的道、法、将三个因素的综合，主要指人心所向、上下齐心等。④〔三里之城，七里之郭〕内城叫城，外城叫郭，三里、七里，指城、郭每边的边长。对于内城与外城比例是三七还是三五，学术界看法不尽相同。⑤〔委〕放弃。⑥〔域民〕域，界限。域民，限制人民。⑦〔畔〕同"叛"。⑧〔有〕同"或"。

◎ **大意** 孟子说："有利的天时不如有利的地势，有利的地势不如上下和睦、团结一心。譬如一座内城三里、外城七里的小城，敌人包围起来攻打它，却不能取胜。既然能包围起来攻打它，一定有合乎天时的战机，而不能取胜，这是因为有利的天时不如有利的地势。城墙不是不高，护城沟池不是不深，士兵的兵器、铠甲不是不锐利、不坚固，粮食不是不多，（可是敌人一来却）弃城逃跑，这是有利的地势不如人心的团结。所以说，限制百姓不靠国家的疆界，保卫国家不靠山川的险阻，威服天下不靠兵器铠甲的锐利坚固。行仁义的人，帮助他的人就多；不行仁义的人，帮助他的人就少。帮助他的人少到极点时，连亲戚都会背叛他；帮助他的人多到极点时，天下的人都会归顺他。凭着全天下都归顺他的力量，去攻打连亲戚人都背叛他的人，所以君子或者不战，如果开战，就一定能取得胜利。"

◎ **释疑解惑**

本章是《孟子》一书著名的章节之一。它之所以有名，在于其中有两句话被后世反复引用：其一，天时不如地利，地利不如人和；其二，得道者多助，失道者寡助。这两句话成为后人分析事情利弊成败的重要方法，成为中国人信守的金玉良言。

天、地、人在中国哲学中被称为"三才"，而"三才"之中，天、地是客观条件，是生存与发展的环境，是被动因素，而人是主观条件，是能动因素。孟子认为，天时、地利、人和三者在战争中的地位与作用是有轻重之分的：天时不如地利，地利不如人和。三者之中，"人和"是最重要的，对战争起决定性作用；"地利"不如"人和"重要，但高于"天时"；"天时"相对于"地利"又次之。诸葛亮在《隆中对》中指出，曹操能战胜袁绍，说明胜负的天平不仅仅取决于天时，还在于人谋，人谋可以让胜负的天平逆转。人谋就是人的作用，是人本身主观能动作用的发挥，可以说是"人和"的表现形态之一。正是由于孟子突出强调"人和"，才得出了"得道者多助，失道者寡助"的结论。

"人和"就要知民情，顺民意，得民心。如何才能得民心呢？限制百姓迁移不是靠国家在边界上设立的关隘，保卫国家不靠山川的险阻，威服天下不靠兵器、铠甲的锐利、坚固。当政者一定要行仁政，行仁政就能得道，不行仁政就不能得道，甚至失道。行仁政，帮助国君的人就多；不行仁政，帮助他的人就少。帮助他的人少到极点，连亲戚都会背叛他；帮助他的人多到极点，天下的人都归顺他。凭着全天下都归顺他的力量去攻打连亲戚都背叛他的人，所以君子或有不战，如果开战，就一定能取得胜利。

[2]　孟子将朝王[①]，王使人来曰："寡人如就见者也，有寒疾，不可以风。朝，将视朝[②]，不识可使寡人得见乎？"

对曰："不幸而有疾，不能造朝。"

明日，出吊于东郭氏[③]。公孙丑曰："昔者辞以病，今日吊，或者不可乎？"

曰："昔者疾，今日愈，如之何不吊？"

王使人问疾，医来。

孟仲子④对曰："昔者有王命，有采薪之忧⑤，不能造朝。今病小愈，趋造于朝，我不识能至否乎？"

使数人要⑥于路，曰："请必无归，而造于朝！"

不得已而之景丑氏⑦宿焉。

景子曰："内则父子，外则君臣，人之大伦也。父子主恩，君臣主敬。丑见王之敬子也，未见所以敬王也。"

曰："恶！是何言也！齐人无以仁义与王言者，岂以仁义为不美也？其心曰'是何足与言仁义也'云尔，则不敬莫大乎是。我非尧、舜之道，不敢以陈于王前，故齐人莫如我敬王也。"

景子曰："否；非此之谓也。礼曰：'父召，无诺；君命召，不俟驾⑧。'固将朝也，闻王命而遂不果，宜与夫礼若不相似然。"

曰："岂谓是与？曾子曰：'晋、楚之富，不可及也。彼以其富，我以吾仁；彼以其爵，我以吾义；吾何慊⑨乎哉？'夫岂不义而曾子言之？是或一道也。天下有达尊三：爵一，齿一，德一。朝廷莫如爵，乡党莫如齿，辅世长民莫如德。恶得有其一以慢其二哉？故将大有为之君，必有所不召之臣，欲有谋焉，则就之。其尊德乐道，不如是，不足与有为也。故汤之于伊尹，学焉而后臣之，故不劳而王；桓公之于管仲，学焉而后臣之，故不劳而霸。今天下地丑德齐⑩，莫能相尚，无他，好臣其所教，而不好臣其所受教。汤之于伊尹，桓公之于管仲，则不敢召。管仲且犹不可召，而况不为管仲者乎？"

◎ **注释** ①〔王〕指齐王，疑为齐宣王。②〔朝，将视朝〕前一个"朝（zhāo）"，早晨的意思。后一个"朝（cháo）"，意即朝廷。视朝，即在朝廷处理政务。③〔东郭氏〕齐国大夫。④〔孟仲子〕孟子的堂弟，跟随孟子学习。⑤〔采薪之忧〕采薪，打柴草。忧，因不能去打柴草而忧，引申为生病。⑥〔要〕拦截。⑦〔景丑氏〕齐国的大夫。⑧〔父召，无诺；君命召，不俟驾〕《礼记·曲礼》云："父召无诺，先生召无诺，唯而起。""唯"和"诺"都是应答用语，"唯"的语气更重些，"诺"轻缓些。父召，无诺，即听到父亲召唤自己，不要回答"诺"，而是回答"唯"，然后就起身。君命召，不俟驾，意即国君召唤，不等到备好车马就动身。⑨〔慊〕同"歉"，少，不满，不足。⑩〔地丑德齐〕丑，类似，相近，同。地丑，国土面积差不多。德齐，国君的道德水平都一样。

◎ **大意**　孟子正准备去朝见齐王，齐王派人来说："我（齐王）本来应该到馆舍看您，无奈受寒生病了，不可以吹风。早晨，我将临朝办公，不知能让我见到您吗？"

孟子回话道："不幸得很，我也生病了，不能到朝廷上去。"

第二天，孟子出门到东郭大夫家去吊丧。公孙丑说："昨天您推辞说有病，今日却去吊丧，恐怕不合适吧？"

孟子说："昨天病了，今天好了，怎么不能去吊丧呢？"

齐王派人来询问病情，医生也来了。

孟仲子告诉使者说："昨天有齐王的召令，不巧他生病，不能到朝廷去。今天病好了点，已经赶往朝廷去了，我不知道现在到了没有？"

孟仲子随即派了几个人到路上去拦截孟子，说："请您一定不要回家，赶快到朝廷去吧！"

孟子不得已，就到景丑氏家去借宿一晚。

景丑说："在家是父子关系，在外是君臣关系，这是人与人之间最重大的伦理关系。父子关系以感情为主，君臣关系以恭敬为主。我看到齐王对您非常敬重，却没看到您怎么敬重齐王。"

孟子说："哎！这是什么话！齐国人没有一个把仁义的道理说给齐王听的，难道是认为仁义不好吗？他们心里在想：'这个国君哪里值得同他谈仁义！'那么，这才是最大的不恭敬呢。至于我，不是尧、舜之道就不敢在齐王面前陈述，所以齐国人没有一个像我这样敬重齐王的。"

景丑说："不，不是说的这个。礼经上说：父亲召唤，儿子不能慢条斯理地用'诺'应答，应答'唯'就起身；君王宣召，臣子不等车子驾好就动身。您本来准备去朝见齐王，听了君王的召令反而不去了，这恐怕与礼的规范不大符合吧。"

孟子说："难道你说的是这个吗？曾子说过：'晋国、楚国的财富，我是比不上的。不过，他有他的财富，我有我的仁德；他有他的爵位，我有我的道义，我为什么觉得比他少了什么东西呢？'难道这话没有道理而是曾子随便说说的吗？（我们讨论的这个问题，）大概也是一样的道理吧。天下都认为尊贵的东西有三样：爵位是一个，年龄是一个，道德是一个。在朝廷里，没有比爵位更尊贵的；在乡里中，没有比年龄更尊贵的；辅助君主、管理百姓，没有比道德更尊贵的。哪能凭借其中一种（爵位）而轻视另外两种（年龄、道德）呢？所以想要大有作为的国君，必定有他不能随意召见的臣子；如果有事情要商议，那就亲自前去请教。崇尚道德、乐行仁政，如果不是这样，就不足以同他一起有所作为。所以汤王对于伊尹，首先向他学习，然后才把他当作臣下，所以不费力气就统一了天下；齐桓公对于管仲，也是首先向他学习，然后才把他当作臣下，最终不费力气就称霸诸侯。现在天下各大诸侯国国土面积差不多，国君的道德修为也差不多，谁也不能更好些，这没有别的缘故，正是因为他们只喜欢任用能听从他们教导的人为臣，而不喜欢任用能教导他们的人为臣。汤王对于伊尹，齐桓公对于管仲，就不敢随意召唤。管仲尚且不能随意召唤，何况不愿做管仲的人呢？"

◎ 释疑解惑

孟子仕于齐，如同稷下大夫，不治而议论，没有实职。孟子与齐王处宾师之间，以道见敬。孟子朝王不可能事前没有通报，然而孟子将出发时，齐王却派人来说，他病了，不能见风，不能会见孟子，让孟子第二天在朝廷上见他。孟子说，他也病了，不能应第二天早上的齐王之约。齐王之病是实病，孟子的病是虚病，是以病为由，不愿听任齐王摆布罢了。

第二天，孟子到东郭大夫家吊唁。弟子公孙丑劝他：昨天您说有病谢绝了齐王的召见，今天又去吊丧，可能不妥吧？孟子说：昨天生了病，今天好了，为什么不去呢？事也凑巧，孟子刚走，齐王便派人来探病，并且还有医生同来。孟子的堂弟孟仲子看到事情要露馅，就随机应变，说："昨天齐王有召令，恰巧孟子身体微恙，不能奉命上朝。今天刚好一点，已经到朝廷去了，但我不知道有没有到达。"应付完齐王的使臣，孟仲子派出好几个人，分头去孟子归家的路上拦截，

◎ 公孙丑下

让孟子千万不要回家，一定要赶快去上朝！孟子是不会去朝廷的，然而回家的路又被孟仲子派来的人给堵上了，没有办法，只好躲到朋友景丑氏家中借宿。

景丑劝孟子赶紧入朝晋见齐王，且用儒家的理论劝说："内则父子，外则君臣，人之大伦也"。君臣一伦重在相互体谅、相互敬重，然而齐王敬孟子，显而易见，孟子敬齐王则没有被发现。孟子说，整个齐国他是最敬重齐王的，因为只有他向齐王讲仁义和尧舜之道，而其他人不向齐王陈仁义、尧舜之道，是因为在其他齐人眼里，齐王不配谈仁义、尧舜之道。天下最尊贵的东西有三样：爵位、年龄、道德。在朝廷中，论爵位；在乡里，论年龄；至于辅佐君主，管理百姓，有道德的人最为重要。在孟子看来，齐王怎能凭着自己的爵位轻视他的年龄和道德呢？总之，孟子认为，想要大有作为的君主，必定有他不能随意召见的臣子；如果有事情要商议，那就亲自前去请教。崇尚道德、乐行仁政，如果不是这样，就不足以同他一起有所作为。所以汤王对于伊尹，首先向他学习，然后才把他当作臣下，最终不费力气就统一了天下；齐桓公对于管仲，也是首先向他学习，然后才把他当作臣下，所以不费力气就称霸诸侯。当时天下各大诸侯国国土面积差不多，国君道德修为也差不多，谁也不能更好些，这没有别的缘故，正是因为他们只喜欢任用能听从国君教导的人为臣，而不喜欢任用能教导他们的人为臣。孟子不是齐王可以"招之即来，挥之即去"的臣下，也不是一味听受齐王教诲的大臣，而是齐王之师。

国君召见，对许多人来说是何等的荣光，不少人都会沐浴更衣，穿戴整齐，以最快的速度赶到朝中晋见国君。

孟子不见齐王，反映了道与势、德与位的冲突与张力。孟子认为他代表着德，体现着道，而齐王不过代表着位，体现着势。是位服从于德，势服从于道，还是相反，这反映了一个国家的价值导向。如果孟子唯齐王之命是从，没有自己的尊严，那么孟子就不是道的载体，不是德的象征。如果孟子是道的载体，德的象征而又屈从于齐王，就是对道、对德的亵渎！道高于势、德尊于位，这样一个国家、一个民族才会有共同的价值标准。无论是国君还是庶民百姓，都要共同认可、共同尊崇这个标准，国家才有希望，才有未来。

司马光在《疑孟》中，强烈质疑孟子不见齐王的行为，甚至认为孟子名学孔子，实背叛孔子。孔子主张君君臣臣，而孟子认为人皆可以为君，似乎没有君臣之大伦。司马光等人借孔子的权威对孟子的行为进行质疑、批判，恰恰突显了孟子与孔子的不同，突出了孟子学说的独特意义。在民贵君轻的理念下，在德尊于位、道高于势的意义上，民不甚贱，君不甚贵，这正是孟子学说的真正意义。

[3] 陈臻①问曰："前日于齐，王馈兼金②一百，而不受；于宋，馈七十镒③而受；于薛，馈五十镒而受。前日之不受是，则今日之受非也；今日之受是，则前日之不受非也。夫子必居一于此矣。"

孟子曰："皆是也。当在宋也，予将有远行，行者必以赆④；辞曰'馈赆。'予何为不受？当在薛也，予有戒心；辞曰'闻戒，故为兵馈之。'予何为不受？若于齐，则未有处也。无处而馈之，是货⑤之也。焉有君子而可以货取乎？"

◎ **注释** ①〔陈臻〕孟子的弟子。②〔兼金〕好金，因其价格双倍于普通金，所以称为"兼金"。古代所说的金，一般不是今天所说的黄金，而是铜。③〔镒〕古代重量单位。一镒为二十两。④〔赆（jìn）〕赵岐《注》云："送行者赠贿之礼也，时人谓之赆。""赆"字本作"賮"字。杨伯峻根据《说文》"賮，会礼也"，认为各种财礼皆称为赆。杨说为是。⑤〔货〕动词，收买，贿赂，交易。

◎ **大意** 陈臻问（孟子）："以前在齐国，齐王送您一百镒好金您不接受；在宋国，（宋君）送您七十镒金，您接受了；在薛，（薛君）送您五十镒金，您也接受了。如果以前不接受是对的，那么现在接受就是错的；如果现在接受是对的，那么以前不接受就是错的。在这两种情况中，您必定处于其中的一种了。"

孟子说："都是对的。当在宋国的时候，我将要远行，对远行的人必然要送些路费，所以宋君说：'送上一点路费吧。'我为什么不接受呢？当我在薛地的时候，听说路上有危险，需要防备，因此薛君说：'听说您需要防备，送点钱给您买兵器。'我为什么不接受呢？至于在齐国，就没有什么理由了。没有理由而赠送，这等于是收买我。哪有君子可以用钱收买的呢？"

◎ **释疑解惑**

本章的主题是辞受之道。

孟子在齐国，齐王馈赠他一百镒好金，他不接受；在宋国，宋国国君送他七十镒金，他却接受了；在薛国，薛国国君送他五十镒金，他也接受了。有的馈赠孟子接受，有的馈赠孟子不接受，对此，他的学生陈臻认为：如果接受是对的，那么拒绝齐王之馈赠就不对；如果接受是不对的，那么接受宋君、薛君之馈赠就不对，总之，孟子行为必居二者之一。

孟子则告诉陈臻，两者都对。在宋国的时候，孟子说自己将要远行，对于远行之人，应当送些路费，宋国国君送的是路费。在薛国的时候，听说路上有危险，需要防备，薛君送的是买兵器的经费。二者都有正当的理由，接受都是对的。至于在齐国，齐王没有正当的理由而馈赠。没有正当的理由而接受别人的馈赠，相当于被收买了，所以孟子不接受齐王的馈赠也是对的。

对于馈赠，是辞还是受，择取的关键在于有没有正当的理由。没有正当的理由就接受别人的馈赠是出卖自己，而君子是不能用自己的人格、操守做交易的。

[4] 孟子之平陆①，谓其大夫曰："子之持戟之士，一日而三失伍，则去之否乎？"

曰："不待三。"

"然则子之失伍也亦多矣。凶年饥岁，子之民，老羸转于沟壑，壮者散而之四方者，几千人矣。"

曰："此非距心②之所得为也。"

曰："今有受人之牛羊而为之牧之者，则必为之求牧与刍矣。求牧与刍而不得，则反诸其人乎？抑亦立而视其死与？"

曰："此则距心之罪也。"

他日，见于王曰："王之为都③者，臣知五人焉。知其罪者，惟孔距心。"为王诵之。

王曰:"此则寡人之罪也。"

◎ **注释** ①〔平陆〕齐国边境上的城邑,故城当在今山东汶上县北。②〔距心〕平陆的执政大夫孔距心。③〔都〕有宗庙先君之主称都,无则称邑。

◎ **大意** 孟子到了平陆,对当地的长官(孔距心)说:"如果你的士兵一天三次擅离职守,你会开除他吗?"

孔距心说:"不必等待三次(,我就开除他了)。"

孟子说:"那么您失职的地方也够多的了。年景不好的时候,在你管治下的百姓,年老体弱抛尸露骨在山沟中的,年轻力壮逃到四方去的,将近有一千人了。"

孔距心说:"这不是我力所能及的。"

孟子说:"假如现在有个人,接受了别人的牛羊而替他放牧,那么他必定要为牛羊寻找牧场和草料。如果找不到牧场和草料,那么是把牛羊还给人家呢,还是就站在那儿眼看着牛羊饿死呢?"

孔距心说:"这就是我的罪过了。"

后来,孟子朝见齐王说:"大王的地方长官我认识五个,能认识自己罪过的,只有孔距心。"于是,(孟子)把他与孔距心的谈话向齐王复述了一遍。

齐王说:"这也是我的罪过啊。"

◎ **释疑解惑**

孟子到平陆,有考察地方行政情况之意。当他看到平陆地方施政失当时,用巧妙的语言问责,让地方行政官员孔距心认识到不应逃避其行政责任,并心悦诚服地悔过认罪。

孔距心执政可谓雷厉风行,在其管治下的士兵不必有三次过失就会被免职。然而孟子认为,孔距心作为平陆的执政大夫,他的失误何止三次。"凶年饥岁,子之民,老赢转于沟壑,壮者散而之四方者,几千人矣。"对此,孔距心却辩解说,那不是他的责任,对于天灾他也无能为力。孟子说,接受别人的牛羊而替人家放牧,就要为牛羊找水草丰美的地方。如果做不到,那就将牛羊交还给主人好了。作为代替国君管理百姓的地方长官,能眼睁睁地看着百姓老弱者饿死,壮者逃乎四方吗?孔距心恍然大悟,并承认是自己的罪过。

◎ 公孙丑下

从梁惠王到孔距心，都有罪岁之心，即将百姓流离失所、冻饿而死的责任推给天灾。孟子认为，百姓流离失所、冻饿而死绝不是天灾，而是执政者的失职。孔距心还是有良知、有反省意识的官员，马上意识到是自己的错误，并敢于认错。

知错能改，就是君子。孟子对孔距心给予了肯定，还在齐王面前表扬了他。当孟子重复自己与孔距心的对话时，齐王马上反省道："此则寡人之罪也。"

孟子以巧妙的类比推证，教育了孔距心，同时，也教育了齐王。孟子也从另一个方面表明了自己的仁政主张：作为国君与地方执政者，应时刻关注民之忧乐，关心民生，保民而王。

[5] 孟子谓蚳蛙①曰："子之辞灵丘②而请士师，似也，为其可以言也。今既数月矣，未可以言与？"

蚳蛙谏于王而不用，致为臣而去。

齐人曰："所以为蚳蛙则善矣；所以自为则吾不知也。"

公都子以告。

曰："吾闻之也，有官守③者，不得其职则去；有言责者④，不得其言则去。我无官守，我无言责也，则吾进退，岂不绰绰然有余裕哉？"

◎ **注释** ①〔蚳（chí）蛙〕齐国的大夫。②〔灵丘〕齐国邑名，有人认为在今山东聊城。③〔官守〕官位职守。《左传·昭公二十三年》曰："亲其民人，明其伍候，信其邻国，慎其官守。"④〔有言责者〕指古代专门负责给国君提意见的官员，即言官。赵岐《注》云："言责，献言之责，谏诤之官也。"

◎ **大意** 孟子对蚳蛙说："你辞去灵丘邑令的职务，请求担任治狱官，似乎是有道理的，因为可以（接近齐王向他）进言了。现在，你担任治狱官已经几个月了，难道还不可以进言吗？"

蚳蛙向齐王进言却不被采纳，（于是）辞官而去。

齐国有人议论道："孟子替蚳蛙出的主意倒是不错，（但是）他怎么为自己考虑，这我就不知道了。"

公都子把这话告诉了孟子。

孟子说："我听说过：有官职的人，如果无法行使他的职责就辞职；有进言责任的谏诤之官，如果无法尽到进言的责任就辞职。我既没有具体的官职，又无进言的责任，那么我的行动进退，难道不是宽宽绰绰而有回旋余地吗？"

◎ **释疑解惑**

齐国政治并非漆黑一团，朝廷官员也非一无是处。本章似乎接上章而来，认为蚳蛙与孔距心都是有廉耻心、知进退的官员，在某种意义上说，蚳蛙甚至优于孔距心。蚳蛙辞掉灵丘的行政长官，转任士师，以便向齐王进言。然而数月过去，他却一言未进。孟子提醒他：任职时间够长的了，如果仍一言未进就是失职。蚳蛙向齐王进言，未被采纳，于是辞官而去。

蚳蛙的辞官说明：第一，他不是尸位素餐，而是在其位谋其事、尽其职；第二，他是一位有羞恶之心的官员，进言不被采纳，遂挂冠而去。蚳蛙的去职在齐国朝野引起议论，事由孟子而起，自然涉及孟子。齐国人很纳闷：孟子对别人看得很清楚，对自己是怎样的呢？

孟子在齐国仅是客卿，与齐王处于师宾之间，既无官守，又无言责，认为自己进退自如。有官守的人就要尽责，有言责的人就要进言，而不能尸位素餐。孟子认为官守不能尽责，言官不能进言，只有辞官归去，这是为官应有的操守。

[6] 孟子为卿于齐，出吊于滕，王使盖大夫王驩①为辅行。王驩朝暮见，反齐滕之路，未尝与之言行事也。

公孙丑曰："齐卿之位，不为小矣；齐滕之路，不为近矣，反之而未尝与言行事，何也？"

曰："夫既或治之，予何言哉？"

◎ **注释**　①〔盖（gě）大夫王驩〕盖，齐国邑名，故城在山东沂水县西北八十里。

王驩，齐国盖地大夫，齐王的宠臣。

◎ **大意**　孟子在齐国担任卿相之职，奉国君之命前往滕国吊丧，齐王派盖地的大夫王驩作为副使与孟子同行。王驩与孟子朝夕相处，但在齐国到滕国往返的路上，孟子却不曾同他谈起出使的事情。

公孙丑说："齐国卿相的职位，不算小了；齐国与滕国之间的距离，不算近了，往返途中不曾同王驩谈起出使的事情，这是为什么呢？"

孟子说："既然他将所有的事情都包办了，我还说什么呢？"

◎ **释疑解惑**　孟子与王驩奉齐王之命到滕国吊丧，孟子是正使，王驩只是副使。然而，作为副使的王驩不知分寸，越权包办一切，所以孟子用沉默来表达对副使王驩的强烈抗议。

[7]　孟子自齐葬于鲁①，反于齐，止于嬴②。

充虞③请曰："前日不知虞之不肖，使虞敦匠事。严，虞不敢请。今愿窃有请也：木若以美然。"

曰："古者棺椁无度，中古棺七寸，椁称之。自天子达于庶人，非直为观美也，然后尽于人心。不得，不可以为悦；无财，不可以为悦。得之为有财，古之人皆用之，吾何为独不然？且比化者无使土亲肤④，于人心独无恔⑤乎？吾闻之也：君子不以天下俭其亲。"

◎ **注释**　①〔自齐葬于鲁〕赵岐认为，孟子仕于齐，母亲也随之在齐。母亲死了，归葬于鲁。这个说法应当可靠。②〔嬴〕杨伯峻认为其故城在今山东莱芜西北四十里北。③〔充虞〕孟子的弟子。④〔无使土亲肤〕不要让土壤亲近死者的尸体。⑤〔恔(xiào)〕赵岐注云："快也。"

◎ **大意**　（孟子的母亲死了，）孟子从齐国到鲁国去安葬母亲，返回齐国时，在嬴地停留。

充虞前来请教："前些日子承蒙您看得起，派我监理打造棺椁的事，当时事忙，我不敢请教。现在想冒昧地问一下：那棺椁是否太华美了？"

孟子说："上古时候，棺椁没有一定的标准；中古时候，才规定棺厚七寸，椁的厚度同棺相称。从天子到平民百姓，（讲究棺椁）不只是为了好看，而是这样才算尽了孝心。（由于礼制的限制，）不能用好的棺椁，就不会称心；能用好的棺椁而没有钱财，也不会称心。既符合规定，又有财力，古人就都用好棺椁，为什么偏偏我不能这样呢？而且使死者的遗体不沾着泥土，对于孝子之心岂不是一件感到慰藉的事情吗？我听说过这样的话：君子是不会因为爱惜天下财物而在父母身上节俭的。"

◎ 释疑解惑

孟母，天下之贤母也；孟子，天下之孝子也。孟母三迁，为了孟子；"子不学，断机杼"，也是为了孟子。没有母亲的三迁，就没有一个终生以孔子为榜样的孟子；没有母亲的善教，就没有孟子的学养和成就。

孟子在齐国为官，带着母亲同往。母亲死在齐国，孟子将母亲归葬于鲁。为治办母亲的丧事，孟子派自己的学生充虞监督打造棺椁。充虞问孟子，棺椁是否过于华丽了。由是，孟子谈论了一番古代的葬制及其演变。

孟子认为，上古时候并没有规定棺椁的尺寸，中古才有规定：棺七寸，椁与之相称。棺椁的规制并不是葬亲的关键，问题的实质是尽人子之孝心。作为人子，一般都愿意父母葬得风光一些，但孝心往往受到两个因素的限制：一是制度性设计，由于父母和孝子的身份地位不高，不能超越礼制而用好的棺椁；二是孝子的财力有限，想厚葬也没有条件。孟子认为，自己厚葬母亲，既合乎礼的规定，又有充足的财力这样做，因而他这样做没有什么不妥。

孟子厚葬其母，薄葬其父，曾引起不小的争议。有人控诉"后丧逾前丧"是谓不知礼，甚至不能称之为贤，乃至借此阻止孟子与鲁侯相遇。孟子则认为自己并没有违背礼制，只是葬父与葬母时候的财力不同罢了。

孔子认为，称财而丧谓之礼，而孟子并没有违背孔子称财而丧的原则。孟子富有，厚葬其母，尽人子之心，也在情理之中。

[8] 沈同①以其私问曰："燕可伐与？"

孟子曰："可。子哙不得与人燕，子之不得受燕于子哙②。有仕于此，而子悦之，不告于王而私与之吾子之禄爵；夫士也，亦无王命而私受之于子，则可乎？何以异于是？"

齐人伐燕。

或问曰："劝齐伐燕，有诸？"

曰："未也。沈同问'燕可伐与'，吾应之曰：'可。'彼然而伐之也。彼如曰：'孰可以伐之？'则将应之曰，'为天吏，则可以伐之。'今有杀人者，或问之曰：'人可杀与？'则将应之曰：'可。'彼如曰：'孰可以杀之？'则将应之曰：'为士师，则可以杀之。'今以燕伐燕③，何为劝之哉？"

◎ **注释** ①〔沈同〕赵岐注，齐国大臣。其事已不可考。②〔子哙不得与人燕，子之不得受燕于子哙〕子哙，燕国国君，名哙，前320至前318年在位。他在位期间实行政治改革，效法尧舜，并于前318年禅让国君之位于相国子之，引起燕太子及旧臣的强烈不满，并导致燕国内乱。齐国乘机出兵，并顺利攻下燕国都城，子哙与子之均被杀。此处所说"不得与人燕"，即指其让位之事而言。③〔以燕伐燕〕朱熹《集注》云："言齐无道与燕无异，如以燕伐燕也。"

◎ **大意** 沈同以个人身份问（孟子）："燕国可以讨伐吗？"

孟子说："可以。燕王子哙不可以把燕国让给别人，他的相国子之也不可以从子哙那里接受燕国。（比方说，）有个士人，您喜欢他，便不禀告君王就私自把自己的俸禄、爵位让给他；而那个士人也没有经君王之命，就私自从您那里接受俸禄和爵位，这样可以吗？子哙、子之私相授受的事同这有什么分别呢？"

齐国果然去攻打燕国。

有人问："（您曾经）鼓励齐国攻打燕国，有这回事吗？"

（孟子）说："没有。沈同曾经以个人身份问我'燕国可以征讨吗'，我答复他说：'可以。'他们便认为真的是这样而去征讨燕国了。他如果再问：'谁可以去征讨燕国？'那我将答复他说：'奉了上天使命的人才可以去征讨。'就好比有个杀人犯，如果有人问我：'这个人可以杀吗？'我就回答说：'可以。'他如果再问：'谁可以去杀这个杀人犯？'那我就会回答他：'做治狱官的才可以杀他。'现在，一个跟燕国一样无道的国家去征讨燕国，我为什么要劝它（这样做）呢？"

◎ 释疑解惑

"燕可伐与"是本章讨论的中心。

"燕可伐与"发问者不是孟子，而是齐国大臣沈同。面对这个问题，孟子明确回答："可伐。"为什么可伐呢？孟子给出的理由是：燕王子哙不能把燕国作为自己的私有之物让给别人，相国子之也不可以从子哙那里接受燕国。这就像沈同因为喜欢一个士人，不禀告齐王就把自己的俸禄、爵位让给了他，而那个士人未受君王之命就私自从沈同那里接受了俸禄和爵位一样，这种私相授受是不可以的。

燕王不能将燕国私相授受，那么如何理解尧舜禅让呢？依照孟子的理论，燕王错误地理解了尧舜禅让。尧舜禅让绝不是尧舜之间的私相授受，孟子曾明确指出：尧不能将天下送给别人。"天子不能以天下与人"，同理推之，燕王不能以燕国予子之。谁将天下予舜？孟子认为是天予之。天下是天之天下，不是天子之天下，天子不能将天下私授于人，同理燕国是燕之燕国，不是燕王之燕国，所以燕王不能将燕国予人。"尧荐舜于天，而天受之；暴之于民，而民受之。"（《孟子·万章上》）这是天予，非天子予，天子有推荐权，但没有最终的决定权，这是尧舜禅让的原则。

燕国不是燕王一人之燕国，而是燕国人之燕国，燕王子哙与燕相子之将燕国私相授受，引起燕国大乱，使民众陷入水深火热之中。由是孟子认为燕可伐。

齐国果真攻打了燕国。有人问孟子是否曾经鼓励齐国攻打燕国。孟子对此矢口否认。他的辩解是，燕可伐，然而并不意味着齐可以去伐，只有"天吏"才可以攻打燕国。而齐国伐燕，是以与燕国一样无道的国家去讨伐另一个国家，只能加剧燕民水深火热的生活，而不是解燕民倒悬之苦。

"燕可伐"，但不能"以燕伐燕"，这是孟子深刻的政治智慧。燕可伐，是因为燕王破坏了政治权力转移的正常制度性设计，将燕国私相授受。不能"以燕伐燕"，即一个无道国没有资格攻打另一个无道国。"燕可伐"藏有一个深层的政治隐喻：天子、诸侯国国君、大夫等，都是"人牧"，是管理者，而不是所有者。禅让之道不等于私相授受，而是"天予"。燕可伐并非人人可伐，而只有天吏才可伐之。天吏伐之就是天伐。

[9] 燕人畔①。王曰："吾甚惭于孟子。"

陈贾②曰："王无患焉。王自以为与周公孰仁且智？"

王曰："恶！是何言也！"

曰："周公使管叔监殷③，管叔以殷畔；知而使之，是不仁也；不知而使之，是不智也。仁智，周公未之尽也，而况于王乎？贾请见而解之。"

见孟子，问曰："周公何人也？"

曰："古圣人也。"

曰："使管叔监殷，管叔以殷畔也，有诸？"

曰："然。"

曰："周公知其将畔而使之与？"

曰："不知也。"

"然则圣人且有过与？"

曰："周公，弟也；管叔，兄也。周公之过，不亦宜乎？且古之君子，过则改之；今之君子，过则顺之。古之君子，其过也，如日月之食，民皆见之；及其更也，民皆仰之。今之君子，岂徒顺之，又从为之辞④。"

◎ **注释** ①〔燕人畔〕畔，叛。齐国攻下燕，子哙、子之死，齐有亡燕之意。燕在赵国帮助下，另立燕王，是为燕昭王。各诸侯国密谋救燕伐齐，燕人响应，齐王恐。②〔陈贾〕齐国大夫。③〔管叔监殷〕周武王伐纣之后，平定天下，封功臣兄弟，让管叔、蔡叔监纣之子武庚禄父，以治殷民。武王死，武王子成王幼，周公辅政。管叔、蔡叔以周公不利于成王为借口，挟武庚禄父作乱。周公受成王命东征，诛武庚，杀管叔，放蔡叔。④〔辞〕辩护。

◎ **大意**　燕国人群起反抗齐国的占领。齐王说："对于孟子我感到很惭愧。"

陈贾说："大王不用担心。在仁和智方面，大王同周公相比较，您觉得谁更强一些？"

齐王说："哎！这是什么话！"

陈贾说："周公派管叔去监督殷国，管叔却凭借殷人叛乱。（如果周公）知道他会反叛还派他去，这是不仁；如果不知道他会反叛而派他去，这是不智。仁和智，周公都未能完全具备，何况大王您呢？请允许我见孟子时跟他解释一下。"

陈贾见到孟子，问："周公是怎样一个人？"

孟子说："古代的圣人。"

陈贾说："他派管叔监督殷国，管叔却凭借殷人叛乱，有这回事吗？"

孟子说："是这样。"

陈贾说："周公知道他会反叛而派他去的吗？"

孟子说："（周公）不知道。"

陈贾就说："既然这样，那么圣人岂不是也会有过错吗？"

孟子说："周公是弟弟，管叔是哥哥，周公的过错，不是合乎情理的吗？况且，古代的君子，有了过错就改正；现在的君子，有了过错却将错就错。古代的君子，他的过错就像日食月食一样，老百姓都能看到；一旦改正了错误，老百姓都仰望着他。现在的君子，不仅仅是将错就错，还编造一些虚假的道理为错误进行辩护。"

◎ **释疑解惑**

齐宣王虽然会脱口说出"好勇""好色""好货"，不假伪饰，但他对齐国百姓"老羸转于沟壑，壮者散而之四方"是知罪的，对自己没有采纳孟子的主张从燕国撤军，而导致国家陷入危机感到羞愧。这说明齐宣王良知尚存，尚可教化。

然而齐宣王身边像孟子这样的敢言之士还是太少，相反像陈贾这样的阿谀之徒比比皆是。齐宣王无法面对孟子，而陈贾主动请缨，愿去见孟子，并向其解释。陈贾以周公为例，说明以周公的仁智尚且会犯错误，所以齐宣王犯错误也是可以理解的。孟子指出，周公为弟，管叔为兄，难道有弟弟会怀疑哥哥造反吗？

所以，周公犯此错误是可以理解的。孟子指出，是不是君子，关键不在于犯不犯错误，而在于怎样对待错误。古代君子的错误像日食月食一样，人人都看得很清楚；一旦改正了错误，人人都仰慕他。而当世的"君子"不仅将错就错，还要强词夺理，巧为辩护。

《孟子》本章实际上是告诉人们，齐宣王不够坦荡、豁达，而陈贾阿谀奉承，为齐国攻燕的错误强词夺理。

[10] 孟子致为臣而归①。王就见孟子，曰："前日愿见而不可得，得侍同朝，甚喜；今又弃寡人而归，不识可以继此而得见乎？"

对曰："不敢请耳，固所愿也。"

他日，王谓时子②曰："我欲中国而授孟子室，养弟子以万钟③，使诸大夫国人皆有所矜式④。子盍为我言之！"

时子因陈子⑤而以告孟子，陈子以时子之言告孟子。

孟子曰："然。夫时子恶知其不可也？如使予欲富，辞十万而受万，是为欲富乎？季孙⑥曰：'异哉子叔疑⑦！使己为政，不用，则亦已矣，又使其子弟为卿。人亦孰不欲富贵？而独于富贵之中有私龙断⑧焉。'古之为市也，以其所有易其所无者，有司者治之耳。有贱丈夫焉，必求龙断而登之，以左右望，而罔市利。人皆以为贱，故从而征之。征商自此贱丈夫始矣。"

◎ **注释** ①〔致为臣而归〕致，归还，古有致仕、致禄、致政等用法，致仕就是辞职、退休。致为臣而归，即辞去齐宣王授予的官职，回到自己的家乡。②〔时子〕齐国之臣。③〔万钟〕钟，古代量器。齐国量器有豆、区、釜、钟四种。每豆四升，每区四豆，每釜四区，每钟十釜。万钟为六万四千石。④〔矜式〕敬重，效法。⑤〔陈子〕即孟子的学生陈臻。⑥〔季孙〕赵岐注为孟子的弟子，朱熹则认为"不知何时人"。⑦〔子叔疑〕人名，与季孙一样不可考。⑧〔龙断〕即垄断。原意是名词,指独立的高岗,借喻网罗市利之意,后逐渐引申为把持、独占。

◎ **大意**　孟子辞掉齐国的官职要回故乡。齐王到孟子的住所看望他,说:"过去想见到您而不能得见,(后来)能在一个朝廷里共事,我非常高兴;现在您又要撇下我回去了,不知今后还能不能见到您?"

孟子回答道:"不敢有这样的请求罢了,这本来就是我的愿望。"

过了几天,齐王对时子说:"我打算在都城里给孟子建造一所房屋,用一万钟粮食供养他的弟子,让齐国的大夫和百姓都有效法的榜样。你为什么不替我去跟孟子谈谈这件事呢?"

时子便托陈臻将(齐王的打算)转告孟子,而陈臻也把时子的话告诉了孟子。

孟子说:"是啊。时子何以知道这件事是不能的呢?如果我想富贵,辞掉了十万钟的俸禄却来接受这一万钟的赐予,这是想要富贵吗?季孙说:'子叔疑这个人真奇怪啊!自己想做官,没被任用,那也就算了,却又派他的子弟去做卿大夫。人们谁不想富贵呢?而偏偏有人想独占富贵。'古时候做生意,是拿自己拥有的东西交换自己所没有的东西,有关官吏管理这种交易罢了。有个卑贱的人,一定要找块高岗登上去,向左看看,向右望望,(企图)把集市上所有的好处一网打尽。人人都认为他卑鄙,于是官府就对这个人收税。对商人征税就是从这个卑贱的人开始的。"

◎ **释疑解惑**

孟子对齐王抱着期望而来,最终却不得不带着遗憾而去。

孟子终于要走了,齐王前去馆舍慰问。然而齐王却说,不知道他还能不能再见到孟子。孟子并没有将话说绝,而是告诉齐王,能再次相见也是他的愿望。孟子之所以决意离开齐国,并不是自己想离开,而是迫不得已。

齐王有好贤之名,对孟子也算礼遇,然而最大的问题是齐王"好臣其所教,不好臣其所受教"。孟子与齐王的最大冲突在于,齐王的目的是找一位听话的大臣,而不是找一位老师;孟子一定是要做齐王之师,而不是仅仅做他的一位臣下。谁听谁的,谁教导谁,一直是孟子与齐王之间最大的症结。孟子自然不会听任齐王摆布,而齐王对孟子的主张表面上接受,而实际上却不去推行。最终,孟子决定离开齐国。

齐王虽然不能完全听从孟子的主张,但确实感到孟子及其学生对齐国不可或缺。由此他想出了一个折中的方案：在都城建一所大房子，给孟子的学生万钟俸禄，以便让齐国的大夫和百姓都有学习的榜样。孟子在这时向齐王表明：理想、主张不能用来做交易，自己及弟子更不是"左右望，而罔市利"的商人，没有想要占据齐国人的富贵。孟子来齐国不是为富贵，而是为实现自己的理想。

[11] 孟子去齐，宿于昼①。有欲为王留行者，坐而言。不应，隐几②而卧。

客不悦，曰："弟子齐宿而后敢言，夫子卧而不听，请勿复敢见矣。"

曰："坐！我明语子。昔者鲁缪公③无人乎子思④之侧，则不能安子思；泄柳、申详⑤无人乎缪公之侧，则不能安其身。子为长者虑，而不及子思。子绝长者乎？长者绝子乎？"

◎ **注释** ①〔昼〕齐国之邑名，位于今山东临淄西南方向。②〔隐几〕隐，倚着、靠着。几，条几，比桌子低一些的器具。③〔鲁缪公〕又称鲁穆公，鲁国国君，名显，前409年至前377年在位。④〔子思〕姓孔，名伋，字子思，孔子之孙。鲁缪公尊敬子思，常派人在子思身边伺候致意，使子思安心。⑤〔泄柳、申详〕同为鲁缪公时贤人。泄柳，亦称子柳。申详，孔子弟子子张之子。二人认为，如果没有贤者侍奉鲁缪公，他们会感到不安。

◎ **大意** 孟子离开齐国，在昼邑过夜。有位想为齐王挽留孟子的人，恭敬地坐着跟孟子说话。孟子不理会他，靠着小桌子打盹。

那人很不高兴地说："我先斋戒了一天，然后才敢来同您说话，而您却睡觉，不听我的，今后再不敢来见您了。"（说完，起身要走。）

孟子说："坐下来！我明确地告诉你。从前，鲁缪公要是没有人在子思身边，就不能使子思安心留下；要是没有贤人在鲁缪公身边，就不能使泄柳、申详安心。你替我这个年长的人着想，却连子思怎样被鲁缪公对待都想不到。这是你拒绝我这个年长的人呢，还是我这个年长的人拒绝你呢？"

◎ 释疑解惑

孟子离开齐国，是迫不得已。作为一位有远大抱负的思想家，他何尝不想使自己的主张得行于齐国，然后得行于天下。孟子没有受到齐王应有的尊重，于是决定离开齐国。

孟子离开齐国时心里多少有些犹豫，他一直想着齐王能幡然悔悟，派人请他回齐国。孟子在齐国的昼邑过夜时，有位想为齐王挽留孟子的人，恭敬地坐着跟孟子说话。孟子不理会他，靠着小桌子打盹，这个人急了，说他那么认真地同孟子说话，孟子却完全不理会他，并说以后再也不想见孟子了，说着便站起来准备离开。孟子让他坐下，并说出自己的心思。他希望齐王能以鲁缪公对待子思的方式对待他。鲁缪公如果没派人在子思身边侍奉子思，就不能使子思安心在朝堂。孟子的要求并不过分，就是受到齐王的礼遇与尊重。孟子年事已高，所以不能对他"招之即来，挥之即去"，或在朝堂上见，而是遵循践行"将大有为之君，必有所不召之臣，欲有谋焉，则就之"的礼节。即使不能就之，也应在孟子身边安排一位负责传递消息的人，以免孟子常常上朝。

[12] 孟子去齐。尹士①语人曰："不识王之不可以为汤武，则是不明也；识其不可，然且至，则是干泽②也。千里而见王，不遇故去，三宿而后出昼，是何濡滞③也？士则兹不悦④。"

高子⑤以告。

曰："夫尹士恶知予哉？千里而见王，是予所欲也。不遇故去，岂予所欲哉？予不得已也。予三宿而出昼，于予心犹以为速，王庶几改之！王如改诸，则必反予。夫出昼，而王不予追也，予然后浩然有归志。予虽然，岂舍王哉！王由足用为善，王如用予，则岂徒齐民安，天下之民举安。王庶几改之！予日望之！予岂若是小丈夫然哉？谏于其君而不受，则怒，悻悻然见于其面，去则穷日之力而后宿哉？"

尹士闻之，曰："士诚小人也。"

◎ **注释** ①〔尹士〕齐国人。②〔干泽〕干，求。泽，恩泽。干泽，意思是追求富贵利禄。③〔濡滞〕迟缓，相当于拖泥带水，不干脆。④〔则兹不悦〕对此想不通。⑤〔高子〕齐国人，孟子弟子。

◎ **大意** 孟子离开了齐国。尹士对人说："不知道齐王不能成为商汤、周武王那样的圣王，那就是不明智；如果知道齐王不可能成为商汤、周武王，然而还是来齐国，那就是贪求富贵。不远千里来见齐王，志趣不合就应决然离去，却在昼邑停留了三夜才走，为什么这样拖拖拉拉呢？我对这一点很不高兴。"

高子把这话告诉了孟子。

孟子说："尹士哪能了解我呢？千里迢迢地前来拜见齐王，这是我所希望的。因志趣不合而离开，难道也是我希望的吗？我是不得已罢了。我在昼邑住了三夜才离开，在我心里还觉得太快了，（我这么想：）齐王或许会改变态度吧！齐王如果改变了态度，那就一定会召我回去。我离开了昼邑，齐王没有派人追我回去，我这才下定决心回到家乡。我虽然这么做了，难道肯舍弃齐王吗？齐王还是完全可以行仁政的。齐王如果任用我，何止齐国的百姓能得到安宁，天下的百姓都能得到安宁。齐王或许会改变态度的！我天天都在盼望着呀！我难道像那种气度狭小的人吗？向君主进谏不被接受，就怒气冲冲，脸上显露出不满的表情，一旦离开，非得走到精疲力竭才肯停下脚步吗？"

尹士听了这话以后，说："我真是个小人。"

◎ **释疑解惑**

孟子要为自己的齐国之行画个句号了：结束在齐国不愉快的政治生活，回到故乡著书、教学。

尹士是齐国的善士，他从孟子离开齐国联想到孟子游说生涯的失败，终于发现了孟子学说矛盾的地方：如果不知道齐王不能成为商汤、周武王那样的圣王，就是不智；如果知道齐王不可能成为圣王，却前来齐国，那就是贪求富贵。不远千里来见齐王，志趣不合就应决然离去，却在昼邑停留了三夜才离开。这种自相矛盾的做法，让尹士很不高兴。在尹士眼里，孟子知也不好，不知也不对；如果决定离开对，迟缓三天才离开就不对。

面对尹士的质疑，孟子并没有直接反驳，而是借助尹士之质问，抒发自己的内在感受，剖析自己，让事情回归真相。孟子不远千里到齐国，是希望齐王能真正成为商汤、周武王那样的圣王，由安齐国之民到安天下之民。至于志趣不合而离开齐王，不是孟子所希望的，是迫不得已。至于齐王能否成为商汤、周武王那样的圣王，不是能不能的问题，而是为不为的问题。孟子在昼邑住了三夜才离开，目的是给齐王反省的机会，希望齐王能幡然醒悟，改变态度，召唤自己回到朝廷。然而，三天过去了，齐王没有派人来请孟子回去，说明齐王没有改变的意思，孟子这才决定离开齐国。孟子不是器量狭小的人，不会因为向齐王进谏不成便拂袖而去，而是既做到了仁，也照顾到了义，三宿昼而不去，就是给齐王留下的余地。

孟子既重理，又重情；既没有任性，也不意气用事，可谓仁至义尽。了解了孟子的内心表白后，尹士承认自己对孟子的质疑是以小人之心度君子之腹的行为。

[13] 孟子去齐，充虞路问曰："夫子若有不豫色①然。前日虞闻诸夫子曰：'君子不怨天，不尤人②。'"

曰："彼一时，此一时也③。五百年必有王者兴④，其间必有名世者。由周而来，七百有余岁矣⑤。以其数，则过矣；以其时考之，则可矣。夫天未欲平治天下也，如欲平治天下，当今之世，舍我其谁也？吾何为不豫哉？"

◎ **注释** ①〔豫色〕豫，愉。豫色，喜悦的颜色。②〔君子不怨天，不尤人〕出自《论语·宪问》。大意是说，君子不怨恨天命，不责备别人。③〔彼一时，此一时也〕面对的时事不同，遭遇的问题不同。如果是孟子个人的穷达、毁誉，可以无怨无尤，然而面对去齐的大问题，不能无怨无尤。因为这一问题事关齐国乃至天下之兴衰，不能不忧。④〔五百年必有王者兴〕五百年是约数，不是精确年月。由禹至商汤大约五百年，由汤至武王、周公大约五百年，由周公至孔子大约五百年。⑤〔七百有余岁矣〕同样是约数，不是精数。从周武王到孟子，七百多年，有人计算是七百三十九年。

◎ **大意**　孟子离开齐国，在回家的路上，充虞问道："老师似乎有些不愉快的样子。以前我听您说过：'君子不抱怨天，不责备人。'"

孟子说："当时是一种情景，现在又是另一种情景。每隔五百年必定会有圣王出现，这期间也必定会有命世之才降生。从周朝至今，已经七百多年了。按年数说，已经超过了五百年；依据时运考察，也到了出现圣君贤臣的时候了。上天还不想让天下太平吧，如果想让天下太平，在当今这个时代，除了我，还有谁（能担当这个重任）呢？我为什么不愉快呢？"

◎ **释疑解惑**

孟子去齐，是其生命中的一次转折，甚至可以说是孟子平治天下的理想就此破灭。个人理想破灭不是问题，可以无怨无尤，然而百姓的痛苦生活还将继续，天下依旧不会太平，对此则不能不怨不尤。孟子的不高兴，不是为自己不高兴，而是为天下不高兴。

"五百年必有王者兴"是孟子美好的政治愿景，是其历史乐观主义精神的具体体现。"五百年"当然是虚说，不是实说，或者说是约数，不是精确的数字。从夏、商、周之历史演进，大体上可以推断"五百年必有王者兴"。这种历史预言真正支撑起了孟子的信念，也支撑起了儒家人物的政治期许。从西周初建到孟子生活的时代，七百多年过去了，然而，天下依然动乱不已，战火不断，生灵涂炭。乱久思安，天下"定乎一"是历史趋势，"以其时考之，则可矣"。孟子对历史必然与历史趋势进行分析，得出"夫天未欲平治天下也，如欲平治天下，当今之世，舍我其谁也"的结论。

"舍我其谁"是一种担当，也是一种责任。这里的担当是将天下扛于一己之身的担当，这里的责任是以天下为己任的责任。在孟子看来，就是天降之命。天将如此重大责任降临于己身，还有什么不愉快、不高兴的呢？

本章从"不豫色然"开始，到孟子"吾何为不豫哉"结束，由不豫到豫，这是孟子生命的质变与升华。在孟子那里，无论是不豫，还是豫，都是以天下为关照对象的。不豫是为天下忧，豫是为天下豫。在孟子看来，只是天下责任，只是舍我其谁的担当，完全可以消除豫与不豫，甚至也无所谓豫与不豫。

[14] 孟子去齐，居休①。公孙丑问曰："仕而不受禄②，古之道乎？"

曰："非也。于崇③，吾得见王，退而有去志，不欲变，故不受也。继而有师命，不可以请。久于齐，非我志也。"

◎ **注释** ①〔休〕地名。②〔仕而不受禄〕出来做官却不接受国家俸禄。③〔崇〕齐国地名。

◎ **大意** 孟子离开齐国，在休地停留下来。公孙丑问："做了官却不接受俸禄，这合乎古人做官的规矩吗？"

孟子回答道："不合。在崇地，我见到了齐王，回来后就有了离开齐国的想法，我不想改变（这个想法），所以不接受（俸禄）。接着齐国有战事，不便请求离开。长时间待在齐国，不是我的意愿。"

◎ **释疑解惑**

本章实际上在谈辞受之道，其中心论点是"仕而不受禄"不是古之道，不是为官的方法。

普通士人出来做官是谋生的手段，正像农民耕地、工人做工一样，不拿俸禄绝不可行。孟子认为"仕而不受禄"不是古人的为官之道。公孙丑的发问是有针对性的，或者说是针对孟子在齐"仕而不受禄"而问的。孟子解释，他之所以在齐国不受俸禄，是因为他不想做齐王的官，故而不受齐王的俸禄。

滕文公上

《滕文公上》全篇共五章，是《孟子》一书分章最少的一篇。五章之间分工非常清晰，前三章是孟子与滕文公之间的讨论，后两章是孟子与农家学派、墨家学派的辩论。第一章记述了滕文公作为世子期间，出使楚国，两次往返向孟子请教。第一次，孟子向滕文公讲述了自己学说的中心观点——道性善，言必称尧舜。第二次，由于滕文公作为世子刚刚从楚国返回，孟子主张给滕文公打气，以成覸的"丈夫之勇"、颜子的"舜可为之心"、公明仪的"文王可师"来激励他。孟子指出滕国虽小，仍可有为。第二章，滕文公由世子向国君转变之时，孟子对滕文公进行教导。既然"若药不瞑眩，厥疾不瘳"，孟子就告诉滕文公行尧舜之道就从安葬滕定公开始，还要求他蹈行礼义，对己要严，结果大获成功。第三章，滕文公成为国君之后，向孟子征询治国之道。于是孟子向他阐述了仁政、井田制的理论。第四章，通过与农家学派的辩论，孟子论证了社会分工的合理性。第五章，通过与墨家学派的代表人物夷之的辩论，孟子指出了儒家与墨家的根本区别是"一本"与"二本"之不同。

[1] 滕文公为世子①，将之楚，过宋而见孟子②。孟子道性善，言必称尧、舜。

世子自楚反，复见孟子。孟子曰："世子疑吾言乎？夫道一而已矣。成覸③谓齐景公曰：'彼，丈夫也；我，丈夫也；吾何畏彼哉？'颜渊曰：'舜，何人也？予，何人也？有为者亦若是。'公明仪④曰：'文王，我师也；周公岂欺我哉？'今滕，绝长补短，将五十里也，犹可以为善国。《书》曰：'若药不瞑眩，厥疾不瘳⑤。'"

◎ **注释** ①〔滕文公为世子〕滕文公，滕定公之子，名宏，战国中期滕国国君。古滕国故城位于今山东滕州市市区西南方。世子，即太子。②〔将之楚，过宋而见孟子〕周显王四十三年（前326年），滕文公以世子的身份访问楚国，路经宋国，拜见孟子。③〔成覸〕齐国的勇士。④〔公明仪〕复姓公明，名仪，鲁国人，孔子弟子曾参的学生。⑤〔若药不瞑(miàn)眩(xuàn)，厥疾不瘳(chōu)〕瞑眩，头晕目眩。瘳，病愈。意指医家治病，如果药力不能使病人头晕目眩，那病是治不好的。

◎ **大意** 滕文公做太子时，到楚国去，路过宋国时拜见了孟子。孟子主张人性本善的道理，言谈一定盛赞尧、舜时代。

太子（滕文公）从楚国返回，又来见孟子。孟子说："太子怀疑我的话吗？天下的真理就这么一个。成覸说齐景公：'他是个大丈夫；我也是个大丈夫，我为什么害怕他呢？'颜渊说：'舜是什么样的人？我是什么样的人？有作为的人也能像他这样。'公明仪说：'文王是我的老师；周公难道会欺骗我吗？'现在的滕国，假若把土地截长补短，拼成正方形，使之方圆接近五十里，仍然可以治理成一个良好的国家。《尚书》上说：'如果药力不能使病人头晕目眩，那病是治不好的。'"

◎ **释疑解惑**

"道性善，言必称尧舜"是孟子全部学说的核心，是孟子学说的主旨。

性善论是孟子全部学说的哲学基础。他的仁政说、王道理想、人人有贵于己者的自尊意识等，都是以性善论作为其理论支撑的。如果孟子的性善论不成立，则其全部逻辑体系将会倒塌。尧舜是孟子心目中的圣王,"称尧舜"是孟子的价值趋向,也是孟子的政治诉求和政治理想,是"大道之行也,天下为公"的大同之境。如果说性善是根、是源,那么尧舜就是果、是海。

滕文公当时虽只是世子,却好学上进。他由滕之楚,经宋,拜访孟子;自楚返滕,再度拜见孟子。这足见他对孟子学说的欣赏。由滕之楚时,可能是滕文公第一次见孟子。孟子向他讲述自己的思想大纲,"道性善,言必称尧舜"。滕文公从楚国归国,再度拜访孟子。孟子一见面竟然问他:"世子疑吾言乎?"看来第一次相见时,滕文公对孟子的性善说及尧舜之道是将信将疑,否则,孟子不会有此一问。问题是,孟子破滕文公之疑的方法竟然是"夫道一而已矣"。"一"者何也?朱熹解"道一"为"性一","古今圣愚本同一性",这样"道一"即"性一";也有人解释"道一"为"行善"。这些解释都通,但总不能让人满意。

显然,孟子的"道一"是指成覵、颜子、公明仪三人的"道一"。成覵是齐国的一名勇士,而齐景公则是齐国之君。成覵说他与齐景公同样是大丈夫,所以不必害怕齐景公。成覵以其"勇"实现与大国之君的"一"。颜子说,他和舜是一样的人,而有作为的人也会像舜一样。舜,由耕于历山的农夫而成为圣人,成为天子。我们与舜一样,都是人,都具有人之所以为人的共同本质,圣贤可期,圣人可至。圣与不圣,在于"为"与"不为"而已。普通人只要努力"为善",就能实现与舜的"一"。公明仪说,周文王是他的老师,是每一个人学习的榜样。师文王则可以成为文王,这是周公的话,而周公是不会欺骗人的。孟子引三子之言,反复叮咛告诫滕文公,天下之道只有一个,就是圣贤之道、尧舜之道,而圣贤之道在于"为"与"不为"而已。努力为之,圣贤可期;消极不为,自然不会将滕国治理为"善国"。

滕国是一个小国,夹在大国之间,南面有楚国,北面有齐国。滕文公作为世子刚刚从楚国返回,亲眼见到大国之威仪,军队之雄壮,疆土之辽阔,人口之众多,不能不对自己国家的前途感到忧虑,也对自己国家的命运心存忧惧。孟子告诉他,滕国的土地,截长补短,方圆接近五十里,确实小了些。然而只要滕文公下定决心,毅然行尧舜之道,仍然可以将滕国治理成一个良好的国家。"若药不瞑眩,厥疾不瘳",治病是这样,治国也是如此。

滕国不行尧舜之道久矣,而滕国将来要行尧舜之道,就要认真地行,坚决地行,严格地行,而不能圆融、变通。

[2] 滕定公薨①，世子谓然友②曰："昔者孟子尝与我言于宋，于心终不忘。今也不幸至于大故③，吾欲使子问于孟子，然后行事。"

然友之邹④，问于孟子。

孟子曰："不亦善乎！亲丧，固所自尽也。曾子曰：'生，事之以礼；死，葬之以礼，祭之以礼，可谓孝矣。'诸侯之礼，吾未之学也；虽然，吾尝闻之矣。三年之丧，齐疏之服⑤，飦粥之食⑥，自天子达于庶人，三代共之。"

然友反命，定为三年之丧。父兄百官皆不欲，曰："吾宗国鲁先君莫之行，吾先君亦莫之行也，至于子之身而反之，不可。且《志》曰：'丧祭从先祖⑦。'曰：'吾有所受之也。'"

谓然友曰："吾他日未尝学问，好驰马试剑。今也父兄百官不我足也，恐其不能尽于大事，子为我问孟子！"

然友复之邹问孟子。

孟子曰："然。不可以他求者也。孔子曰：'君薨，听于冢宰⑧，歠⑨粥，面深墨，即位而哭，百官有司莫敢不哀，先之也。'上有好者，下必有甚焉者矣。君子之德，风也；小人之德，草也。草尚之风，必偃。是在世子。"

然友反命。

世子曰："然。是诚在我。"

五月居庐⑩，未有命戒。百官族人可，谓曰知。及至葬，四方来观之。颜色之戚，哭泣之哀，吊者大悦。

◎ 滕文公上

◎ **注释** ①〔滕定公薨〕滕定公，滕国国君，滕文公之父。薨，古代王侯死了叫作薨，唐代以后二品以上官员死了也可称薨。②〔然友〕人名，滕文公的老师。③〔大故〕重大的变故、事故，主要指大丧、凶灾之类，这里指滕定公之死。④〔之邹〕之，到。邹与滕相距不远，当日即往返，所以可以先请教孟子而后行大事。⑤〔齐（zī）疏之服〕齐指衣服缝边，古代丧服上衣叫作衰，下衣叫作裳，不缝衣边的叫斩衰，缝衣边的叫齐衰。疏，粗。齐疏之服即用粗布做的缝边的丧服。⑥〔饘（zhān）粥之食〕以粥为食。饘，同"饘"，稠粥。粥，稀粥。⑦〔丧祭从先祖〕丧礼、祭礼以先辈流传下来的规矩办。⑧〔冢宰〕官名，原是辅佐天子的官，为百官之长，相当于后世的宰相。⑨〔歠（chuò）〕饮，喝。⑩〔五月居庐〕在丧室里居住五个月。

◎ **大意** 滕定公去世，世子（滕文公）对然友说："以前孟子在宋国跟我说过的话，我放在心里始终没有忘记。现在不幸遇到了这么大的变故，我想让您去请教一下孟子，然后再治办丧事。"

然友便到邹国向孟子请教。

孟子说："（慎重对待父母丧事）好得很啊！父母的丧事，本来就是尽自己的心意去办的事。曾子说过：'父母活着的时候，按礼节的规定侍奉他们；父母去世了，按照礼的规定安葬他们，祭祀他们，这样才可以说是尽孝了。'诸侯的丧礼，我没有学过；即使这样，但我曾听说过。三年的服丧期，从天子到百姓，穿缝边的粗麻布丧服，喝粥，夏、商、周三代都是这样。"

然友回国复命，世子决定实行三年的丧礼。宗室百官都不愿意，说："我们的宗国鲁国的祖先没有实行过这种丧礼，我们的祖先也没有谁实行过，到了你这一代却要违反祖先的惯例，这是不行的。况且《志》说过：'丧礼、祭礼要遵从先祖的规矩。'（他们）又说：'我们（的做法）都是有所继承的。'"

（世子）对然友说："过去我不曾研究学问，喜欢骑马驰骋，比试剑法。现在，我要实行三年之丧，宗室百官都不愿意，（我）担心他们不能竭尽孝道办好丧事，请您再替我去问问孟子吧！"

然友再次到邹国请教孟子。

孟子说："是的，这是不能求于别人的。孔子说：'国君死了，（世子）把所有政事托付给冢宰去处理，喝着稀粥，面色深黑，走到孝子的位置上就哀哭，（世子这样，）大小官员没有敢不哀伤的，因为世子给他们带了头。'在上位的人有什么爱好，下面的人必定对此更加爱好。君子的德行，好比是风；老百姓的德行，好比是草。风吹到草上，草必定倒伏。'这件事完全取决于世子。"然友又返国复命。

世子说："对，这件事的确完全取决于我自己。"

于是，世子在丧庐里住了五个月，没有颁布任何命令和禁令。百官和同族的人都很赞同，认为世子知礼。到了安葬的时候，各地的人都来观看。世子面容的悲戚，哭声的哀伤，使吊丧的人非常满意。

◎ 释疑解惑

这一章承上一章而来，"若药不瞑眩，厥疾不瘳"，这是治病之术，也是治国之术。

治国，行尧舜之道，在孟子看来就是要打破常规，打破人们已经形成的习惯，回到尧舜之道上去。要回到尧舜之道，就要行尧舜之道，按尧舜之道去做，而不是口头上的尧舜，行为上的桀纣。滕定公之死，对于滕国而言，是一场重大变故；对世子滕文公而言，既是家丧，也是国丧，同时还是对他如何治国的第一次重大考验。此时，他想起了孟子在宋国跟他讲的话，想听取孟子的意见后再安排父亲的丧事。

滕文公派老师然友由滕到邹，向孟子请教。孟子对滕文公慎重丧父的行为，给予"不亦善乎"的高度肯定。生事之以礼，死葬之以礼，祭之以礼，这是儒家对礼的要求，也是尧舜之道对待父母的核心内容。所以，孟子建议滕文公守三年丧是对礼的践行。对此，滕文公没有任何意见，决心行孟子所说的尧舜之道。然而，朝廷上下，一致反对，不赞成孟子的"三年之丧"的主张。他们反对的理由非常充分，滕国的宗主国没有这样做过，滕国先祖没有这样实行过，而且滕国明文规定，丧事从先祖。滕文公因为早年没有学习这方面的规矩，找不出理论根据来驳斥对方，只好再派然友请教孟子。

孟子拿出孔子的主张作为根据，告诉滕文公：国君死了，世子应把所有政事托付给冢宰去处理，自己只能喝粥，每天坐到孝子的位置上哀哭。如果世子带头这样做，那么大小官员没有敢不哀伤的。"上有好者，下必有甚焉者矣。"统治者的德行好比是风，老百姓的德行好比是草，风吹到草上，草必定倒伏。至于这件事如何办，完全取决于世子。

滕文公决定完全采纳孟子的意见，决然行尧舜之道。于是，他在丧庐里住了五个月，没有颁布任何命令和禁令。百官和同族的人都很赞同，认为世子懂礼。

到了给滕定公安葬之时，四方官员与百姓都来观看，世子面容的悲戚，哭声的哀痛，使前来吊丧的各国使臣以及亲友感到非常满意。

滕文公虽然是小国之君，但决然行尧舜之道。在大国角逐的战国时代，即使不能王天下，仍然可以成为一个治理良好、对天下百姓有吸引力的国家。孟子之所以如此坚持，在于"若药不瞑眩，厥疾不瘳"。

[3] 滕文公问为国。

孟子曰："民事不可缓也。《诗》云：'昼尔于茅，宵尔索绹；亟其乘屋，其始播百谷①。'民之为道也，有恒产者有恒心，无恒产者无恒心。苟无恒心，放辟邪侈，无不为已。及陷乎罪，然后从而刑之，是罔民②也。焉有仁人在位罔民而可为也？是故贤君必恭俭礼下，取于民有制。阳虎③曰：'为富不仁矣，为仁不富矣。'

"夏后氏五十而贡，殷人七十而助，周人百亩而彻，其实皆什一也。彻者，彻④也；助者，藉⑤也。龙子⑥曰：'治地莫善于助，莫不善于贡。'贡者，校数岁之中以为常。乐岁，粒米狼戾⑦，多取之而不为虐，则寡取之；凶年，粪其田而不足，则必取盈焉。为民父母，使民盻盻然⑧，将终岁勤动，不得以养其父母，又称贷而益之，使老稚转乎沟壑，恶在其为民父母也？夫世禄，滕固行之矣。《诗》云：'雨我公田，遂及我私⑨。'惟助为有公田。由此观之，虽周亦助也。

"设为庠序学校以教之。庠者，养也；校者，教也；序者，射也⑩。夏曰校，殷曰序，周曰庠；学则三代共之，皆所以明人伦也。人伦明于上，小民亲于下。有王者起，必来取法，是为王者师⑪也。

"《诗》云：'周虽旧邦，其命维新⑫。'文王之谓也。子力行之，亦以新子之国。"

使毕战问井地⑬。

孟子曰："子之君将行仁政，选择而使子，子必勉之！夫仁政，必自经界⑭始。经界不正，井地不钧，谷禄不平，是故暴君污吏必慢其经界。经界既正，分田制禄可坐而定也。

"夫滕，壤地褊小，将为君子焉，将为野人⑮焉。无君子，莫治野人；无野人，莫养君子。请野九一而助，国中什一使自赋。卿以下必有圭田⑯，圭田五十亩；余夫二十五亩。死徙无出乡，乡田同井，出入相友，守望相助，疾病相扶持，则百姓亲睦。方里而井，井九百亩，其中为公田。八家皆私百亩，同养公田；公事毕，然后敢治私事，所以别野人也。此其大略也；若夫润泽⑰之，则在君与子矣。"

◎ **注释** ①〔昼尔于茅，宵尔索绹（táo）；亟其乘屋，其始播百谷〕出自《诗经·豳风·七月》。尔，语气词。于，朱熹注："往取也。"于茅，去取茅草。索，搓。绹，绳索。亟，急，抓紧。乘，治，修缮。②〔罔民〕罔，同"网"。故意陷害、坑害百姓。③〔阳虎〕又称阳货，约与孔子同时，季孙氏的家臣。季孙氏是鲁国正卿，执掌朝政，阳货又掌握着季孙氏的家政，这就是孔子批判的"陪臣执国命"。后来与季桓子发生冲突，失败后逃往晋国。④〔彻〕税收方法。彻法是周人实行的税收制度，即收十分之一的税。⑤〔助者，籍〕赵岐注云：籍者，借也；犹人相借力助之也。助法是殷人税收之法，所谓"殷人七十而助"，孟子认为也是十一之税。⑥〔龙子〕赵岐注云："古贤人也。"⑦〔粒米狼戾（lì）〕狼戾，即狼藉。粮食太多，捐弃于地。⑧〔盻（xì）盻然〕勤苦不休息的样子。⑨〔雨我公田，遂及我私〕出自《诗经·小雅·大田》。意思是说，雨水下到我们的公田里，于是也下到了我的私田里。⑩〔庠者，养也；校者，教也；序者，射也〕庠、校、序，不同时代乡校的名称。⑪〔是为王者师〕滕国太小，不可能王天下，然而可以通过推行仁政，治理成善国，让能王天下的国家前来取法，这样就可以成为王者的老师。⑫〔周虽旧邦，其命维新〕出自《诗经·大雅·文王》，意思是说，周虽然是旧邦国，但它取得天下政权却是接受新的天命。⑬〔毕战问井地〕毕战，滕国大臣。井地，即井田，相传是殷周时代的一种土地制度，因地亩类"井"字形状，故名。⑭〔经界〕土地的分界、界限。⑮〔野人〕与国人相对，郊野之人，相当于今天所说的乡下人。⑯〔圭田〕用于祭祀的田地。⑰〔润泽〕指修饰、润色、加工，使之更趋完善。

◎ **大意**　滕文公向孟子请教治理国家的方法。

孟子说："老百姓的事情是一刻也不容怠慢的。《诗经·豳风·七月》上说：'白天割来茅草，晚上把绳搓好；抓紧修缮好房屋，马上就要播种五谷。'老百姓的基本情况是，有固定产业的人会有一定的道德观念和行为准则，没有固定产业的人就不会有一定的道德观念和行为准则。如果没有一定的道德观念和行为准则，那么违礼犯法、胡作非为的事，他们都干得出来。等到他们犯了罪，然后便用刑罚处置他们，这就像布下罗网专门陷害百姓一样。哪有有仁德的人做了国君却能干出陷害百姓的事情来呢？所以贤明的国君必定要恭敬、俭朴，以礼对待臣下，向百姓征税要有一定的制度。阳虎曾说：'要发财致富就不能仁爱，要仁爱就不能发财致富。'

"夏朝每家授田五十亩，赋税采用'贡'法；商朝每家授田七十亩，赋税采用'助'法；周朝每家授田一百亩，赋税采用'彻'法，其实税率都是十分抽一。'彻'是'通'的意思（周朝税法之所以叫彻，是因为这种税法是当时天下之通法），'助'是'借'的意思（商朝的税法之所以叫助，是因为这种税法要求借助于老百姓的力量来耕种公田）。龙子说：'管理土地的税法，没有比助法更好的，没有比贡法更差的。'贡法是比较若干年的收成确定一个常数，按常数收税。丰收之年，粮食多得到处抛撒，多征些粮食不算暴虐，却征收得少；荒灾之年，每家粮食的收成甚至还不够第二年耕田的费用，而贡法却非要足数征收。作为国君，却使百姓一年到头劳累不堪，结果还不能养活父母，还得靠借贷来补足赋税，使得老人孩子抛尸于山沟野外，（这样的国君）哪能算是百姓的父母呢？做官的世代享受俸禄，滕国本来就实行了。《诗经·小雅·大田》上说：'雨降到我们的公田里，于是也降到我们的私田里。'只有实行"助"法才有公田。由此看来，就是周朝也实行"助"法的。

"要设立庠、序、学、校来教导百姓。庠是教养的意思，校是教导的意思，序是习射的意思。（地方学校，）夏代叫校，商代叫序，周代叫庠；至于大学，三代共用这个名称。（这些学校）都是用来教人明白伦常关系的。这些伦常关系，诸侯、卿大夫、士都明白了，百姓自然就会紧密地团结在一起了。如果有圣王出现，必然会来效法的，这样你就可以成为圣王的老师了。

《诗经》上说：'周虽是古老的邦国，却接受了新的天命。'这是赞美文王的。您努力实行吧，也以此来使您的国家为之一新。"

（滕文公）派毕战向孟子请教井田的问题。

孟子说："您的国君打算施行仁政，选派你（到我这里来询问），你一定要努力啊！实行仁政，一定要从划定田界开始。划定田界不正确，井田的大小就不均匀，作为俸禄的田租收入就不公平，因此暴君污吏必定要搞乱田地的界限。田界划分公正了，那么分配井田，制定官吏的俸禄，就可轻而易举地办好了。

"滕国虽然地方狭小，但也要有官吏，有老百姓。没有官吏，就没有人来管理老百姓；没有老百姓，就没有人来供养有关官吏。请考虑在郊野实行九分抽一的'助'法，在都市自行交纳十分抽一的赋税。卿以下（的官吏）一定要有可提供祭祀费用的圭田，圭田定为五十亩；对家中有未成年的男子，另给二十五亩。（百姓）丧葬迁居都不离乡。在同一井田的各家，出入相互友爱，守卫防盗相互帮助，有病相互照顾，那么百姓之间就亲近和睦了。每一方里的土地定为一个井田，每一井田有九百亩地，中间一百亩是公田。八家都有一百亩私田，（首先）共同耕作公田；公田耕种完毕，才敢忙私田上的农活，这就是使官吏和老百姓有所区别的办法。这是井田制的大概情况；至于如何改进完善，那就要靠你的国君和你了。"

◎ **释疑解惑**

这一章显然是承上一章而来。滕文公接受了孟子的建议，安葬滕定公，使吊者大悦。他切身感受到行尧舜之道的益处，于是继位不久，便亲临孟子的居所，请教治国之道。

孟子"民事不可缓也"，一语点出治国之道的核心之所在。治国就是要想百姓之所想，急百姓之所急，百姓的问题就是国君最大的问题。百姓的事情的季节性、节奏性非常强，一环扣着一环，环环相扣，决不能推诿、迟缓。对百姓的事情久拖不决，就是最大的败政。《诗经·豳风·七月》上说：白天割来茅草，晚上把绳搓好，抓紧修缮好房屋，马上就要播种五谷。对于百姓，有恒产则有恒心，若无恒产，则无恒心。恒产，即固定产业，是百姓生存的物质保障，也是百姓道德底线的物质基础，让百姓拥有土地、房屋、田园、水草、六畜等不动产，是维护国家安定的基础。百姓一旦失去了固定产业，也就没有了常恒的道德操守，那么什么样的违礼犯法、胡作非为的事都干得出来。一旦犯了罪，然后再用刑罚处置他们，这等于布下罗网、挖好坑，专门陷害百姓。哪有有仁德的人做了国君却能干出陷害百姓的事情来呢?所以明君一定要恭敬、节俭,礼贤下士,将民之所欲常存于心,这才是真正的治国之道。

在孟子看来,国君要放下身段,放低身段,不要高高在上,一定要"恭俭礼下",同时还要做到"取于民有制"。如何才能做到既不苛民,又能以合理的税收政策保证国家正常的运转呢?孟子主张行夏商周三代税收之法,即什一之税。夏朝每家授田五十亩,赋税采用"贡"法;商朝每家授田七十亩,赋税采用"助"法;周朝每家授田一百亩,赋税采用"彻"法,其实税率都是十分抽一。夏商周三代之中,孟子引前贤龙子的话说:这些收税方式之中,最好的税收方法是"助"法,最差的税收方法是"贡"法。"贡"法是比较若干年的收成确定一个常数,按这个常数收税。丰收之年,可以多征,但只征常数,搞得粒米狼藉,造成浪费;荒灾之年,应该少征,然而依然按常数征,结果使百姓一年到头劳累不堪,还不能养活父母,还得靠借贷来补足赋税,使得老人孩子抛尸于山沟野外。孟子引《诗经·小雅·大田》中的诗句说:雨降到公田里,于是也降到私田里。以此证明周代土地税收方式也是"助"法,因为只有实行"助"法才有公田。"助"法这种税收制度最大的好处在于,它将国家税收与百姓的直接收入保持平衡:丰收之年,百姓收入增加了,国家税收也提高了;灾荒之年,百姓的收入减少了,国家的税收自然也降低了。

作为国君做到了"恭俭礼下,取于民有制",百姓的生活就有了基本保障。在这一前提下,孟子主张办好学校教育,实施社会教化,提高百姓的道德水平和文明程度。庠、校、序是不同时代对乡校的不同称谓。一个良好的社会,只有"大学"当然不够,乡校、乡学更普遍、更广泛,受惠人群更多,对社会风气的改良更深入。在孟子看来,办学的根本宗旨在于"明人伦",教育主要是人格教育,是人之所以为人的教育。"人伦明于上,小民亲于下。有王者起,必来取法,是为王者师也。"孟子告诉滕文公,只要他努力这样做,必定可以使自己的国家为之一新。

滕文公听了孟子的教导,感到十分受用。回到滕国,他立即着手实施孟子的主张,既然"取于民有制"的"助"法是最好的税收方法,"助"法又与井田制联系在一起,那么井田制究竟怎样呢?滕文公弄不明白,由是派大臣毕战到孟子那里专门请教井田制。孟子认为"仁政"的经济基础就是井田制,而井田制最大的问题是田界划定问题。因为田界划定不明晰,井田的大小就不均匀,田租收入就不公平,就会造成社会不公。况且暴君污吏故意搞乱田界,以侵占他人利益。田界划分公正了,那么分配井田,制定官吏的俸禄,就相当容易了。

孟子认为,井田制的田界问题关乎国家公正。所谓井田制,就是把每一方里的土地定为一个井田,每一井田有九百亩地,中间一百亩是公田。八家都有一百亩私田,大家共同耕作公田。公田里的农活干完了,再去耕种自家的私田。公田的收获就是八家所交的税收了,这就是"助"法。可见,井田制不是十一之税,而是九一之税。但孟子为什么说这是十一之税呢?按朱熹的解释,原来公田中有二十亩是庐舍,作为公共活动空间。百亩减去二十亩,公田实为八十亩,均分到每一个农夫那里,每个农夫耕公田十亩,故而依然是十一之税。在孟子看来,滕国虽然是小国,但无论国家大小,都要有官吏进行管理,有老百姓进行劳作。没有官吏,就没有人来管理老百姓;没有老百姓,就没有人来供养官吏。在井田制的基础上,建立一个"死徙无出乡,乡田同井,出入相友,守望相助,疾病相扶持,则百姓亲睦"的理想社会。

本章虽然字数不多,却是对孟子治国思想的具体表达,"民事不可缓也"是其中心观念。从国家的物质文明建设到精神文明建设,从社会分工到税制设定、井田制的具体设想,孟子强调有恒产而后有恒心,道德教化必须以物质生活保障为基础。这些思想至今仍然闪烁着智慧的光芒。

[4] 有为神农之言者许行①,自楚之滕,踵门②而告文公曰:"远方之人闻君行仁政,愿受一廛而为氓③。"

文公与之处。

其徒数十人,皆衣褐④,捆屦⑤、织席以为食。

陈良⑥之徒陈相与其弟辛负耒耜⑦而自宋之滕,曰:"闻君行圣人之政,是亦圣人也,愿为圣人氓。"

陈相见许行而大悦,尽弃其学而学焉。

陈相见孟子,道许行之言曰:"滕君则诚贤君也。虽然,未闻道也。贤者与民并耕而食,饔飧⑧而治。今也滕有仓廪府库⑨,则是厉民而以自养也,恶得贤?"

孟子曰："许子必种粟而后食乎？"

曰："然。"

"许子必织布而后衣乎？"

曰："否。许子衣褐。"

"许子冠乎？"

曰："冠。"

曰："奚冠？"

曰："冠素。"

曰："自织之与？"

曰："否。以粟易之。"

曰："许子奚为不自织？"

曰："害于耕。"

曰："许子以釜甑爨⑩，以铁耕乎？"

曰："然。"

"自为之与？"

曰："否，以粟易之。"

"以粟易械器者，不为厉陶冶；陶冶亦以械器易粟者，岂为厉农夫哉？且许子何不为陶冶，舍皆取诸其宫中而用之？何为纷纷然与百工交易？何许子之不惮烦？"

曰："百工之事固不可耕且为也。"

"然则治天下独可耕且为与？有大人之事，有小人之事。且一人之身，而百工之所为备，如必自为而后用之，是率天下而路⑪也。故曰，或劳心，或劳力；劳心者治人，劳力者治于人；治于人者食人，治人者食于人，天下之通义也。

"当尧之时，天下犹未平，洪水横流，泛滥于天下，草木畅茂，禽兽繁殖，五谷不登⑫，禽兽偪人⑬，兽蹄鸟迹之道交于中国。尧独忧之，举舜而敷治⑭焉。舜使益⑮掌火，益烈山泽而焚之，禽兽逃匿。禹疏九河，瀹济、漯而注诸海⑯，决汝、汉，排淮、泗而注之江，然后中国可得而食也。当是时也，禹八年于外，三过其门而不入，虽欲耕，得乎？

"后稷教民稼穑⑰，树艺五谷⑱；五谷熟而民人育。人之有道也，饱食、暖衣、逸居而无教，则近于禽兽。圣人有忧之，使契为司徒⑲，教以人伦：父子有亲，君臣有义，夫妇有别，长幼有序，朋友有信。放勋曰：'劳之来之，匡之直之，辅之翼之，使自得之，又从而振德之。'⑳圣人之忧民如此，而暇耕乎？

"尧以不得舜为己忧，舜以不得禹、皋陶为己忧。夫以百亩之不易为己忧者，农夫也。分人以财谓之惠，教人以善谓之忠，为天下得人者谓之仁。是故以天下与人易，为天下得人难。孔子曰：'大哉尧之为君！惟天为大，惟尧则之，荡荡乎民无能名焉！君哉舜也！巍巍乎有天下而不与焉！'㉑尧、舜之治天下，岂无所用其心哉？亦不用于耕耳。

"吾闻用夏变夷者，未闻变于夷者也㉒。陈良，楚产也，悦周公、仲尼之道，北学于中国。北方之学者，未能或之先也。彼所谓豪杰之士也。子之兄弟事之数十年，师死而遂倍㉓之！昔者孔子没，三年之外，门人治任将归㉔，入揖于子贡，相向而哭，皆失声，然后归。子贡反，筑室于场，独居三年，然后归。他日，子夏、子张、子游以有若似圣人㉕，欲以所事孔子事之，强曾子㉖。曾子曰：'不可；江汉以濯之，秋阳以暴之，皓皓乎不可尚已㉗。'今也南蛮𫛞舌㉘之人，非先王之道，子倍子之师而学之，亦异于曾子矣。吾闻出于幽谷迁于乔木㉙者，未闻下乔木而入于幽谷者。《鲁颂》曰：'戎狄是膺，荆舒是惩。'㉚周公方且膺之，子是之学，亦为不善变矣。"

"从许子之道，则市贾不贰㉛，国中无伪；虽使五尺之童适市，莫之或欺。布帛长短同，则贾相若；麻缕丝絮轻重同，则贾相若；五谷多寡同，则贾相若；屦大小同，则贾相若。"

曰："夫物之不齐，物之情也。或相倍蓰㉜，或相什百，或相千万。子比而同之，是乱天下也。巨屦小屦同贾，人岂为之哉？从许子之道，相率而为伪者也，恶能治国家？"

◎ **注释** ①〔有为神农之言者许行〕神农，上古传说中的人物，与伏羲氏、燧人氏一道并称"三皇"。相传神农氏主要的功绩是教人从事农业生产，故而称"神农"。春秋战国时代，诸子蜂起，百家并作，思想家们多托古圣贤之名而标榜自己的学说，取信于天下，农家就假托于"神农"。神农之言，指神农氏的学说。许行，农家代表人物之一，生卒年月不详，其事已不可详考，约与孟子同时。有为神农之言，即力行神农氏学说。②〔踵(zhǒng)门〕踵，原指脚后跟，这里用作动词，即到之意。踵门，到滕文公的官门。③〔受一廛(chán)而为氓(méng)〕廛，房屋、住所，一廛，即一处住所。氓，百姓，有时特指移民。受一廛而为氓，即得到一处住所而成为滕国百姓。④〔衣(yì)褐〕衣，动词，穿。褐，粗麻衣服。衣褐，穿粗麻衣服。⑤〔捆屦(jù)〕屦，用麻、葛等制成的草鞋。捆屦，制造草鞋。⑥〔陈良〕楚国的儒家信徒，陈相、陈辛都是陈良的学生。梁启超认为陈良即是"儒学为八"中的仲良氏之儒，但证据不足。⑦〔负耒(lěi)耜(sì)〕背着农具。耒，一种农具，形状像叉。耜，一种农具，形状像现在的铁锹和铧。⑧〔饔(yōng)飧(sūn)〕饔，早饭。飧，晚饭。饔飧用作动词，即烧火做饭。⑨〔仓廪府库〕古代储藏不同物品的地方，可以储藏谷物、米、文书、财物及兵甲战车。⑩〔以釜甑(zèng)爨(cuàn)〕釜，金属制的锅。甑，一种煮饭用的陶器。爨，烧火做饭。以釜甑爨，即用釜甑做饭。⑪〔率天下而路〕路，指在路上奔波、劳碌。意为带领天下人奔波、劳碌。⑫〔五谷不登〕五谷，泛指各种谷物。登，庄稼成熟、丰收。五谷不登，即五谷不饱满、歉收。⑬〔偪人〕偪，同"逼"。偪人即逼迫人。⑭〔敷治〕敷，遍。敷治，全权处理。⑮〔益〕古代贤人，善于用火。⑯〔瀹(yuè)济、漯(tà)而注诸海〕瀹，疏通。济、漯，济水和漯水。瀹济、漯而注诸海，即疏通济水与漯水，让它们流入大海。⑰〔后稷教民稼穑〕后稷，相传为周的始祖，名弃，尧帝时为农师。稼穑，泛指农业劳动。春耕为稼，秋收为穑，即播种与收获。意为后稷教导百姓种植与收获。⑱〔树艺五谷〕树艺，种植。树艺五谷，即种植各种农作物。⑲〔契为司徒〕契，人名，相传是殷商的祖先，尧帝时担任司徒之官，即掌管文教的官员。⑳〔放勋曰：'劳之来之，匡之直之，辅之翼之，使自得之，又从而振德之。'〕放勋，尧的称号。劳、来，都表示"犒劳""慰劳"意。匡、直，都表示"匡正""纠正"意。辅、翼，即"辅佐""帮助"意。振，振作。德，恩惠。㉑〔孔子曰：'大哉尧之为君！惟天为大，惟尧则之，荡荡乎民无能名焉！君哉舜也！巍巍乎有天下而不与焉！'〕出自《论语·泰伯》。子曰："巍巍乎，舜、禹之有天下也，而不与焉！"子曰："大哉，尧之为君也！巍巍乎！唯天为大，唯尧则之。荡荡乎！民无能名焉。巍巍乎其有成功也！焕乎其有文章。"㉒〔用夏变夷者，未闻变于夷者也〕夏，古代居住在中原地区的民族，当时代表着文明文化。夷，中原地区周边的民族，当时代表较原始的文化。用夏变夷，就是用文明化粗野、化粗鄙；用夷变夏，就是文明倒退到粗野、粗鄙状态。㉓〔倍〕通"背"，违背。㉔〔治任将归〕治，整治。任，负担。治任，准备行李。治任将归，意整理行李，准备回去。㉕〔子夏、子张、子游以有若似圣人〕子夏、子张、子游都是孔子晚年著名的弟子。有若似圣人，状貌似孔子。㉖〔曾子〕即曾参，孔子晚年弟子。㉗〔江汉以濯之，秋阳以暴之，皜（hào）皜乎不可尚已〕秋阳，周历七八月相当于夏历五六月，所以这里所说的秋阳实际相当于今天的夏阳。暴，同"曝"，晒。皜皜乎，光明洁白的样子。尚，动词，高出、超出。㉘〔南蛮鴃（jué）舌〕南蛮，中原地区以南的少数民族。鴃，伯劳鸟。鴃舌，指说话的声音。㉙〔幽谷迁于乔木〕幽谷，幽暗的山谷。迁于，升到。乔木，高大的树木。㉚〔《鲁颂》曰：'戎狄是膺，荆舒是惩。'〕戎，西部的少数民族。狄，北部的少数民族。是，宾语前置的标志。膺，击退。荆、舒是南方的异族。戎狄是膺，荆舒是惩，意为攻击西部、北部的少数民族，惩罚南方的荆舒。㉛〔市贾不贰〕贾，通"价"。不贰，没有两样。㉜〔倍蓰（xǐ）〕倍，一倍。蓰，五倍。

◎ **大意** 有一个奉行神农氏学说的人叫许行，从楚国来到滕国，登门求见滕文公，说："我是从远方来的人，听说您施行仁政，希望能得到一处住所，做您的百姓。"

滕文公给了他一处住所。

许行的徒弟有几十个人，都穿着粗布衣服，靠编草鞋、织席子为生。

陈良的弟子陈相和他的弟弟陈辛，背着农具从宋国来到滕国，（对滕文公）说："听说您推行圣人之政，那么，您也是圣人了，我们希望做圣人的百姓。"

陈相见到许行后非常高兴，就完全抛弃了自己原来所学而改向许行学习。

◎ 滕文公上

　　陈相拜见孟子，转述许行的话说："滕文公确实是位贤明的国君；即使如此，他还不是真懂得（贤君治国的）道理。贤君与百姓一起耕作养活自己，自己亲自烧火做饭，并且治理国家。现在，滕国有堆满粮食的仓廪和放着钱财的府库，这是损害百姓来供养自己，哪里称得上贤明呢？"

　　孟子问："许行一定是自己亲自种了粮食才吃饭的吗？"

　　陈相说："是的。"

　　孟子问："许行一定是自己织了布才穿衣吧？"

　　陈相答道："不是，许行穿粗布衣服。"

　　孟子问："许行戴帽子吗？"

　　陈相答道："戴。"

　　孟子问："戴什么样的帽子？"

　　陈相答道："戴白绢帽子。"

　　孟子问："自己织的吗？"

　　陈相答道："不是，用粮食换来的。"

　　孟子问："许行为什么不自己织呢？"

　　答道："（自己织）会妨碍耕种。"

　　孟子又问："许行用锅、甑烧饭，用铁制农具耕田吗？"

　　答道："是的。"

　　孟子问："自己造的吗？"

　　答道："不是，用粮食换来的。"

　　孟子说："农夫拿粮食交换（陶工冶匠制作的）器具，不算是损害陶工冶匠；陶工冶匠也拿他们的器具交换粮食，难道就是侵害农夫了吗？再说，许行为什么不自己制陶冶铁，什么东西都从自家屋里取来用？为什么要忙忙碌碌同各种工匠交换呢？为什么许行这样不怕麻烦？"

　　陈相答道："各种工匠的工作本来就不是能够边耕作边干的。"

　　孟子说："既然这样，那么治理天下的事就是能边耕作边干的吗？有官吏们的工作，有老百姓的工作。再说一个人所需的用品，要靠各种工匠来替他制作，如果一定要自己制作以供使用，这是带领天下的人疲于奔命。所以说，有些人使用脑力，有些人使用体力。使用脑力的人管理别人，使用体力的人被人管理；被人管理的人养活别人，管理别人的人靠别人养活，这是通行天下的道理。

"在尧的时代，天下还不太平，洪水横流，四处泛滥，草木丛生，鸟兽大量繁殖，谷物收成不好，鸟兽威胁人类生存，到处都是鸟兽的脚印。尧为这种情形而忧虑，所以提拔舜来全面治理天下。舜派益掌管火政，益在山岭沼泽放火焚烧草木，鸟兽逃窜躲藏。大禹疏通九条河道，治理济水、漯水，将它们引入大海；挖掘汝水、汉水，将淮水、泗水导入长江，这样，中原百姓才能耕种收获。那个时候，大禹八年在外，三次经过自己家的门口都没有进去，即使想亲自耕种，能办到吗？

"后稷教百姓耕种粮食，种植五谷；五谷收获了，便可以养育老百姓。人有人所以为人的法则，只是吃饱、穿暖、安居而没有教养，便同禽兽差不多了。圣人又忧虑这件事，便任命契担任司徒之官，教导百姓明白人的基本关系——父子之间有骨肉之亲，君臣之间有礼义之道，夫妇之间有内外之别，老少之间有尊卑次序，朋友之间有诚信之德。尧说：'督促他们，纠正他们，帮助他们，使他们自得其所，随后赈济他们、给他们恩惠。'圣人如此忧虑百姓，还有空闲耕作吗？

"尧因得不到舜而担忧，舜因得不到禹、皋陶而担忧。为百亩土地耕种不好而担忧的，不过是农夫罢了。把财物分给人叫作惠，教导别人行善的德行叫作忠，为天下百姓找到好的人才叫作仁。因此，把天下让给别人容易，为天下选拔优秀人才难。所以，孔子说：'尧作为君主真是伟大啊！只有天是最伟大的，只有尧能效法天。尧的功德浩荡无边，百姓甚至无法用言语来形容！帝舜真是个好君主啊！令人尊敬地拥有天下却不私自享用！'尧舜治理天下，难道不用心力吗？只是不用在耕作上罢了。

"我只听说过用中原文明去改变周围落后国家的，没听说过用落后国家的粗野去改变中原文明的。陈良是楚国人，爱好周公、孔子的学说，北上中原前来学习，北方的学者没有人能超过他，可以称得上是豪杰之士了。你们兄弟跟他学习几十年，老师一去世便背叛了他。从前，孔子去世，他的弟子们都给他守孝三年，三年之后，各人收拾行李将要回去，（临走，）他们到子贡住处与他告别，相对痛哭，泣不成声，大家这才回去。子贡又回到孔子的墓地重新筑了房子，再守三年丧，然后才回去。后来，子夏、子张、子游因为有若外貌像孔子，所以打算用侍奉孔子的礼节侍奉有若，想勉强让曾子同意。曾子说：'不行！（老师的德行）如同经长江、汉江之水洗涤过一样，经过盛夏的太阳曝晒过一般，洁白得没有任何人比得上了！'现在，那个说话怪腔怪调的南方蛮夷之人许行，指责先王之道，你们却背叛自己的老师去向他学习，这跟曾子太不相同了。我听说（鸟雀）从幽暗的山谷飞出来迁到高大乔木上的，没听说从高大乔木上迁下来飞进幽暗山谷的。《诗经·鲁颂》上说：'征讨戎狄，痛惩荆舒。'周公尚且要讨伐它，你却赞同他的学说，这就是不善变化了。"

陈相说："依照许行的治国理念，那么市场上物价就不会有两样，国中就没有欺诈行为；即使是叫小孩去买东西，也不会有人欺骗他。布和绸长短相同，价钱就一样；麻线、丝绵轻重相同，价钱就一样；各种粮食多少相同，价钱就一样；鞋子大小相同，价钱就一样。"

孟子说："物品品种质量不一样，这是事物的真实情形。有的相差一倍五倍，有的相差十倍百倍，有的相差千倍万倍。你把它们放在一起等同看待，这是扰乱天下。做工粗糙的鞋与做工精细的鞋同一个价钱，人们难道还肯做（做工精细的鞋）吗？顺从许行的主张去做，是带领大家走向虚伪，怎么能治理国家呢？"

◎ **释疑解惑**

这是《孟子》一书篇幅最长的章节之一，但本章主题突出、立场鲜明，立足于儒家立场，强烈地批判农家学说，较为全面地阐明了儒家治理天下的思想主张，捍卫了尧舜周孔之道。

滕文公在孟子的开导下，积极推行仁政，收到良好的效果，吸引了四方之民前来投奔。这些前来滕国愿做滕文公子民的人，不仅仅是普通百姓，还有百家争鸣中占一席之地的农家。农家的许行带着自己的门徒从楚国赶到滕国，陈相、陈辛兄弟背着农具从宋国赶到滕国。滕国顿时热闹起来，不仅吸引了大量优秀人才，也成为百家争鸣的小舞台。

许行带来的不仅仅是几十位追随者，更带来了他的思想、学说和治国理政的主张。许行的思想对于邹鲁之乡的学者、民众而言，如同一阵清风，让人耳目一新。陈相、陈辛甚至为许行的学说所吸引，背叛师门，放弃儒家信仰，改换门庭，进入农家。陈相等人成为许行思想、学说的信仰者、鼓动者与宣传者，甚至在孟子面前为许行的主张大唱赞歌。

在许行看来，滕文公遵孟子之说，行仁政，虽然合乎儒家的标准，但不合乎农家的标准，还不是真正的贤明之君。真正的贤君与百姓一起耕作，亲自烧火做饭，用自己的劳动成果来养活自己，并且治理国家，而滕国有仓廪府库，这是剥削百姓来供养自己，哪里称得上贤明呢？许行认为，只有工、农才是劳动者，而管理者、脑力劳动者就是剥削分子。针对许行的理论，孟子以其滔滔辩才，以社会分工理论，对农家理论进行系统的批判。

孟子问陈相："许行一定是亲自种了粮食才吃饭的吗？"陈相说："是的。"孟子问："许行一定是自己织了布才穿衣吧？"陈相答道："不是，许行穿粗布衣服。"孟子问："许行戴帽子吗？"陈相答道："戴。"孟子问："帽子是自己织的吗？"陈相答道："不是，是用粮食换来的。"孟子问："许行为什么不自己织呢？"陈相答道："会妨碍耕种。"孟子又问："许行使用锅、甑烧饭，用铁农具耕田吗？这些东西是从哪里来？都是自己造的吗？"陈相说："当然不是，是用粮食换的。"孟子指出：农夫拿粮食交换工匠制造的器具，对工匠没有损害；工匠拿他们的器具交换粮食，难道就是侵害农夫了吗？一人之身，百工之为备，断绝与外界交往，不但不可能，而且不可活。许行本人就能断绝与其他行业交易、交换吗？他使用的一切都是自己制造吗？显然做不到。不同行业，不同工种之间相互交易，既相互分工，又相互配合、相互交换，才构成一个有机的社会系统，才能保证社会这个系统的正常运行。

农家认为，"百工之事固不可耕且为也"。孟子说："既然这样，那么为什么只有要求治理天下的事就可以耕且为呢？""有大人之事，有小人之事。且一人之身，而百工之所为备，如必自为而后用之，是率天下而路也。故曰，或劳心，或劳力；劳心者治人，劳力者治于人；治于人者食人，治人者食于人，天下之通义也。"一个社会一定要有官吏进行管理，也一定要有大量的普通的百姓辛苦工作。每一个人身上所需的用品，要通过各种各样的工匠替他制作来满足。如果一定要自己制作以供使用，这是带领天下人疲于奔命。所以说，有些人使用脑力，有些人使用体力。使用脑力的人管理别人，使用体力的人被人管理；被人管理的人养活别人，管理别人的人靠别人养活，这是天下最基本的、最平常的道理。

在劳心、劳力的基本分工下，孟子通过回顾历史，以尧、舜、禹、益、皋陶等古圣往贤的事迹，说明这些劳心者对人类生存与发展做出了巨大贡献，并阐述了他的圣贤史观。当尧舜时代，洪水横流，草木丛生，鸟兽逼人，谷物不登，到处纵横交错着鸟兽的脚印。尧作为天子，深深为这种情形而忧虑，由此提拔舜来管理天下。舜派益掌管火政，益在山岭沼泽中放火焚烧草木，使得禽兽逃窜，不得害人。又派大禹疏通九条河道，治理济水、漯水，将它们引入大海；挖掘汝水、汉水，将淮水、泗水导入长江。这样，天下百姓才没有沦为"鱼鳖"，才能生存并繁衍下去。那个时候，大禹八年在外，三过家门而不入，他想亲自耕种，可能吗？尧、舜、禹、益等劳心者，能因他们没有亲自耕种庄稼，就掩盖了他们圣贤的光辉吗？

后稷教导百姓耕种土地，种植五谷。五谷丰收了，百姓得到了养育，但人只是吃饱、穿暖、安居而没有教养，这与禽兽差不多。舜忧虑这件事，任命契担任掌管文教的司徒之官，教导百姓明人伦：父子有亲，君臣有义，夫妇有别、长幼有序、朋友有信。舜如此忧民，有空闲去耕作吗？

作为劳心者，作为社会的管理者，如何发现人才，选拔人才，让真正有德有才的人置于高位，让社会精英治理天下，参与国家管理，这样天下才能太平，百姓才能安居乐业。尧以得不到舜为己忧，舜以得不到禹、皋陶为己忧，而为百亩土地耕种不好为己忧者，不过一农夫罢了。把财物分给人叫作惠，教导别人行善的德行叫作忠，为天下百姓选拔出优秀人才叫作仁。因此，把天下交给别人容易，而为天下得人难。尧舜治理天下，难道不用心吗？为什么一定要求他们也耕作呢？劳心者的价值就是将天下治理好，农夫的价值就是将土地打理好，百工的价值就是将器械制造好，劳心劳力，分工不同，但缺一不可。

社会分工是社会进步的结果，也是社会发展的前提。没有分工，没有差别，人类只能倒退到野蛮时代，不能有进步。由是，孟子提出了夏夷之辨。夏代表着文明、文化，夷代表粗野、粗鄙。孟子指出，"吾闻用夏变夷者，未闻变于夷者也"。用中原文明去改变周围国家，这是用"夏变夷"，而将中原文明变回到落后国家的粗野状态里去，这是"变于夷者也"。

孟子的夏夷之辨是批判农家的理论武器，同时是对放弃儒家信仰，而改信农家的陈相、陈辛之徒的批判。陈相、陈辛之徒的老师陈良，是楚国人，爱好周公、孔子的学说，他由南方的楚国，北上中原，学习周孔之道。孟子认为北方的学者没有人能超过他，认为陈良称得上是豪杰之士了。陈相、陈辛兄弟追随陈良几十年，而陈良一去世，陈相、陈辛兄弟便背叛了他，尽弃其学而改信农家许行。孟子说，这与孔子去世后的情形相去何止霄壤！孔子逝世后，弟子们为孔子守心丧三年。三年之后，大家治任别归，相向而哭，而子贡却又回到孔子的墓地，再筑房舍，又守三年心丧，然后才回去。子夏、子张、子游这些孔子晚年的弟子，非常想念老师，因为有若外貌像孔子，所以打算用侍奉孔子的方式侍奉有若，以示对老师的怀念。曾子对此予以坚决反对，他反对的理由同样是出于对老师的尊重和热爱。在曾子看来，老师就像经江汉之水洗涤过的一样，又像经过盛夏的太阳暴晒过一般，洁白得不能再洁白了，没有任何人可以比得上老师！而陈相、陈辛们是怎样表现的呢？老师刚一去世，立即背叛师门，跟随着说话怪腔怪调的南方蛮夷之人许行，指责先王之道，这与孔门弟子相去太远了。人，都是从低处向高处走，由野蛮向文明处迈，而陈相、陈辛等人却从高处走向了低处，由文明退化到野蛮，即"变于夷者也"，岂不令人痛心吗？

孟子从社会分工、历史进化、文明发展等方面，全面、系统地批判农家理论，以及陈相、陈辛兄弟对师门的背叛。陈相已经显得相当难堪，但他认为依照许行之道治国，那么市场上物价就不会有两样，国中就没有欺诈行为；即使是叫小孩去买东西，也不会有人欺骗他。布和绸长短相同，价钱就一样；麻线丝绵轻重相同，价钱就一样；各种粮食多少相同，价钱就一样；鞋子大小相同，价钱就一样。一句话，整个社会将童叟无欺、诚实守信。

孟子指出："夫物之不齐，物之情也。"世间事物是千差万别的，这是事物的真实状态。有的相差一倍、五倍，有的相差十倍、百倍，有的相差千倍、万倍。把它们放在一起等同看待，这不是治天下，而是乱天下。做工粗糙的鞋与做工精细的鞋价钱一样，有谁还肯做精致的鞋呢？这样一来，人与人之间不是比谁更好，谁更优，而只会比谁更滥，谁更粗糙。依照许行的主张去做，社会不仅不会进步，反而只能退化；社会不是走向诚实守信，而是全面走向虚伪、欺诈。因为人们不会追求精益求精，而只是比谁更会粗制滥造，以这样的主张乱天下，无益于治国。

孟子感情饱满，言辞犀利，慷慨激昂，振聋发聩，为社会沿着理性、健康、正常的道路前行不遗余力。在战国时代，孟子尽到了自己的时代责任；在百家争鸣中，他捍卫了孔子学说的尊严。孟子批杨朱，驳墨翟，斥许行，砥柱中流，中立而不倚，成为千古知识分子的典范。当然，他对许行的批判，有刻薄的一面，对杨朱、墨翟的驳斥也有过分激烈的言辞，但这就是孟子的风格，这是孟子之所以为孟子处。

[5] 墨者夷之[①]因徐辟[②]而求见孟子。孟子曰："吾固愿见，今吾尚病，病愈，我且往见，夷子不来！"

◎滕文公上

他日，又求见孟子。孟子曰："吾今则可以见矣。不直③，则道不见④，我且直之。吾闻夷子墨者，墨之治丧也，以薄为其道也；夷子思以易天下，岂以为非是而不贵也；然而夷子葬其亲厚，则是以所贱事亲也。"

徐子以告夷子。

夷子曰："儒者之道，古之人若保赤子，此言何谓也？之则以为爱无差等，施由亲始。"

徐子以告孟子。

孟子曰："夫夷子信以为人之亲其兄之子为若亲其邻之赤子乎？彼有取尔也。赤子匍匐将入井，非赤子之罪也。且天之生物也，使之一本，而夷子二本⑤故也。盖上世尝有不葬其亲者，其亲死，则举而委之于壑。他日过之，狐狸食之，蝇蚋姑嘬⑥之。其颡有泚⑦，睨而不视。夫泚也，非为人泚，中心达于面目。盖归反虆梩⑧而掩之。掩之诚是也，则孝子仁人之掩其亲，亦必有道矣。"

徐子以告夷子。夷子怃然为间曰："命⑨之矣。"

◎ **注释**　①〔墨者夷之〕墨者，信奉墨子学说的人。夷之，人名，墨家学派的信徒。②〔徐辟〕孟子的弟子。③〔直〕直言，直截了当。④〔见〕同"现"，显现。⑤〔二本〕赵岐注："天生万物各由一本而出，今夷子以他人之亲与己亲等，是为二本。"⑥〔蝇蚋（ruì）姑嘬（chuài）〕朱熹注："蚋，蚊属。姑，语助声，或曰蝼蛄也。嘬，攒共食之也。"蚋，小蚊虫。嘬，叮、咬。⑦〔其颡（sǎng）有泚（cǐ）〕颡，额头。泚，出汗的样子。⑧〔虆（léi）梩（lí）〕虆，古代盛土器。梩，锹、锸一类工具。杨伯峻注："虆，盛土之笼；梩，可以臿地铲土者，相当于今日的锹或者锸。"⑨〔命〕朱熹注："命，犹教也。言孟子已教我矣。"命，令也，夷之说"命之矣"相当于今天受教了。

◎ **大意**　信奉墨家学说的夷之通过徐辟求见孟子。孟子说："我本来愿意见他，（可是）现在我还病着，等病好了，我就去见他，夷子不必来。"

后来，夷之又来求见孟子。孟子说："我现在可以见他了。（不过，）说话不坦率直白，道理就显现不出来，我坦率直白地说吧。我听说夷子是墨家学者，墨家办理丧事是以薄葬作为原则的。夷子想用它来改变天下的习俗,当然会认为不薄葬就不尊贵;然而夷子却厚葬自己的父母,那么这是用他自己所轻贱的礼节来对待父母了。"

徐辟把孟子的话告诉了夷子。

夷子说:"儒家的学说认为,古代的圣人(对待百姓)就像爱护初生的婴儿,这句话什么意思呢?我认为,这是说对人的爱是不分差别等级的,只是施行起来是从自己的父母开始。"

徐辟又把夷子的话转告给孟子。

孟子说:"夷子真认为爱自己兄长的孩子就像爱邻人的婴儿一样吗?夷之观点的确有所据:婴儿在地上爬,就要掉进井里了,这不是婴儿的过错(人人都会生恻隐之心)。天生万物,使它们只有一个根本,然而夷子(主张爱不分差别,视人之父若己父)是他认为有两个根本的缘故。大概上古曾有个不安葬父母的人,父母死了,就抬走抛弃在山沟里。有一天,路过那里,看见狐狸在啃他父母的尸体,成堆的苍蝇、蚊虫也叮咬着尸体。那人额头上不禁冒出汗来,斜着眼也不敢看。这种汗,不是流给别人看的,而是内心的悔恨表露在脸上,他就回家拿来土笼和铁锹把尸体掩埋了。掩埋尸体确实是对的,那么孝子仁人掩埋他们亡故的父母,也就必然有(讲究方式的)道理了。"

徐子把这番话转告给了夷子。夷子很怅惘地待了一会,说:"我今天受教了。"

◎ 释疑解惑

前一章记录了与农家争论的过程,这一章与墨者夷之又展开了论辩,孟子与夷之就仁爱与兼爱、丧葬方式展开了一次真正的思想交锋。

墨家继儒家出现之后,为春秋战国时期出现的第二大学派。在先秦时期,其影响力仅次于儒家,在《韩非子·显学篇》中甚至将墨翟与孔子并称,墨家与儒家并称世之显学,在孟子笔下,有天下不归于杨则归于墨的惊呼,当然这些说法不免有夸大其词的成分,但足以说明墨家的影响力。

墨家的创始人是墨翟,鲁国人。墨家是从儒家中出走的反对派。《淮南子·要略》曰:"墨子学儒者之业,受孔子之术,以为其礼烦扰而不说,厚葬靡财而贫民,(久)服伤生而害事,故背周道而用夏政。"可见,墨子原为儒门弟子,后因不满儒家学说而另创新说,这些新说有些是专门与儒家作对。儒家强调"仁爱",

◎ 滕文公上

墨家认为仁爱往往会造成自爱而不爱他，故而提出爱人若己的"兼爱"。儒家认为，三年之丧，天下之通丧也，而墨家主张短丧、薄葬，认为久丧、厚葬既不利于物质生产，也不利于人口繁衍。儒家注重礼乐教化，墨家"非乐"；儒家主张"未能事人，焉能事鬼""敬鬼神而远之"，而墨家主张"天志""明鬼"，竭力证明鬼神之真实存在。儒家主张"知命""立命""由命""顺命"，墨家明确指出"强力非命"。墨子从儒家出走后，另立门户，成为儒家忠实的反对派。

孟子与墨者夷之的思想冲突并不是儒家与墨家一次系统的思想撞击，但涉及儒家与墨家的根本性问题。首先，孟子指出，墨家的主张造成理论与实践的脱节，或造成言行不一，或陷入自相矛盾。墨家主张短丧薄葬，并且想用短丧薄葬改变天下的习俗，使之通行于天下。但这一主张的前提是不薄葬就不尊贵，就是对父母不敬重。然而夷子作为墨家理论的倡导者却厚葬自己的父母，那么他这是用他自己所轻贱的礼节来对待父母了。孟子一言，可谓点中墨家的要害与痛处，其理论听起来动听入耳，但难以实行。连夷之这样墨家领袖式人物都不能身体力行，奈天下何！

子路曾感叹："伤哉贫也！生无以为养，死无以为礼也。"孔子告诉他："啜菽饮水尽其欢，斯之谓孝；敛首足形，还葬而无椁，称其财，斯之谓礼。"（《礼记·檀弓》）儒家并非一味主张厚葬父母，而是主张称财而葬，孟子葬其父是薄葬，而葬其母就是厚葬，让不少人大感不解，甚至批评孟子不知礼，孟子则辩解是前后收入不同，家庭经济状况不同而已。由此可见，儒家也不是一味厚葬，而是根据每一个人、每一个家庭经济状况不同，称财而葬，因而儒家的主张是切实的、可行的。而墨家一再宣扬薄葬，到时却厚葬其父母，将失信于天下。

对孟子的质疑，夷之站在墨家立场，用墨家理论反驳儒家的仁爱之说。夷子曰："儒者之道，古之人若保赤子，此言何谓也？之则以为爱无差等，施由亲始。"你们儒家不也主张"古之人若保赤子"吗？这是什么意思？不过是"爱无差等，施由亲始"。"爱无差等"就是没有差别的爱，爱无差别就是"兼爱"；"施由亲始"此语既是为自己薄葬理论与厚葬父母实践之间的矛盾辩解，也是要点明儒家的理论特点。表面上看，夷之也没有曲解儒家理论之意，对儒家多少还有同情的了解，甚至有人认为夷之概括得很准确。事实上，夷之在这里犯了一个根本性的错误，就是颠倒了儒家理论的次第，将儒家理论的出发点视为"爱无差等"，将"施由亲始"作为结果。与其说"爱无差等"是儒家理论的出发点，毋宁说"爱无差等"是儒家仁爱理论追求的目标。夷之这一颠倒，无疑是想说明爱人若己的"兼爱"的正确性。

孟子指出,夷之主张"爱无差等",且不说爱自己的儿子与爱别人的儿子不同,就是爱自己的侄子也与爱邻人的孩子不一样。只要是人,只要是有理性、有感情的人,只要人间社会还存在亲疏观念,爱自己的孩子与别人的孩子、爱自己的侄子与邻人的孩子就有差别,就不能爱无差等。不过夷之"爱无差等"在现实生活中也确实能找到部分根据:当一个婴儿在地上将要爬进井里,人人都会生恻隐之心,这时所有的人都是爱无差等,无论是谁家的婴儿,大家都会有这样的反映。儒家仁爱是随感随应、感而遂通之爱,一句话是当下即是的爱。儒家当然有一套"老吾老,以及人之老;幼吾幼,以及人之幼""推己及人"的程序、差别,但也有"为人君,止于仁;为人臣,止于敬;为人子,止于孝;为父子,止于慈;与国人交,止于信",这就是当下即是的爱。

天生万物,使之"一本",然而夷子的主张事实上会导致"二本"之论。爱人之父若己父,人父与己父没有差等,完全相同,这样一来,人岂不成了两父,两父就是"二本"。用宋代理学家的话说,墨家只知"理一",不知"分殊",故陷入"二本"之论。在此孟子追溯丧葬制度的起源。上古时代,没有丧葬制度或礼俗,父母死了,就抬走抛弃在山沟里。有一天,有个人看见狐狸在啃他父母的尸体,成堆的苍蝇、蚊虫也叮吮父母尸体。那人额头上不禁冒出汗来,斜着眼也不敢看。这种汗,不是流给别人看的,而是内心的悔恨表露在脸上,他回家里,拿来簸箕和铁锹把尸体掩埋了。掩埋父母的尸体,确实是对的,无论墨家,还是儒家,都主张安葬父母。既然都主张安葬,那么孝子仁人掩埋他们亡故的父母,必然就有安葬的方式、方法。

是厚葬,还是薄葬,不是问题的本质。问题的本质是称财而葬。夷之理论与实践的矛盾、困惑、冲突在墨家理论体系内部无法化解,不可能得到根本解决,而在儒家的理论体系下,涣然冰释,消于无形。这说明儒家可以容纳墨家,而墨家容纳不下儒家,究竟是坚守墨者之立场,还是回到儒家之立场?结论不是很清楚的吗?故而夷之怃然为间,继而感叹:"命之矣。"

这场儒墨之争当然是以儒家胜利而告一段落。这种理论上的胜利并不意味着墨者投降,而是进而激起墨家理论的调整与升华,儒家理论又何尝不是这样。儒家,也正是通过与百家之学的争胜较长,才更好地发展自己、创新自己、完善自己。

滕文公下

《滕文公下》共十章，主要围绕士之仕与不仕、士无事而食的合理性、小国夹在大国之间如何行仁政，以及治乱循环的历史观展开。在士之仕与不仕上，孟子一方面强调，士之仕"犹农夫之耕也"，"士之失位也，犹诸侯之失国家也"，仕是士的本分，是士谋生的手段与方式，但他坚决反对牺牲原则，出于利益而不是出于道义而仕，反对公孙衍、张仪的"以顺为正"的妾妇之道，而提倡富贵不淫、贫贱不移、威武不屈的大丈夫精神。他认为如懂得通功易事的道理，就会知道士入孝出悌，守先王之道，以待后世学者，有生存于天地之间的权力，是社会分工中不可或缺的一环。他之所以好辩，是因其承禹、周公、孔子三圣之使命，"正人心，息邪说，距诐行，放淫辞"，在百家争鸣中为捍卫中华道统不得已而为之。

[1] 陈代①曰："不见诸侯，宜若小然；今一见之，大则以王，小则以霸。且《志》曰：'枉尺而直寻②。'宜若可为也。"

孟子曰："昔齐景公田，招虞人以旌③，不至，将杀之。志士不忘在沟壑，勇士不忘丧其元④。孔子奚取焉？取非其招不往也。如不待其招而往，何哉？且夫枉尺而直寻者，以利言也。如以利，则枉寻直尺而利，亦可为与？昔者赵简子使王良与嬖奚乘⑤，终日而不获一禽。嬖奚反命⑥曰：'天下之贱工也。'或以告王良。良曰：'请复之。'强而后可，一朝而获十禽。嬖奚反命曰：'天下之良工也。'简子曰：'我使掌与女乘。'谓王良。良不可，曰：'吾为之范我驰驱⑦，终日不获一；为之诡遇⑧，一朝而获十。《诗》云："不失其驰，舍矢如破⑨。"我不贯与小人乘，请辞。'御者且羞与射者比⑩，比而得禽兽，虽若丘陵，弗为也。如枉道而从彼，何也？且子过矣：枉己者，未有能直人者也。"

◎ **注释** ①〔陈代〕孟子的学生。②〔枉尺而直寻〕枉，弯曲。直，伸直。寻，八尺为一寻。意为弯曲一尺而能伸直八尺。③〔招虞人以旌〕招，同"召"，召唤。虞人，看护猎场的小官。旌，旗子。古代国君对下属有所召唤，一定要有与被召唤对象的身份相对应的东西以见信。召唤大夫用旌旗，召唤士用弓，召唤虞人用皮冠；齐景公用旌旗召唤虞人，不合乎礼，故虞人不理睬。④〔元〕首，脑袋。⑤〔赵简子使王良与嬖奚乘〕赵简子，名鞅，晋国的正卿。王良，春秋末年驾车的高手，为后人所称道。嬖，宠爱。奚，人名。嬖奚，受宠的小臣。乘，原指四马一车的兵车，如千乘之国、万乘之国，这里指驾车打猎。⑥〔反命〕反，通"返"。反命即复命。⑦〔范我驰驱〕规范我驾车的方式，意为我按规矩驾车。⑧〔诡遇〕诡，诈。诡遇，即不按规范驾车。⑨〔不失其驰，舍矢如破〕出自《诗经·小雅·车攻》，意为按规范驾车，箭放出就能射中目标。⑩〔比〕合作。

◎ 滕文公下

◎ **大意**　陈代说："您不愿求见诸侯，未免太拘于小节了吧；现在您一见诸侯，向大处说，则可以一统天下，往小处说，也可以称霸诸侯。况且《志》上说：'曲屈一尺而能伸直八尺'，应该是值得去做的。"

孟子说："从前，齐景公打猎，用有羽毛装饰的旌旗召唤看护园囿的小吏，小吏不来，景公要杀他。有志之士不怕弃尸山沟，勇敢的人不怕丢掉脑袋。孔子（对于小吏）赞许他哪一点呢？赞许他不合乎礼仪的召唤他不去。如果我不等诸侯的召聘就主动去求见，那算什么呢？而且所谓'屈曲一尺而伸直八尺'是从利益的角度来说的。如果只从利益出发，那么曲屈八尺而能伸直一尺而有利，也可以去干吗？从前赵简子派王良给自己宠幸的小臣奚驾车去打猎，一整天打不到一只鸟。奚回来报告说：'（王良）是天下最无能的驾车人。'有人把这话告诉了王良。王良说：'请让我再给他驾一次车。'几经勉强奚才同意，（结果）一个早晨就猎获了十只猎物。奚回来报告说：'王良是天下最好的驾车人。'简子说：'那么，我就叫他专门给你驾车。'把这件事跟王良说了。王良不肯，说道：'我为他按规矩驾车，整天打不到一只；不按规矩驾车，一个早上就打到了十只。《诗经·小雅·车攻》上说："不违反驾车规矩，箭一出手就能射中。"我不习惯与小人驾车，请允许我辞掉这个差使。'驾车的人尚且耻于同不守原则的射手合作，即使这样的合作能猎获堆积如山的禽兽，也不愿干。如果背离正道去屈从诸侯，那算什么呢？而且你错了，自己不正直的人从来没有能够使别人正直的。"

◎ **释疑解惑**

陈代是孟子的学生，学生为老师远大的理想不能实现，满腹的才华不得施展而感到焦急，于是挺身而出，主动游说老师出山，让老师一显身手。陈代对孟子说：老师，您不主动求见诸侯，未免太拘于小节了吧。如果求见诸侯，借助诸侯国的力量，大则可以一统天下，小则可以称霸诸侯。为了实现远大抱负而委屈一下，就像前人说枉尺而直寻，不是值得去做吗？这多少有点像孔子在陈蔡绝粮之时，子贡劝孔子的话。子贡认为，夫子之道，天下莫能容，要求孔子能否"少贬焉"，即能否将自己的理想、要求放低一点。无论是子贡，还是陈代，都是从功利主义的角度谈论问题，而不从理想主义的角度看问题。

孟子没有直接回答陈代的问题，而是借助两个历史故事抒发自己的志向。齐景公狩猎之场的小吏对齐景公非礼的召唤坚决不予理睬。小吏不来，景公要杀他，他都能做到以"志士不忘在沟壑，勇士不忘丧其元"的大无畏精神来面对大国之君。不合乎礼仪的召唤连虞人都不去，而孟子能不等诸侯的召见就主动去求见吗？

所谓"枉尺直寻"是从利益的角度考虑的，如果没有道义，只从利益出发，那么"枉寻直尺"而有利，也会干。孟子讲了另一个故事：赵简子派天下最优秀的驾车能手王良给自己宠幸的小臣奚驾车去打猎，王良按规矩驾车，一整天打不到一只鸟，而不按规矩驾车，一个早晨就猎获了十只猎物。赵简子要求王良专门给奚驾车。王良坚决予以拒绝，并说自己不习惯为小人驾车。驾车的人尚且耻于同不守原则的射手合作，即使这样的合作能获得堆积如山的猎物，也不愿干。一个人背离正道去屈从诸侯，真是连王良也不如。从来没有一个不正直的人能够使别人正直的。

"虞人不可招"的典故说明：士之出仕必有所依，有自己的尊严，应当抱持"志士不忘在沟壑，勇士不忘丧其元"的决绝之心，决不能出仕。王良与嬖奚乘的典故说明，人不能为利益而不顾廉耻与道义，相反，要为道义而牺牲利益，士之出仕与否，要看准合作的对象。不按规矩驾车，即使那位射手获禽多如丘陵，王良也决不和这样的小人合作。王良况且不为，而作为志士，能为了个人利益去侍奉无道之君吗？当然不能。

此章孟子告诉士人要以礼出仕和以道事君，即为了自己的理想而出仕，而不是为了个人的一己之私去出仕，出仕与否取决于道义而不是取决于利益。

［2］ 景春①曰："公孙衍②、张仪③岂不诚大丈夫哉？一怒而诸侯惧，安居而天下熄④。"

孟子曰："是焉得为大丈夫乎？子未学礼乎？丈夫之冠⑤也，父命之；女子之嫁也，母命之，往送之门，戒之曰：'往之女家，必敬必戒，无违夫子。'以顺为正者，妾妇之道也。居天下之广居⑥，立天下之正位⑦，行天下之大道⑧；得志，与民由之；不得志，独行其道。富贵不能淫，贫贱不能移，威武不能屈，此之谓大丈夫。"

◎ **滕文公下**

◎ **注释** ①〔景春〕与孟子同时人，为纵横家的信徒，具体事迹已不可详考。②〔公孙衍〕魏国人犀首，战国时代著名的说客，史传曾佩五国相印。③〔张仪〕魏国人，与公孙衍同代人，是纵横家的主要代表人物。他致力于游说诸侯，主张诸侯国"连横"服从秦国。④〔熄〕指战火熄灭，天下太平。⑤〔丈夫之冠〕古代男子二十行加冠礼，即成年礼。⑥〔广居〕仁也。⑦〔立天下之正位〕正位，礼也，立于礼。⑧〔行天下之大道〕大道，义也，由于义。

◎ **大意** 景春说："公孙衍、张仪难道不是真正的大丈夫吗？他们一发怒，各国诸侯都会感到恐惧，他们安静下来过日子，天下也就太平无事。"

孟子说："这怎么能够称得上大丈夫呢？你没有学过礼吗？男子行加冠礼时，父亲训导他；女子出嫁时，母亲训导她，送女儿到门口，告诫她说：'到了你家，一定要恭敬，一定要谨慎，不要违抗你的丈夫！'把顺从当作最大的原则，是妇人遵循的道理。居住在天下最宽广的住宅'仁'里，站立在天下最正确的位置'礼'上，行走在天下最宽广的大道'义'上；得志的时候，就同老百姓一起沿着大道前进；不得志的时候，坚持做人处世的原则。富贵不能迷乱其心意，贫贱不能改变其志向，威武不能屈服其节操，这才叫作大丈夫。"

◎ **释疑解惑**

战国时代，是一个大动荡、大解放的时代，也是一个人才辈出、激情迸发的时代。在这样的时代，各色人物粉墨登场，竞逐风流。在这样的时代，大国要争霸，小国要自保，国与国之间的较量不仅仅有军事力量较量、经济较量、政治较量，也有外交较量。在这一背景下，纵横家走上了历史的前台。纵横家如公孙衍、张仪之流以其机智、才辩、勇敢与谋略，游走于诸侯国之间，或合纵，或连横，纵横捭阖，"一怒而诸侯惧，安居而天下熄"，掀起一阵阵波澜，搅动了战国时代的一池春水。景春作为纵横家的"粉丝"，对公孙衍、张仪这样的纵横家心向往之，在孟子面前盛赞他们是大丈夫。

孟子告诉景春，什么样的人才可以称为大丈夫，首先是个丈夫然后才能称大丈夫。丈夫就是成年男人。然而当男人成年时，行加冠之礼时，父命之。而当女孩子出嫁时，母命之，往送之门，再三叮咛告诫："到了你家，一定要恭敬，一定要小心，不要违抗你的丈夫！"把顺从当作最大的原则，是妇人遵循的道理。公孙衍、张仪这些纵横家们以利益为出发点，以揣摩国君的心意为手段，阿意为谋，善战务胜，事虽有刚，然而心存柔顺，由此，即使他们"一怒而诸侯惧，安

155

居而天下熄",仍然不是丈夫,他们所遵循的是以柔顺为人生指导原则的"妾妇之道"。

行冠礼后才可以称为"丈夫",无礼非丈夫,大丈夫要有德,要有以道匡君,非礼不动之德。无德而一味使用权谋、阿君上之所好的不是大丈夫,而是"伪娘"。大丈夫就是以仁为胸怀,将自己的灵魂放到仁的境界里,以礼为规范,立于礼,遵循着义为标准去行事。得志于天下,就率领百姓与自己一起沿着大道前行;不能得志于天下,也可以保持自己独立的人格,守住自己道德底线去做事。富贵不能迷乱其心意,贫贱不能改变其志向,威武不能屈服其节操,这才叫作大丈夫。

大丈夫不以成败为标准,而是以人格为标志。大丈夫是一种人格典范,是一种人格精神。有操守,有气节,富贵不淫,贫贱不移,威武不屈,刚正不阿,壁立千仞,这才是大丈夫之精神。

[3] 周霄①问曰:"古之君子仕乎?"

孟子曰:"仕。《传》曰:'孔子三月无君,则皇皇如也,出疆必载质②。'公明仪曰:'古之人三月无君,则吊③。'"

"三月无君则吊,不以急乎?"

曰:"士之失位也,犹诸侯之失国家也。《礼》曰:'诸侯耕助,以供粢盛;夫人蚕缫,以为衣服。牺牲不成,粢盛不洁,衣服不备,不敢以祭。惟士无田,则亦不祭。'牲杀、器皿、衣服不备,不敢以祭,则不敢以宴,亦不足吊乎?"

"出疆必载质,何也?"

曰:"士之仕也,犹农夫之耕也;农夫岂为出疆舍其耒耜哉?"

曰:"晋国④亦仕国也,未尝闻仕如此其急。仕如此其急也,君子之难仕,何也?"

曰:"丈夫生而愿为之有室,女子生而愿为之有家;父母之心,人皆有之。不待父母之命、媒妁⑤之言，钻穴隙相窥，逾墙相从，则父母国人皆贱之。古之人未尝不欲仕也，又恶不由其道。不由其道而往者，与钻穴隙之类也。"

◎ **注释**　①〔周霄〕魏国人。②〔质〕同"贽"，古代初相见时所拿礼品。③〔吊〕慰问。④〔晋国〕魏国。⑤〔媒妁〕媒，谋的意思，合谋男女双方，古时同姓不婚，有合谋二姓之说。妁，酌的意思，斟酌二姓。

◎ **大意**　周霄问道："古代的君子做官吗？"

孟子说："做官。古书上说：'孔子三个月没有被君主任用，就惶惶不安；离开这个国家时，必定要带上谒见另一个国家君主的见面礼。公明仪说过：'古代的人如果三个月没有被君主任用，那就要去安慰他。'"

（周霄问：）"三个月没有被君主任用，就要去安慰，不是太急切了吗？"

孟子说："士失掉了官位，就像诸侯失掉了国家。《礼》书上说：'诸侯亲自参加耕种，就是用来供给祭品；夫人亲自养蚕缫丝，就是用来供给祭服。祭祀用的牛羊不肥壮，谷米不洁净，礼服不齐备，就不敢用来祭祀。士（失掉了官位就）没有供给祭祀的田地，也就不能祭祀。'祭祀用的牲畜、祭器、祭服都不齐备，不敢用来祭祀，也就不敢宴请，这不该去安慰他吗？"

（周霄又问：）"离开一个国家时，一定要带上谒见别的国君的礼物，为什么呢？"

孟子说："士做官，就像农民种田一样；农民难道会因为离开一个国家就丢弃他的农具吗？"

周霄说："我们魏国也是个有官可做的国家，却不曾听说这样急切想做官的人。这样急切想做官，君子却又不轻易去做官，为什么呢？"

孟子说："男孩子一出生，父母就想给他找妻室，女孩一出生，父母就希望给她找婆家；父母的这种心情，人人都是有的。（但是，如果）不等父母的许可、媒人的介绍，就钻过墙洞，扒着门缝互相偷看，翻过墙去私会，那么父母和社会上的人都会瞧不起他们。古代的君子不是不想做官，但厌恶不合道义去求官。不合道义去求官，与钻洞扒缝之类的行径是一样的。"

◎ **释疑解惑**

　　这一章与本卷的第一章几乎是两个极端相反的论述。第一章，孟子指出士要非礼不见、非召不往，要保持高尚的操守；而这一章孟子一再强调"三月无君，则皇皇如也""三月无君，则吊"，对于出来做官显得格外急切。二者是否存在矛盾、冲突之处呢？

　　孟子在本章中指出，对于士而言，做官是一种职业，没有官做就是失业。士而失官，如诸侯之失国，失官就没有祭祀的田地，就不能祭祀，不能祭祀，当然就不能尽礼，所以士将失官视为一件严重的事情。

　　出仕自然重要，是士谋生的手段与方式，又是实现自己人生理想的手段与方式，但这并不意味着士可以做不合乎道义的官。周霄问孟子："既然士这样急切想做官，却又不轻易去做官，为什么呢？"孟子指出：男孩子一出生，父母就想给他找个妻室，女孩一出生，父母就希望给她找个婆家；但是，如果没有父母的许可、媒人的介绍，男女之间就钻过墙洞，扒着门缝互相偷看，翻过墙去私会，那么父母和社会上的人都会瞧不起他们。古代的君子不是不想做官，但绝不能以不合道义的手段去求官。不合道义去求官，与钻洞扒缝之类的行径是一样的。

　　官，对于士而言，固然重要，但人格操守与尊严更重要。士想出仕，想有官做，想有一安身立命的职业，想借助做官去实现自己的人生理想与价值，但不合乎道义，那么非礼不见诸侯，非召之以礼不往，这是士的风骨与操守。

　　[4]　彭更①问曰："后车数十乘，从者数百人，以传食②于诸侯，不以泰乎？"

　　孟子曰："非其道，则一箪食不可受于人；如其道，则舜受尧之天下，不以为泰；子以为泰乎？"

　　曰："否。士无事而食，不可也。"

　　曰："子不通功易事③，以羡④补不足，则农有余粟，女有余布；子如通之，则梓匠轮舆⑤皆得食于子。于此有人焉，入则孝，出则悌，守先王之道，以待后之学者，而不得食于子；子何尊梓匠轮舆而轻为仁义者哉？"

曰："梓匠轮舆，其志将以求食也；君子之为道也，其志亦将以求食与？"

曰："子何以其志为哉？其有功于子，可食而食之矣。且子食志乎？食功乎？"

曰："食志。"

曰："有人于此，毁瓦画墁⑥，其志将以求食也，则子食之乎？"

曰："否。"

曰："然则子非食志也，食功也。"

◎ **注释**　①〔彭更〕赵岐认为彭更是孟子的学生，从彭更提问方式上看，可能更接近于农家或墨家。②〔传食〕一说指在诸侯的驿舍里接受饮食；一说传食，转食，本文译为后者。③〔通功易事〕沟通、交换、交流劳动成果。④〔羡〕余，多余。⑤〔梓匠轮舆〕梓、匠，指木工。轮指轮人，制造车轮的工人。舆，指舆人，即制造车厢的工人。⑥〔画墁（màn）〕墁，本义为粉刷墙壁的工具，这里指新粉刷过的墙壁。画墁，即在新粉刷过的墙壁乱画。

◎ **大意**　彭更问道："跟随的车子几十辆，随从的人员几百人，从这个诸侯国吃到那个诸侯国，不是太过分了吗？"

孟子说："如果不合理，那么即使一小竹筐饭也不能从人家那里接受；如果是合理的，即使舜接受尧的天下，也不能认为是过分，你认为过分了吗？"

彭更说："不，士什么事都不做却接受别人的供养，这是不可以的。"

孟子说："如果不互通各人的成果、交换各行业的产品，用多余的弥补不足的，那么农夫就会有多余的粮食，妇女就会有多余的布匹；如果互通有无，那么木匠车工都能在你这里得到吃的。假定这里有个人，在家孝顺父母，在外尊敬兄长，恪守先王之道，以此来扶持教育后辈学者，但他在你这里却得不到饭吃。你为什么看重木匠车工反而轻视讲求仁义的人呢？"

彭更说："木匠车工的动机，就是通过干活谋饭吃。君子修行仁义，动机也是谋饭吃吗？"

孟子说:"你何必讨论他们的动机呢?他们对你有功绩,可以给饭吃才给他们饭吃。再说,你是根据动机而给吃的,还是根据他们的功绩而给吃的呢?"

彭更说:"根据动机给予吃的。"

孟子说:"假定有人在这里把屋瓦打碎,在新刷的墙上乱画,他的动机是找口饭吃,那么你给他吃的吗?"

彭更说:"不给。"

孟子说:"既然这样,你就不是根据动机,而是根据功绩给饭吃了。"

◎ 释疑解惑

本章主要议题是士的存在意义与价值问题。这一问题的讨论分为两个层面,其一,是"士无事而食"是否合理的问题;其二,是志与功的问题,即主观动机与客观效果的问题。第二个问题从属于第一个问题,或者说第二个问题是由第一个问题派生出来的。

赵岐认为,彭更是孟子的学生,他可能听到许许多多对孟子及其学生的质疑,就带着这些质疑向孟子问难:"后车数十乘,从者数百人,以传食于诸侯,不以泰乎?"由此足见孟子队伍之浩大,几十辆车子,数百号人,可谓浩浩荡荡,享用各国财政供养,是否过分了呢?孟子回答十分干脆:"如果不合理,即使一小竹筐饭也不能接受;如果合理,即使舜接受尧的天下,也不过分。"孟子的确对"过分"的质疑做了回答,但彭更的问题还不是单纯的过分不过分的问题,而是指向一个更普遍的问题,即"士无事而食"是否合理的问题。换一句话说,士作为一个阶层,不治生产,讲学论道,上说下教,却享用社会财富,是否合理的问题?从彭更之问,似乎不像赵岐所说是孟子的学生,更接近于许行或墨者之徒。而孟子对彭更质疑的回答与应对许行在本质上没有差异。

孟子用"通功易事"以证明士阶层存在的合理性。"通功易事"就是社会各阶层、各个不同行业、不同个体之间,通过劳动成果的交换,形成一个和谐有机的社会整体。如果不互通各人的成果、交换各行业的产品,用自己多余的以弥补他人不足的,那么农夫就会有多余的粮食,多余粮食就浪费掉;妇女就会有多余的布匹,多余的布匹也不会得到补偿;这样一来,农夫种地、妇女织布的积极性也无从调动。如果互通有无,那么木匠、车工都能在你这里得到吃的、穿的,而农夫、织女也会在这里得到他们生产、生活的必需品。士,在家孝顺父母,在外尊敬兄长,恪守先王之道,以此来扶持教育后辈学者,是社会的道德榜样,代表着社会的良知，是文明社会不可或缺的环节，自然有在天地间生存的权利，他们不是"无事而食"，而是"特事而食"。

彭更的另一个问题又来了，梓匠轮舆，这些职业目的或者说主观动机就是为了谋食，而士修行仁义，秉承德行，也是为了谋食吗？这一问题的确很难回答。在儒家那里，君子谋道不谋食，士志道，不耻恶衣恶食。孟子在这里放弃主观动机论，引入效果论。孟子指出：我们何必讨论他们的主观动机呢？只要对社会有贡献，可以给饭吃就给他们饭吃。我们不能根据他们的主观动机而给吃的，而要根据他们的功绩给吃的。孟子说，显然，一个人打碎屋上之瓦，在新粉刷的墙上乱画，说自己是为了找饭吃，可以吗？

在我们看来，士不以谋食为目的，并不是说士没有谋食的意义。事实上，我们也不必将动机与效果截然分开。如果农夫劳作是直接谋食，梓匠轮舆的工作是间接谋食，那么士的工作就是高级谋食，从"三月无君，则吊"，"出疆必载质"等来看，士有谋食的主观动机，只不过不是为谋食而谋食而已。

从孟子与陈相辨劳力与劳心的社会分工到向彭更讲述通功易事之说，孟子一再告诫人们士的存在有其不可替代的价值与意义，是社会分工系统中不可或缺的一环。

[5] 万章①问曰："宋，小国也；今将行王政，齐楚恶而伐之，则如之何？"

孟子曰："汤居亳②，与葛③为邻。葛伯放而不祀。汤使人问之曰：'何为不祀？'曰：'无以供牺牲也。'汤使遗之牛羊。葛伯食之，又不以祀。汤又使人问之曰：'何为不祀？'曰：'无以供粢盛也。'汤使亳众往为之耕，老弱馈食。葛伯率其民，要其有酒食黍稻者夺之，不授者杀之。有童子以黍肉饷，杀而夺之。《书》曰：'葛伯仇饷④。'此之谓也。为其杀是童子而征之，四海之内皆曰：'非富天下也，为匹夫匹妇复仇也。''汤始征，自葛载'，十一征而无敌于天下。东面而征，西夷怨；南面而征，北狄怨，曰：'奚为后我⑤？'民之望之，若大旱之望雨也。归市者弗止，芸者不变，诛其君，吊其民，如时雨降。民大悦。《书》曰：'徯我后，后来其无罚。''有攸不惟臣，东征，绥厥士女。篚厥玄黄，绍我周王见休，惟臣附于大邑周。'其君子实玄黄于篚以迎其君子，其小人箪食壶浆以迎其小人；救民于水火之中，取其残而已矣。《泰誓》曰：'我武惟扬，侵于⑥之疆。则取于残，杀伐用张，于汤有光。'不行王政云尔；苟行王政，四海之内皆举首而望之，欲以为君；齐楚虽大，何畏焉？"

◎ **注释**　①〔万章〕姓万，名章，孟子的高足。②〔汤居亳（bó）〕汤，商代的开国之君。亳，商代国都，对于具体位置，史家一向众说纷纭，有一种观点认为位于河南商丘北。③〔葛〕古国名，故城在今河南省宁陵县北十五里。④〔葛伯仇饷〕饷，本义是给田地里劳动的人送饭，后引申为薪酬。葛伯仇饷事件本身于史已不可详考。⑤〔奚为后我〕怎么将我放在后面。⑥〔于〕即邘，古国名。

◎ **大意**　万章问道："宋国是个小国，现在打算实行仁政，齐楚两国（如果因此）憎恨它，出兵攻打，那该怎么办？"

孟子说："从前汤居住在亳地，与葛国是邻国。葛伯放纵无道，不祭祀先祖。汤派人问他：'为什么不祭祀？'（葛伯）说：'没有供祭祀用的牲畜。'汤就派人送给他牛羊。葛伯把牛羊吃了，并不用来祭祀。汤又派人问他：'为什么不祭祀？'（葛伯）说：'没有供祭祀用的粮食。'汤就叫亳地的百姓去替他耕种，年老体弱的给耕田的人送饭。葛伯带领自己的人拦截带有酒肉饭菜的人进行抢夺，不肯给的就杀掉。有个孩子去送饭和肉，（葛伯）杀了这个孩子，抢走了饭和肉。《尚书》上说：'葛伯仇视送饭的人。'说的就是这件事。因为葛伯杀了这个孩子，汤才去征讨他。天下的人都说：'（汤）不是贪图天下的财富，是为了给百姓报仇。''汤出兵征讨，从葛国开始。'出征十一次，天下没有能抵抗他的。向东征讨，住在西面的人就埋怨；向南征讨，北面的狄人就埋怨。说：'为什么把我们放在后面？'百姓盼望他来，就像大旱之年盼望下雨一样。（商汤的军队所到之处，）做生意的人不停止做生意，种田的人照常耕种，杀掉那里的暴君，安抚那里的百姓，就像及时雨从天而降。老百姓非常喜悦。《尚书》上又说：'等待我们的君王，君王来了我们就不再受罪了。'（又说：）'攸国不称臣，（周武王）向东征讨它，安抚那里的人们。那里的百姓用竹筐装着黑色、黄色的绢帛迎接周王，请求介绍和周王相见，得到光荣，做大周国的臣民。'那里的官吏用筐装满黑色、黄色的绢帛迎接周王的官吏，那里的百姓用竹筐盛饭、用壶装了酒浆迎接周王的百姓。（就因为周王）把那里的百姓从水深火热中拯救出来，杀掉他们的暴君罢了。《尚书·泰誓》上说：'我们的威武要发扬，攻到邗国疆土上，杀掉那残暴的君主，从此张大杀伐之功，这样的功绩比商汤还要辉煌。'不行仁政便罢了，如果行仁政，普天下的人都将仰起头来盼望他，要拥护他做自己的君主；齐、楚两国尽管强大，有什么可怕的呢？"

◎ 释疑解惑

王政就是王者之政，一统天下之政，具体地说就是仁政。

仁政是德服天下，不是力服天下。大国凭借其强大的军事力量，推行仁政，他国无可奈何，如果是小国，行仁政，大国看出其战略意图，从而出兵伐之，怎么办？这是本章的中心课题。这一中心课题的核心是德与力的关系问题。

大国如齐国、楚国、魏国等国家行仁政有军事上的客观保证，而像滕国，截长补短，方圆五十里而已，只能建设成"样板田""实验区"，等待王者兴，前来效法，自身不具备一统天下的基本条件。而宋国，虽不是大国"俱乐部"中的一员，但也不是像滕国那么小，更兼宋国是富庶之地，商贾荟萃之所，农业、工商业发达，如果真心行仁政，上下一心，尚可为也。

万章问：宋国打算实行仁政，齐楚两国因此而憎恨它，并出兵攻打它，那该怎么办？孟子从历史典故中寻求解决问题的方案。他指出商汤当年与葛国为邻。葛伯放纵无道，以没有牺畜与粮食为理由不祭祀先祖。没有牺畜，汤就派人送给他牛羊，葛伯把牛羊吃了，并不用来祭祀。没有粮食，汤又派年轻力壮的百姓去替葛国耕种，让年老体弱的给耕田的人送饭。葛伯带领自己的人拦截带有酒肉饭菜的人进行抢夺，不肯给的就杀掉。《尚书》上说：葛伯仇饷。由于葛伯连送饭的孩子都杀，引起天下人震怒。汤打出为百姓报仇的名义去征讨他。汤出兵征讨从葛国开始，向东征讨，住在西面的人就埋怨；向南征讨，北面的狄人就埋怨。百姓盼望汤到来，就像大旱之年盼望下雨一样。做生意的人不停止做生意，种田的人照常耕种，杀掉那里的暴君，安抚那里的人民，就像及时雨从天而降。在孟子看来，宋国国君除非不行仁政，如果行仁政，普天下的人都将仰起头来盼望他，要拥护他做自己的君主；齐、楚两国尽管强大，由于不得人心，也没有什么好怕的。

孟子向宋国讲汤的故事，目的是唤起宋国的历史记忆，激励其效法商汤，力行仁政，实践王道，完成天下一统的历史使命。但孟子生活的时代，宋国之君宋偃王并非真心想推行王政，而是打着仁政的幌子，推行霸道，与齐、楚、魏交战，最后亡国。

[6]　孟子谓戴不胜①曰："子欲子之王之善与？我明告子。有楚大夫于此，欲其子之齐语也，则使齐人傅诸？使楚人傅诸？"

曰："使齐人傅之。"

曰："一齐人傅之，众楚人咻②之，虽日挞而求其齐也，不可得矣；引而置之庄岳之间③数年，虽日挞而求其楚，亦不可得矣。子谓薛居州④，善士也，使之居于王所。在于王所者，长幼卑尊皆薛居州也，王谁与为不善？在王所者，长幼卑尊皆非薛居州也，王谁与为善？一薛居州，独如宋王何？"

◎ **注释**　①〔戴不胜〕宋国大夫。②〔咻〕喧哗。③〔庄岳之间〕庄，街名。岳，里名。在齐都城临淄城内。④〔薛居州〕宋国人。

◎ **大意**　孟子对戴不胜说："你希望你的国君学好吗？我明白地告诉你。假如有个楚国大夫想让他的儿子学齐国话，那么请齐国人教他，还是请楚国人教他呢？"

戴不胜说："请齐国人教他。"

孟子说："一个齐国人教他，却有许多楚国人在他身边喧哗，这样即使天天鞭打他，逼他学会齐国话，也不可能做到。如果带他到齐国都城的闹市上住上几年，即使天天鞭打他，要他讲楚国话，也不可能做到。你说薛居州是个好人，让他住在宋王宫中。如果在王宫中的人，不论年老年幼、位高位低，都是薛居州那样的人，你的国君还能同谁一起干坏事呢？如果在王宫中的人，不论年老年幼、位高位低，都不是薛居州那样的人，你的国君又能同谁一起做好事呢？仅仅一个

◎ 滕文公下

薛居州，能把宋王怎么样呢？"

◎ **释疑解惑**

"与善人居，如入芝兰之室，久而不闻其香，即与之化矣；与不善人居，如入鲍鱼之肆，久而不闻其臭，亦与之化矣。"（《孔子家语·六本》）环境尤其是人际环境对人的影响是潜移默化的，如"浸润之谮"，慢慢渗透，让人在不知不觉中发生变化。宋国大夫戴不胜一心想着让自己的国君成为有德行的国君，成为一位仁君，然而孟子告诉他，宋国国君天天被一群小人包围着，怎么能好起来呢！

正如楚国大夫让他的儿子学习齐国话，当然要请齐国的师傅教。但一位齐国师傅教时，周围全是说楚国话的人干扰他，即使天天用鞭子抽打他，他也未必能学会齐语。如果将他放到齐国都城的闹市区，几年之后，即使天天用鞭子抽打他，让他说楚国话也很困难。宋国国君面前确实有位善士薛居州，如果宋国国君周围都是薛居州，宋国国君与谁去做坏事去？相反，宋国国君周围都不是薛居州，他又与谁一起去做好事呢？

诸葛亮在《出师表》中一再劝谏后主亲君子、远小人，意义就在这里。一个人尤其是国君品德如何，关键看他周围的人，看都是一群什么人围绕着他。

[7]　公孙丑问曰："不见诸侯何义？"

孟子曰："古者不为臣不见。段干木①逾垣而辟之，泄柳②闭门而不内，是皆已甚；迫，斯可以见矣。阳货欲见孔子③而恶无礼，大夫有赐于士，不得受于其家，则往拜其门。阳货瞰④孔子之亡也，而馈孔子蒸豚；孔子亦瞰其亡也，而往拜之。当是时，阳货先，岂得不见？曾子曰：'胁肩谄笑，病于夏畦⑤。'子路曰：'未同而言，观其色赧赧然，非由之所知也。'由是观之，则君子之所养，可知已矣。"

◎ **注释**　①〔段干木〕姓段，名干木，晋国人。少贫贱，师事子夏与田子方，清高而不屑为官。魏文侯去拜访他，他却翻墙逃走不见。②〔泄柳〕鲁穆公时的贤人。

165

③〔阳货欲见孔子〕事见《论语·阳货》。"见"为使动用法，阳货想让孔子来拜见他。④〔瞰〕窥视。⑤〔胁肩谄笑，病于夏畦〕胁肩，耸起肩头，故作恭敬的样子。谄笑，谄媚的笑脸。畦，本指菜地间划分的行列。夏畦，指夏天在田地里劳作。

◎ **大意** 公孙丑问道："不去求见诸侯，是什么道理呢？"

孟子说："古时候，不是诸侯的臣下，不去拜见诸侯。（魏文侯来访，）段干木越墙躲开了，（鲁穆公来访，）泄柳关门不接待，这么做都太过分了。如果对方逼着要见你，也是可以见见的。阳货想要孔子来见他，却又不愿自己失礼。（按礼节规定，）大夫对士有所赏赐，（士因故）不在家，不能亲自接受礼物并当面致谢，（事后）就应该前往大夫家拜谢。阳货探听到孔子不在家时，给孔子送去一只蒸熟的小猪；孔子也探听到阳货不在家时，才上门拜谢。当时，阳货在先，孔子哪能不去见他呢？曾子说：'耸起肩膀，装出讨好的笑脸，真比大热天在菜地里干活还要累。'子路说：'明知志趣不合还要勉强攀谈，看他脸色羞惭得通红的样子，我不知为什么要这么做。'由此看来，君子所要培养的道德操守，就可以知道了。"

◎ **释疑解惑**

本章中心议题与其说是士的进退问题，不如说是士与权势的距离问题。在天下大乱、王纲解纽、礼崩乐坏的时代里，士与权势保持怎么样的距离，才能既保持自己清高、清白的声誉，又能施展自己的才华，这是孟子思考的中心。

在古代，不是诸侯国国君的臣民，不求见诸侯，这是古代形成的习惯法，也是士人的通常做法。魏文侯求见，段干木越墙而走；鲁穆公求见，泄柳闭门不纳；孟子认为段干木、泄柳都过分拘于古法，做得有点过分了，如果国君强烈要求会面，见上一面也是可以的。阳货想让孔子拜见自己，孔子不愿拜见阳货，但无论见与不见，都要以礼行事。阳货作为大夫，趁孔子不在家时，给孔子送去一头蒸熟的小猪。古代规定如果大夫送礼，士不在家，不能当面致谢，就要亲往大夫府上致谢。孔子既要以礼行事，又不想见阳货，于是打听清楚了，趁阳货不在家前往拜谢，结果在途中孔子与阳货不期而遇了。这时孔子能掉头就跑吗？这就是"迫，斯可以见矣"。

士，代表道、尊严与价值，君代表着权势、地位，德不能卑于位，道不能屈于势，这是儒家士大夫之传统。士不能低下自己高贵的头，更不能向强权胁肩谄

◎ 滕文公下

笑。以道见君、以道事君、以道匡君，这是士与君的关系。如果以奔走权贵而沾沾自喜，以逢迎权力自为得意，皆丧失了士的气节。

[8] 戴盈之①曰："什一，去关市之征，今兹②未能，请轻之，以待来年，然后已，何如？"

孟子曰："今有人日攘③其邻之鸡者，或告之曰：'是非君子之道。'曰：'请损之，月攘一鸡，以待来年，然后已。'如知其非义，斯速已矣，何待来年？"

◎ **注释**　①〔戴盈之〕宋国大夫。②〔兹〕现在、目前，引申为年。③〔攘〕偷窃。

◎ **大意**　戴盈之说："实行十分抽一的税率，免去关卡和市场上对商品的征税，今年不能实行了，预备先减轻一些，等到明年再废止，怎么样呢？"

孟子说："假定有个人天天偷邻居的鸡，有人告诫他说：'这不是君子的行为。'那人就说：'姑且少偷一些，每月偷一只鸡，等到明年再完全停止。'如果知道一件事不合道理，就该赶快停止，为什么要等到明年？"

◎ **释疑解惑**

轻徭薄税，减轻百姓的负担，让利于民，甚至藏富于民，同时又能保证国家机器的正常运转，这些都需要进行合理的收税。而合理的税收一直为儒家学者所关注。孔子的高足有若明确向鲁哀公提出十一之税，十一之税是儒家认为百姓可以负担的税率。孟子向宋国大夫建议在宋国实行十一之税，戴盈之应付孟子说："十一之税今年不能实行了，准备先减轻一些，等到明年再废止，如何？"孟子说：这就像有个人天天偷邻居家的鸡，有人告诉偷鸡的人说：这不是君子可干之事。偷鸡的人说：我准备少偷一些，由日偷一只，减为每月偷一只鸡，等到明年再完全停止，可以吗？作为一项国家政策首先问合理与不合理，如果知道不合理，就该赶快停止，为什么要等到明年呢？孟子以其高超的辩论技巧，借助偷鸡这一比喻，生动而深刻地鞭辟了政策制定者的虚伪性，暗含着超过十一之税实际上就是统治者在偷百姓的东西之意。

167

[9]　公都子①曰："外人皆称夫子好辩，敢问何也？"

孟子曰："予岂好辩哉？予不得已也。天下之生②久矣，一治一乱。当尧之时，水逆行，泛滥于中国，蛇龙居之，民无所定；下者为巢，上者为营窟③。《书》曰：'洚水警余④。'洚水者，洪水也。使禹治之。禹掘地而注之海，驱蛇龙而放之菹⑤；水由地中行，江、淮、河、汉是也。险阻既远，鸟兽之害人者消，然后人得平土而居之。

"尧舜既没，圣人之道衰，暴君代作，坏宫室以为污池，民无所安息；弃田以为园囿，使民不得衣食。邪说暴行又作，园囿、污池、沛泽⑥多而禽兽至。及纣之身，天下又大乱。周公相武王，诛纣伐奄⑦，三年讨其君，驱飞廉⑧于海隅而戮之，灭国者五十，驱虎、豹、犀、象而远之，天下大悦。《书》曰：'丕显哉，文王谟！丕承哉，武王烈！佑启我后人，咸以正无缺。'⑨

"世衰道微，邪说暴行有作，臣弑其君者有之，子弑其父者有之。孔子惧，作《春秋》。《春秋》，天子之事也；是故孔子曰：'知我者，其惟《春秋》乎！罪我者，其惟《春秋》⑩乎！'

"圣王不作，诸侯放恣，处士⑪横议，杨朱、墨翟⑫之言盈天下。天下之言不归杨，则归墨。杨氏为我，是无君也；墨氏兼爱，是无父也。无父无君，是禽兽也。公明仪曰：'庖有肥肉，厩有肥马，民有饥色，野有饿莩，此率兽而食人也。'杨墨之道不息，孔子之道不著，是邪说诬民，充塞仁义⑬也。仁义充塞，则率兽食人，人将相食。吾为此惧，闲⑭先圣之道，距杨墨，放淫辞，邪说者不得作。作于其心，害于其事；作于其事，害于其政。圣人复起，不易吾言矣。

◎ 滕文公下

"昔者禹抑洪水而天下平，周公兼夷狄、驱猛兽而百姓宁，孔子成《春秋》而乱臣贼子惧。《诗》云：'戎狄是膺，荆舒是惩，则莫我敢承。'无父无君，是周公所膺也。我亦欲正人心，息邪说，距诐行，放淫辞，以承三圣者；岂好辩哉？予不得已也。能言距杨墨者，圣人之徒也。"

◎ **注释** ①〔公都子〕孟子的学生。②〔天下之生〕指生民以来。③〔营窟〕相连为窟穴。④〔洚水警余〕《尚书》逸文，古文《尚书》将其采入《大禹谟》，此篇记载了禹与大臣们讨论政务的相关情况。洚，河流不顺河道流淌，孟子解释为洪水。洚水警余，即洪水警醒了我们。⑤〔菹（jù）〕指水草丰茂的沼泽地。⑥〔沛泽〕沼泽。朱熹《集注》曰："沛，草木之所生也；泽，水所钟也。"⑦〔奄〕古国名，奄为商的盟国，故地在今山东曲阜东。周成王初年，与武庚、管叔、蔡叔等联合反周，被周公征伐。⑧〔飞廉〕亦作"蜚廉"，殷纣王的宠臣。⑨〔《书》曰：'丕显哉，文王谟！丕承哉，武王烈！佑启我后人，咸以正无缺。'〕《尚书》逸文，古文《尚书》将其采入《君牙》篇，相传此篇是周穆王任命君牙的册书。丕，大。显，明。谟，谋。佑，助。启，开。咸，都、皆。意思是说周文王的谋略多么辉煌啊！周武王的功业多么无愧于先人啊！扶助、启迪我们后人，都正确完美，没有欠缺。⑩〔《春秋》〕以鲁国史实为主线编写的编年体史书，记事始于鲁隐公元年（前722年），终于鲁哀公十四年（前481年），孟子认为此书是孔子编修的。由于《春秋》尊王，所以说该书所记为"天子之事"，又由于书中用辞含有寓褒贬、别善恶之意，后人称为"春秋笔法"，孔子有"知我罪我，其惟《春秋》"之说。⑪〔处士〕《汉书·异姓诸侯王表》颜师古注云："处士谓不官于朝而居家者也。"指没有出来做官或在朝廷里任职的知识分子。⑫〔杨朱、墨翟〕杨朱，魏国人，战国时期的道家学派著名代表人物。他主张重生、贵己。关于杨朱学派的主张散见于《庄子》《韩非子》《吕氏春秋》等书，《列子》有《杨朱篇》，后人多指为伪作。墨翟，春秋末年、战国初期的著名思想家，墨家学说的创始人，该学派有《墨子》一书传世，主张"兼爱""非攻"等。⑬〔充塞仁义〕朱熹《集注》曰："邪说遍满，妨于仁义也。"⑭〔闲〕捍卫。

◎ **大意** 公都子说："外人都说老师您喜好辩论，请问这是为什么呢？"

孟子说："我难道是喜好辩论吗？我是不能不辩论啊！人类社会产生很久了，

总是安定一时，动乱一时。在尧的时代里，洪水倒流，到处泛滥，大地成为蛇和龙的居所，人却无安身之处；住在地势低洼地方的人们，在树上搭窝栖身，住在地势高地方的人，就打通相连的洞穴以居住。《尚书》上说：'洚水警示我们。'洚水，就是洪水。尧派禹治水。禹开挖河道，把洪水引入大海；驱逐蛇龙，把它们赶进荒草丛生的沼泽；水都顺着河道流淌，这就是长江、淮河、黄河和汉水。险阻排除了，鸟兽危害人类的情形也消失了，在这之后人们才能在平原上生活。

"尧、舜去世后，圣人之道衰微了，暴君相继出现。他们毁坏民房开挖成深池，使老百姓无处安身；毁弃农田改作园林，使老百姓得不到衣服和食物。荒谬的学说、暴虐的行为纷纷出现，园林、深池、沼泽多了，禽兽又聚集来了。到了商纣的时候，天下又大乱了。周公辅佐武王杀掉纣王，（又辅佐成王）讨伐奄国，三年后除掉了奄君，把飞廉驱逐到海边杀掉。消灭的国家达五十个。把老虎、豹子、犀牛、大象驱赶到很远的地方，天下的人都非常高兴。《尚书》上说：'文王的谋略多么辉煌啊！武王的功业多么无愧于先人啊！扶助、启迪我们后人，都正确完美没有欠缺。'

"太平之世和仁义之道又一次衰微了，荒谬的学说、暴虐的行为又纷纷出现了，有臣子杀死君主的，有儿子杀死父亲的。孔子感到忧惧，编写了《春秋》。《春秋》，这是天子应做的事情。所以孔子说：'了解我的，恐怕就在于这部《春秋》吧！怪罪我的，恐怕也在于这部《春秋》吧！'

"现在圣王不再出现，诸侯肆无忌惮，在野人士乱发议论，杨朱、墨翟的言论充斥天下。天下的言论，不是归于杨朱一派，就是归于墨翟一派。杨朱主张极端个人主义，这是目无君王；墨翟宣扬爱无差等，这是目无父母。目无君王、目无父母，这就成了禽兽。公明仪说过：'厨房里有肥肉，马棚里有肥马，而百姓面带饥色，野外有饿死的尸体，这是率领着野兽来吃人啊！'杨朱、墨翟的学说气焰不熄灭，孔子的学说就不彰显，这会使荒谬的学说蒙骗百姓，堵塞仁义。仁义被堵塞了，就会导致率领野兽吃人，人与人之间也将互相蚕食。我深为这种情况的出现而感到担忧与害怕，挺身而出，捍卫古代圣人之道，反对杨朱、墨翟的学说。驳斥荒诞的言论，使邪说不能兴起。荒谬的学说从心里产生，就会危害人们做事；在人们做事上发生了作用，就会危害天下国家的治理。即使再有圣人出现，也会同意我的观点。

"从前大禹治理了洪水而使天下太平，周公征服了夷狄，赶跑了猛兽而使百

◎ 滕文公下

姓安宁，孔子编写了《春秋》而使叛乱的臣子、不孝的儿子畏惧。《诗经》上说："打击戎狄，严惩荆舒，就没有谁敢抵挡我。"目无父母、君主的人，正是周公所要讨伐的。我也想端正人心，熄灭荒谬的学说，反对放纵、偏激的行为，驳斥荒诞的言论，以此来继承（禹、周公、孔子）三位圣人的事业，这难道是喜好辩论吗？我是不得不辩论啊。能够批驳杨朱、墨翟的，也就是圣人的信徒了。"

◎ 释疑解惑

　　孟子好辩，不怯辩，是不争的事实。他与农家学派辩，与墨家学派辩，又与杨朱学派辩，可谓四面作战。然而，当时的人都知道他好辩，不知他何以好辩。此章孟子回答了他为什么好辩。

　　孟子认为，自己好辩是迫不得已，时代乱象、历史担当，使他不得不辩、不能不辩。他通过回顾历史，总结历史经验，指出历史的发展竟然是如此相似——一治一乱。治乱相生，治乱循环。每当乱世，就需要圣贤豪杰，挺身而出，拨乱反正，由乱达成天下大治。

　　当尧之时，人类面临的最大挑战是洪水泛滥，江河倒流，蛇和龙乱窜。为了躲避蛇龙，人只好在树上搭窝栖身，在山上打洞穴以居住。为了根治洪水，尧派大禹治水。禹开挖河道，把洪水引入大海；驱逐蛇龙，把它们赶进荒草丛生的沼泽；疏通长江、淮河、黄河和汉水。险阻排除了，鸟兽危害人类的情形也消失了，在这之后人们才能在平原上生活。尧的时代，在舜的主持下，在禹、益等辅佐下，在这场人与洪水争、与龙蛇斗的较量中，人类大获全胜。

　　尧、舜这样的圣王死去，圣人之道也逐渐衰微了，暴君相继出现。暴君暴在不以人为本，不以民为本，而以个人私欲为本。为了满足个人私欲，他们毁坏民房开挖成深池，使老百姓无处安身；毁弃农田改作园囿，使老百姓得不到衣服和食物，园囿、深池、沼泽多了，禽兽又聚集来了。到了商纣的时候，天下又大乱了。周公辅佐武王杀掉纣王，后又辅佐成王，讨伐奄国，把老虎、豹子、犀牛、大象驱赶到很远的地方，武王、周公杀掉暴君，平定内乱，驱逐禽兽，天下由大乱再归于大治。这是第二轮的一治一乱。

　　春秋时代，太平之世和仁义之道又一次衰微了，荒谬的学说、暴虐的行为又纷纷出现了，有臣子杀死君主的，有儿子杀死父亲的，礼崩乐坏，天下失序。孔子深感忧惧，挺身而出，编写了《春秋》。《春秋》寓褒贬，别善恶，为历史人物的评价树立了标准，确定了尺度，这本是天子应做的事情，然而却由孔子完成了。所以孔子说：知我罪我，恐怕就在于《春秋》吧！

孔子去世又百余年了，圣王不再，诸侯放肆，百家并作，处士横议，代表极端个人主义的杨朱和代表极端利他主义的墨翟之言充斥天下。杨朱主张极端个人主义，强调"重生""贵己"，拔一毛而利天下也不干，这种学说显然是要取消政治伦理，取消君臣关系，让人回到自然状态，这是取消政府，取消君王的学说。墨翟宣扬兼爱，主张爱无差等，认为自己的父亲与他人的父亲没有区别，这种理论引申下去，视人之父若己父，必然是人父与己父一样，事实上取消了父子一伦。杨朱取消了政治伦理和君臣一伦，墨家取消了血缘伦理和父子一伦，既无政治伦理，又无血缘伦理，人必然会回到与禽兽没有区别的丛林状态，故而是禽兽也。

杨朱、墨翟的学说充斥天下，孔子的学说就无法彰显，百姓则为荒谬的学说所蒙骗，这样人心被蒙蔽了，仁义发用的管道就被堵塞了。仁义被堵塞了，就是人间的爱心、恻隐之心被堵塞了，就是人间公平、正义被堵塞了。如果人人都没有爱心，没有公平正直之心，人类就会倒退到丛林世界之中，人类社会就会变成禽兽世界，而禽兽世界里人与人之间互相蚕食。孟子深为这种情况的出现而感到担忧与恐惧，于是挺身而出，捍卫古代圣人之道，反对杨朱、墨翟的学说。讲到了这里，孟子好辩的原因便非常清楚了。

在孟子看来，大禹战胜洪水而使天下太平，周公征服夷狄、赶跑猛兽而使百姓安宁，孔子编写《春秋》而使乱臣贼子畏惧。大禹、周公、孔子三代圣人都尽到自己的时代责任，完成了自己的时代使命。而他想端正人心，熄灭荒谬的学说，以此来继承禹、周公、孔子三位圣人的事业，尽到自己的历史责任，完成自己的时代使命。

唐代大文豪韩愈在《原道》一文中，提出了著名的"道统"说，认为中国文化的道统就是尧、舜、禹、汤、文、武、周公、孔子之道，孟子继承这个道统而来，孟子死了，这个道统就断了，不得其传了。韩愈的道统说不是凭空杜撰，可谓渊源有自。从孟子一治一乱的表述中，道统说已经呼之欲出了。

[10] 匡章①曰："陈仲子②岂不诚廉士③哉？居於陵④，三日

不食，耳无闻，目无见也。井上有李，螬⑤食实者过半矣，匍匐往，将食之，三咽，然后耳有闻、目有见。"

孟子曰："于齐国之士，吾必以仲子为巨擘焉。虽然，仲子恶能廉？充仲子之操，则蚓而后可者也。夫蚓，上食槁壤，下饮黄泉。仲子所居之室，伯夷之所筑与？抑亦盗跖⑥之所筑与？所食之粟，伯夷之所树与？抑亦盗跖之所树与？是未可知也。"

曰："是何伤哉？彼身织屦，妻辟纑，以易之也。"

曰："仲子，齐之世家也；兄戴，盖禄万钟；以兄之禄为不义之禄而不食也，以兄之室为不义之室而不居也，辟兄离母，处于於陵。他日归，则有馈其兄生鹅者，己频顣⑦曰：'恶用是鶂鶂⑧者为哉？'他日，其母杀是鹅也，与之食之。其兄自外至，曰：'是鶂鶂之肉也。'出而哇之。以母则不食，以妻则食之；以兄之室则弗居，以於陵则居之，是尚为能充其类也乎？若仲子者，蚓而后充其操者也。"

◎ **注释** ①〔匡章〕齐国人，有人认为，匡章是孟子的学生。杨伯峻先生认为，匡章是齐国大将，在齐威王时，统率齐国军队大败秦军，齐宣王时率军攻燕，并迅速攻克燕都。杨说为是。②〔陈仲子〕齐国人，世称陈仲、田仲，又称於陵仲子。《淮南子·氾论训》说他"不入污君之朝，不食乱世之食，遂饿而死"，恐不可信。③〔廉士〕有气节、行为方正、高洁之士。④〔於（wū）陵〕齐国地名，有的学者指出，故地在今山东邹平县东南。⑤〔螬（cáo）〕金龟子的幼虫。⑥〔盗跖〕春秋末年江洋大盗，姓展，名跖，因住在鲁国柳下，故又称柳下跖，"盗"，是对他的蔑称。在不少先秦著作中，盗跖代表恶人。⑦〔顣（cù）〕皱眉头。⑧〔鶂（yì）鶂〕亦作"鴺鴺"：鹅叫声。

◎ **大意** 匡章说："陈仲子难道不是真正的廉洁之士吗？居住在於陵，三天没吃东西，（饿得）耳朵失去听觉，眼睛失去视觉。井台上有个李子，已被虫子吃掉大半个了，他爬过去，拿起来吃，吃了三口，耳朵才听得见声音，眼睛才看得见东西。"

孟子说："在齐国的士人当中，我一定认为陈仲子是首屈一指的。虽然这样，陈仲子怎么能叫作廉洁？要想彻底实现陈仲子的节操，那只有把人变成蚯蚓才能做到。蚯蚓，在地上吃黄土，在地下喝泉水。而陈仲子住的房子，是伯夷造的呢，还是盗跖造的呢？他吃的粮食，是伯夷种的呢，还是盗跖种的呢？这些都还不知道呢。"

匡章说："这有什么关系呢？他自己编草鞋，妻子绩麻搓线，用它们换吃的、住的。"

孟子说："仲子是齐国的宗室大族。他的哥哥陈戴，从盖邑收入的禄米就有几万石；仲子认为哥哥的禄米来源不合道义，因而不吃，认为哥哥的房屋也是不义之财，因而不住，避开兄长，离开母亲，住在於陵。有一天回家，见有人送给他哥哥一只活鹅，他紧皱着眉头说：'要这种嗷嗷叫的东西做什么呢？'后来，他母亲杀了这只鹅，给他吃了。他哥哥从外面回来，告诉仲子：'（你吃的）就是那嗷嗷叫的东西的肉呀。'仲子便跑出去把吃的肉呕吐出来。因为是母亲的食物就不吃，因为是妻子的食物就吃；因为是兄长的房屋就不住，因为是在於陵就住了，这样还能扩展他那种廉洁吗？像陈仲子那样，人只有变成了蚯蚓才能实现他那种操守。"

◎ 释疑解惑

本章的中心议题是围绕陈仲子的行为辩廉洁，孟子认为，陈仲子可敬而不可学。如果将陈仲子的行为充类至尽，人不可能有正常的生活，只有蚯蚓才能做得到。

陈仲子，是齐国的宗室大族。他的哥哥陈戴，从盖邑收入的禄米就有几万石，陈仲子认为哥哥的禄米是不义之财（不是自己种的），因而不吃；认为哥哥的房屋（不是亲自盖的）也是不义之财，因而不住，避开兄长，离开母亲，带上妻子，离群索居，住在於陵。因而，举国皆称他为廉洁之士。齐国大将军匡章在孟子面前，对陈仲子称赞有加，认为陈仲子是一位真正的廉洁之士。居住在於陵，三天没吃东西，（饿得）耳朵失去听觉，眼睛失去视觉。井台上有个李子，已被虫子吃掉大半个了，他爬过去，拿起来吃，吃了三口，耳朵才听得见声音，眼睛才看得见东西。

在孟子看来，陈仲子怎么能叫作廉洁？如果完全像陈仲子那样不食人间烟火，那只有把人变成蚯蚓才能做到。蚯蚓，在地上吃黄土，在地下喝泉水。更何况，陈仲子住的房子是伯夷造的还是盗跖造的呢？他吃的粮食是伯夷种的还是盗跐种的呢？匡章回答说，陈仲子自己编草鞋，他的妻子绩麻搓线，以此换吃的、住的。自己动手，用自己的劳动成果去换取自己的衣食所需，当然是清洁的。因为是母亲做的食物就不吃，因为是妻子做的食物就吃；因为是兄长的房屋就不住，因为房屋在於陵就住了。把这种行为充类至尽，人只有变成了蚯蚓才可以。

继孟子之后，儒家代表人物荀子对陈仲子的行为进行了更为直接的批判。《荀子·非十二子》指出："忍情性，綦谿利跂，苟以分异人为高，不足以合大众、明大分；然而其持之有故，其言之成理，足以欺惑愚众。是陈仲、史鰌也。"陈仲即陈仲子。原来陈仲子的目的是抑制人的本性，故意不走人间大道，离世独居，标新立异，以与众不同为追求目标，这种人怎能称得上廉呢？而表面"廉"的背后无疑藏着更大的"贪"。贪者，贪名也。

陈仲子以其特立独行，赚足了世人眼球，然而，这种自命清高，不食人间烟火的行为不能是社会的常态，而是社会个别人的变态，如此廉士既不可取，更不可法。如果有人效法，无疑是社会的恶例。离群索居，"三日不食"，可以出名，人们会竞相通过"自虐"来博取世人注意，为自己赢得所谓的"名声"，这对社会的健康发展是极为不利的。

离娄上

　　《离娄上》共二十八章，内容丰富，中心议题比较集中。首先，仁与仁政思想。孟子的仁政是尧舜治天下的标准，不行仁政，就不能平治天下。仁决定着天下、国、家乃至个人的兴衰存亡，"三代之得天下也，以仁；其失天下也，以不仁"，指出"天下之本在国，国之本在家，家之本在身"，"人人亲其亲、长其长，而天下平"。从仁与仁政出发，孟子坚决反对战争，主张"善战者服上刑"。其次，民本思想。孟子提出了"得民心者得天下，失民心者失天下"的重要命题。再次，修身思想。在修身方面，孟子提出了"行有不得者，皆反求诸己"的著名命题，要求每一个人从自己做起，做好自己。

◎离娄上

[1] 孟子曰:"离娄①之明,公输子②之巧,不以规矩③,不能成方圆;师旷④之聪,不以六律⑤,不能正五音⑥;尧舜之道,不以仁政,不能平治天下。今有仁心仁闻⑦而民不被其泽、不可法于后世者,不行先王之道也。故曰,徒善不足以为政,徒法不能以自行。《诗》云:'不愆不忘,率由旧章⑧。'遵先王之法而过者,未之有也。圣人既竭目力焉,继之以规矩准绳,以为方员平直,不可胜用也;既竭耳力焉,继之以六律正五音,不可胜用也;既竭心思焉,继之以不忍人之政,而仁覆天下矣。故曰,为高必因丘陵,为下必因川泽;为政不因先王之道,可谓智乎?是以惟仁者宜在高位。不仁而在高位,是播其恶于众也。上无道揆⑨也,下无法守也,朝不信道,工不信度,君子犯义,小人犯刑,国之所存者幸也。故曰,城郭不完,兵甲不多,非国之灾也;田野不辟,货财不聚,非国之害也。上无礼,下无学,贼民兴,丧无日矣。《诗》曰:'天之方蹶,无然泄泄⑩。'泄泄犹沓沓也。事君无义,进退无礼,言则非先王之道者,犹沓沓也。故曰:责难于君谓之恭,陈善闭邪谓之敬,吾君不能谓之贼。"

◎ **注释** ①〔离娄〕相传为黄帝时人,目力极强,能于百步之外望见秋毫之末。②〔公输子〕姓公输,名班,又名"般""盘",又称公输班;因为是鲁国人,又被世人称为鲁班。中国古代杰出的能工巧匠和发明家。③〔规矩〕规,圆规,是画圆的工具。矩,曲尺,是画方的工具。④〔师旷〕春秋时期晋国的著名乐师,盲人,善辨音乐,相传孔子曾向他学琴。⑤〔六律〕相传中国黄帝时,伶伦截竹为筒,以筒长短分音之清浊高下,乐器之音以此为准则,是为音律。一套完整的律管共十二个,单数的六个管称"阳律",简称"律";双数的六个管称"阴吕",简称"吕",

各有六种,合称十二律。六律即"阳律"的六音,分别是太簇、姑洗、蕤宾、夷则、无射、黄钟。⑥〔五音〕中国古代音阶名称,即宫、商、角、徵、羽,与现代简谱中使用的1、2、3、5、6这五音大体相当。⑦〔仁闻(wèn)〕闻,声誉、名声,仁闻即美好的名声。⑧〔不愆(qiān)不忘,率由旧章〕出自《诗经·大雅·假乐》。愆,过失。率,遵循。旧章,先王的典章法则。⑨〔道揆(kuí)〕揆,尺度,准则。道揆,治理国家的准则。⑩〔天之方蹶(guì),无然泄泄(yì)〕出自《诗经·大雅·板》。蹶,动乱。泄泄,泄,通"呭",多言。一说弛缓,懈怠。

◎ **大意** 孟子说:"即使有离娄那样好的眼力、公输子那样好的巧技,不靠圆规和曲尺,也不能正确地画出(标准的)圆形和方形;有师旷那样好的听力,不借助六律,也不能校正五音;掌握了尧、舜之道,不实行仁政,也不能治理好天下。(一国之君)虽然拥有善良的心和美好的名声,老百姓却不能蒙受他的恩泽,依然不能为后世所效法,是因为他没有实行先王之道的缘故。所以说,仅有善心不足以办好政事,仅有好的法度,也不会自动发挥效用。《诗经·大雅·假乐》上说:'不犯错误,不要遗忘,一切都遵循旧的规章。'依照先王的法度而过分的,这是从来没有的事。圣人既竭尽了目力之所能,然后再用圆规、曲尺、水准器、墨线这些工具,去制作方的、圆的、平的、直的器物,这些器物就会用之不尽了;圣人既竭尽了耳力之所能,(同时又)用六律来校正五音,音调也就会用之无穷无尽了;圣人既竭尽了心思(来考虑政事),(同时又)施行仁政,仁德就遍满天下了。所以说,要建高台就一定要凭借山陵,要挖深池就一定要凭借河泽;处理政务不凭借先王之道,可以称之为聪明吗?因此,只有品德高尚的人才可以处在社会的上层,品德不好的人处在社会的上层,这就等于把他的邪恶传播给众人。在上位的人没有治理天下的尺度,而下层民众没有可守的法度,做官的人不相信道义,工匠们将不遵循法度,君子违反道义,小人触犯刑律,这样国家还能生存的,真是太侥幸了。所以说,城墙不够坚固,士兵与武器不够多,不是国家的灾难;土地没有开垦,财富没有积聚,不是国家的祸害。在上位的人不讲礼义,在下位的人不愿意学习,危害社会的人兴风作浪,离国家的灭亡就没有几天了。《诗经·大雅·板》上说:'上天正要降下祸乱,不要再多言。'多言,就是说话喋喋不休。侍奉君主不讲道义,行为不合礼仪,开口便诋毁先王之道,就是喋喋不休。所以说,责求君王施行仁政,这叫'恭';向君王言说仁义,堵塞他的邪念,这叫'敬';认为自己的国君不能行仁政,这叫'贼'。"

◎ 释疑解惑

时下不少攻击儒学的人物一再强调儒家只讲人治，不讲法治，更不讲制度规范，《孟子》这一章可以说是对这一言论的有力回击。

通读全章，孟子既重人治，强调人在社会治理的主体地位及其作用，但也强调规矩法度，认为二者缺一不可。如果一任人治，而没有制度规范，即使你有离娄那样百步之外可察秋毫之末的眼力，有鲁班那样的技术，失去了圆规和曲尺，也不能画出标准的圆形和方形的东西出来；即使你有师旷那样好的听力，不借助六律，也不能校正五音。从某种意义上说，离娄、鲁班技术再高超与娴熟，没有规矩也不能成方圆。规矩就是标准，就是尺度，有了这样的标准、尺度，一般的工匠也能成就方圆。

那么治理天下有没有一个标准、规矩、尺度呢？孟子认为有。一位国君即使掌握了尧、舜之道，无论个人的才华如何出众，如果不实行仁政，也不能治理好天下。治理国家的标准、尺度、规矩就是仁政。这个标准是客观的，不是主观的。依照这个标准去治理天下国家，才能真正将国家治理好。

天下国家的治理不是看一个国君的主观愿望，一位国君无论主观上如何善良，社会美誉度如何好，老百姓如果不能感受到他的恩泽，感受到他带来的利益，那就不能成为后世学习、效法的榜样。由此孟子指出，良好的主观愿望、一个善心只是治理天下国家的必要条件，不是充分必要条件。"徒善不足以为政"，为政一定不仅仅看其主观愿望，更要看其为政的客观效果。一方面只有良好的主观动机、善心不足以为政，反过来说，"徒法不能以自行"，这是说仅有好的法度、规章、制度，这些规章、制度也不会自动发挥效用。任何规章、制度都需要人去执行，所以没有人，没有高素质的人去执行，任何好的规章制度、法律法规都是一堆废品。

孟子主张在治理天下国家时，应当主观与客观相统一，动机与效果相一致，既要充分挖掘人的主观潜能，又要充分尊重规章制度。他说：圣人既竭尽了目力之所能，然后再用圆规、曲尺、水准器、墨线这些工具，去制作圆的、方的、平的、直的器物，这些器物就能用之不尽了；圣人既竭尽了耳力之所能，用六律来校正五音，音调也就能用之无穷无尽了；圣人既竭尽了心思来考虑政事，同时又推行仁政，仁德就会布满天下了。由此看来，儒家何尝只重视人治，不尊重法治，而是强调二者相协调、相配合。

而战国时代的问题，不是以上两者不能协调、配合，而是两者皆缺。在上位的人没有治理天下的尺度，而下层民众没有可守的法度，社会规范没有了，上层人士没有规范，下层百姓做事也没有规矩、标准，即使还有规矩，有章法，但已经没有人相信，没有人坚守了，以至于做官的人不相信道义，工匠们不遵循规矩尺度，君子违反道义，小人触犯刑律；这样国家还能存在下去，不过是侥幸而已。所以说，城墙不够坚固，士兵与武器不够多，不是国家的灾难；土地没有开垦，财富没有积聚，不是国家的祸害。在上位的人不讲礼义，在下位的人不愿意学习，危害社会的人兴风作浪，国家离灭亡就没有几天了。孟子的思想与孔子的思想高度一致，孔子认为，一个国家有三种实力：足食、足兵、民信之矣。食与兵是硬实力，而信是一种软实力，在孔子看来，硬实力其实不硬，软实力一点也不软，甚至比硬实力还硬。去食、去兵，不能失信于民，民无信不立。孟子所说的城墙、甲兵是硬实力，相当于孔子的"足兵"；田野辟，财货聚，相当于孔子的"足食"；而"上无礼，下无学，贼民兴"相当于孔子的信。在孟子看来，前两者都不可怕，最可怕的是"上无礼，下无学，贼民兴"，如果这样，国家就快要灭亡了。责求君王施行仁政，这才是对国君真正的"恭"；向君王陈说仁义，去掉他的邪恶的想法，这才是对国君真正的"敬"；而认为自己的国君不能行仁政，不要求他去行政，这才是真正危害国君的奸贼。

本章言简意赅，是孟子治国理政思想的精准呈现，孟子既非动机论者，也非效果论者，而是强调二者统一；既非主观论者，也非客观论者，而是主张二者相统一。这一思想至今仍然闪烁着智慧的光芒，值得我们深思。

[2] 孟子曰："规矩，方员之至也；圣人，人伦之至也。欲为君，尽君道；欲为臣，尽臣道。二者皆法尧舜而已矣。不以舜之所以事尧事君，不敬其君者也；不以尧之所以治民治民，贼其民者也。孔子曰：'道二，仁与不仁而已矣。'暴其民甚，则身弑国亡；不甚，则身危国削，名之曰'幽''厉'①，虽孝子慈孙，百世不能改也。《诗》云：'殷鉴不远，在夏后之世②。'此之谓也。"

◎ **注释** ①〔'幽''厉'〕幽、厉都是恶谥。恶谥的评价是负面的，不是正面的。《逸周书·谥法解》："雍遏不通曰幽，动祭乱常曰幽。杀戮无辜曰厉。"周厉王暴虐，又以杀止谤，终于激起国人暴动，被逐出京城。周幽王宠爱褒姒，信佞臣，最终死于非命。②〔殷鉴不远，在夏后之世〕出自《诗经·大雅·荡》。鉴，镜子，后引申为借鉴，教训。殷朝可资借鉴的教训并不遥远，就是它的前代夏王朝。

◎ **大意** 孟子说："圆规、曲尺，是圆和方的最高标准；圣人，是处理人际关系的最高标准。想做一个好君主，就要完全符合君主的标准；想做一个好的臣，就要完全符合臣的标准。二者都效法尧、舜就行了。不用舜侍奉尧的态度来侍奉君主，就是不敬重他的君主；不用尧治理百姓的方法来治理百姓，就是残害他的百姓。孔子说：'道只有两种，仁和不仁罢了。'残暴地对待老百姓，重则自己被杀、国家灭亡；轻则自身危险、国家削弱，死后被加上'幽''厉'的恶名，即使他有孝顺的子孙，经历一百代也是更改不了的。《诗经·大雅·荡》上说：'殷朝可资借鉴的教训并不远，就在前代的夏朝。'说的就是这个意思。"

◎ **释疑解惑**

尧舜，在儒家的学说当中不仅仅代表着一个时代，一个美好、令人向往的时代，同时他们又是人格典范，是天下为公的圣王的化身。孟子又指出了尧舜的另一层意义：君臣关系的榜样与典型。

"规矩，方员之至也；圣人，人伦之至也。"人伦，即伦理关系，伦理关系主要有两个指向，一是指向血缘伦理，一是政治伦理。政治伦理即君臣一伦，这是人之大伦。儒家的政治观是，君要做最好的君，臣要做最好的臣。谁是最好的君？何人是最好的臣？孟子指出：尧是最好的君，舜是最好的臣。不用舜对待尧的方式来对待其国君，就是不敬重他的国君；不用尧治理百姓的方法来治理百姓，就是残害他的百姓。如何做君，尧是榜样；如何做臣，舜是榜样；如何处理君臣关系，尧舜是榜样。

君臣不以尧舜为榜样，国家就会遭殃。一位暴君，不以尧治民的方法治民，就会永远被钉在历史的耻辱柱上，死后冠以"幽""厉"的谥号。如周幽王沉溺酒色，宠爱褒姒，贪婪成性，破坏制度，废嫡立庶，最后导致被杀。如周厉王姬胡，执政之时，与民争利，残酷暴虐，甚至还发明了止谤之法，谁敢发表不同政见就杀死谁，最后天怒人怨，国人暴动，被逐出王都，客死异乡。一个政治人物一旦被钉上历史耻辱柱，虽孝子贤孙，百世不能改也，这个历史污点永远不可能被抹去。

[3] 孟子曰:"三代①之得天下也以仁,其失天下也以不仁。国之所以废兴存亡者亦然。天子不仁,不保四海;诸侯不仁,不保社稷;卿大夫不仁,不保宗庙②;士庶人不仁,不保四体。今恶死亡而乐不仁,是犹恶醉而强酒。"

◎ **注释** ①〔三代〕即夏、商、周三代。②〔宗庙〕古代祭祀先祖的家庙,天子、诸侯、大夫、士都有自己的家庙,庶人无庙。杨伯峻认为,卿大夫有采邑,然后有宗庙,孟子这里所说的宗庙实指采邑,可备一说。

◎ **大意** 孟子说:"夏、商、周三代取得天下,是由于仁;他们失掉天下,是由于不仁。国家衰败、兴盛、生存、灭亡的原因也在于此。天子不仁,就不能保有天下;诸侯不仁,不能保有国家;卿大夫不仁,不能保有宗庙;士人和百姓不仁,不能保全自身。如果害怕死亡,却又行不仁之事为乐,这就像害怕喝醉却偏要多喝酒一样。"

◎ **释疑解惑**

仁是儒家的核心价值观,是儒家赖以判断天下国家兴衰存亡的标准与尺度。"道二:仁与不仁而已矣",大禹、商汤、文王仁,所以得天下;夏桀、商纣王不仁,即失掉天下,国家衰败、兴盛、生存、灭亡的原因取决仁与不仁而已。由此孟子说:天子不仁,就不能保有天下;诸侯不仁,不能保有国家;卿大夫不仁,不能保有宗庙;士人和百姓不仁,不能保全自身。如果害怕死亡,却又以行不仁之事为乐,这就像害怕喝醉却勉强多喝酒一样。在孟子看来,仁是普遍原则,无论是立身、齐家、治国、平天下都离不开仁,它适用于一切领域,一切与人相关的领域;仁是绝对原则,只有行仁、践仁,才能保其国、保其家、保其身。仁是判断家国天下兴衰存亡的依据,由仁或不仁我们可判断一家、一国乃至天下之兴衰存亡。

◎ 离娄上

［4］ 孟子曰："爱人不亲，反其仁；治人不治，反其智；礼人不答，反其敬；行有不得者，皆反求诸己。其身正，而天下归①之。《诗》云：'永言配命，自求多福②。'"

◎ **注释** ①〔归〕史家多注为"就"，即归顺、来归之意，然而，我们认为，这于理不通。其身正，天下来归或者天下归向你，这是不可能的。这里"归"就是《论语·颜渊》中"一日克己复礼，天下归仁焉"之"归"，归仁即称赞仁。天下归之即天下称赞之，只要你一身正气，自己行得正，天下都会称赞你。②〔永言配命，自求多福〕出自《诗经·大雅·文王》。言，想着，记住。命，天命，天道。

◎ **大意** 孟子说："爱别人，别人却不亲近自己，就要反问自己：我对别人的仁爱够了吗？管理别人却管理不好，就要反问自己：我的才智够了吗？以礼待人，别人却不理睬，就要反问自己：我的恭敬够了吗？只要自己行为有得不到预期效果的，都要反过来向自身上找原因。自身端正了，天下的人就会称赞他。《诗经·大雅·文王》上说：'永远想着自己的德行是否与天命相配合，自己努力求得更多福报。'"

◎ **释疑解惑**

熊十力先生曾说，圣贤学问，一点血脉，"反求诸己"四字而已。足见"反求诸己"之重要意义。

"反求诸己"在儒家思想体系中具有重要意义与价值，它是思考问题的方法，也是处理问题的方式，在这里主要是修己之方。"爱人不亲，反其仁；治人不治，反其智；礼人不答，反其敬；行有不得者，皆反求诸己。"社会是由人以及人与人之间错综复杂的关系组成的。任何一个人，无论贫富贵贱，还是男女老少，都要与人打交道，都要处理各种各样的关系。由于人们的出生家庭不同、文化背景不同、生活阅历不同，所接受的历史文化传统、风俗习惯等等不同，人们自然会形成不同的观念、思想，乃至处理问题的不同方式，这样人与人打交道就难免出现误会、矛盾与冲突。误会、矛盾、冲突出现之后，是指责对方呢，还是自我反省，自我检讨？是在对方身上找原因呢，还是从自身找原因？前者是求诸人，后

183

者是反求诸己。

"行有不得者,皆反求诸己",体现着人的修养,表现着人的气度。反求诸己不是无能,更不是无力,而是道德力量的真实表现。"其身正,而天下归之",一旦反求诸己,做到仁、智、敬,天下人都会称赞。

[5] 孟子曰:"人有恒言,皆曰'天下国家'。天下之本在国,国之本在家,家之本在身。"

◎ **大意** 孟子说:"人们常说的一句话,都说'天下国家'。天下的根本在于国,国的根本在于家,家的根本在于自身。"

◎ **释疑解惑**
"天下国家"经常被古人挂在嘴边,相当于我们今天常说的家国情怀。孟子指出,人们会说天下国家,却不了解天下国家的主次本末。天下的根本在于国,国之根本在家庭,家庭的根本在于每一个人。治理天下国家应从每一个人做起,如果每一个人自身都修养好了,家庭就和睦了;每一个家庭和睦了,国家就安定了;国家安定了,天下也就太平了。

[6] 孟子曰:"为政不难,不得罪于巨室①。巨室之所慕,一国慕之;一国之所慕,天下慕之;故沛然德教溢乎四海。"

◎ **注释** ①〔巨室〕贤明卿大夫之家,相当于我们今天所谓的政治家族、政治世家。

◎ **大意** 孟子说:"从事政治活动并不难,不冒犯那些有影响的贤明世宦大家就可以了。他们所敬慕的,全国都会敬慕;全国所敬慕的,天下都会敬慕;所以道德教化就会充实、饱满地流布于天下了。"

◎ **释疑解惑**
本章的意义不是告诉人们从政的经验,而是告诉人们贤大夫之家在国家政治生活中的作用。在中国传统社会里，大夫之家尤其是贤大夫之家世代为政，累积了大量的政治资源与政治经验，他们的一举一动都关乎政治形势的发展，甚至有风向标意义。他们所敬慕的，全国人都会敬慕；全国所敬慕的，天下都会敬慕。通过他们的示范作用，道德教化沛然溢乎四海。

[7] 孟子曰："天下有道，小德役大德①，小贤役大贤；天下无道，小役大，弱役强。斯二者，天也。顺天者存，逆天者亡。齐景公曰：'既不能令，又不受命，是绝物②也。'涕出而女于吴③。今也小国师大国而耻受命焉，是犹弟子而耻受命于先师也。如耻之，莫若师文王。师文王，大国五年，小国七年，必为政于天下矣。《诗》云：'商之孙子，其丽不亿。上帝既命，侯于周服。侯服于周，天命靡常。殷士肤敏，裸将于京④。'孔子曰：'仁不可为众也。夫国君好仁，天下无敌。'今也欲无敌于天下而不以仁，是犹执热而不以濯也。《诗》云：'谁能执热，逝不以濯⑤？'"

◎ **注释** ①〔小德役大德〕即小德役于大德，"于"字省略。役，役使、听命。②〔绝物〕赵岐《注》："物，事也。大国不与之通朝聘之事也。"齐景公以为既不能号令他国，也不愿接受他国的号令，与其他国家没有外交关系，这样就是"绝物"，即走投无路。③〔涕出而女（nù）于吴〕女，嫁女儿。吴是当时的强国，齐国无法与吴国抗衡，齐景公只好把自己的女儿嫁给吴王阖闾。④〔商之孙子，其丽不亿。上帝既命，侯于周服。侯服于周，天命靡常。殷士肤敏，裸（guàn）将于京〕出自《诗经·大雅·文王》。丽，数目。亿，古时称十万为亿，这里形容众多。侯，语助词，没有具体含义。肤敏，朱熹注为"肤，大；敏，达"。裸，祭祀时酹酒迎神。将，助祭。京，周的京都，在今陕西西安。⑤〔谁能执热，逝不以濯（zhuó）〕出自《诗经·大雅·桑柔》。执，救治。逝，发语词，无义。濯，清洗。

◎ **大意** 孟子说："天下太平的时候，道德高尚的人支配道德低下的人，贤能的人支配不贤能的人；天下大乱的时候，力量小的受力量大的役使，势力弱的受势力强的役使。这两种情况，都是天理。顺从天理的就能生存，违逆天理的就要灭亡。齐景公说过：'既不能号令他人，又不愿听从别人号令，这是自绝于世界。'景公因此流着眼泪把女儿嫁到吴国去。现在，小国效法大国，却又耻于接受大国命令，这就好比学生耻于接受老师的命令一样。如果真的感到羞耻，那就不如效法文王。效法文王，大国只需五年，小国只需七年，一定能一统整个天下。《诗经·大雅·文王》说：'商朝子子孙孙，不下十万余人。上帝既已授命于文王，他们都要归附周朝。都向周朝归顺，可见天的授命并不是恒常的。殷朝的臣子漂亮又聪明，都行裸献之礼，助祭在周王京城。'孔子说：'仁的力量的大小是不能以人数的多少来判定的。国君爱好仁德，就能天下无敌。'如果想无敌于天下而又不实行仁政，这就像热得受不了而又不肯洗澡一样。《诗经·大雅·桑柔》说：'谁能热得受不了，却又不去洗个澡？'"

◎ 释疑解惑

本章的核心观念：天道与仁德。

天有两种表现方式：一是治世之"天"。在道体流行、天下太平的时代里，道德高尚的人支配道德低下的人，贤能的人支配不贤能的人，这是治世之"天"。二是乱世之"天"。在道体不彰、天下大乱的时代，力量小的受力量大的役使，势力弱的受势力强的役使，这是乱世之"天"。

天是人自身无法抗拒的趋势，人只能顺天而行，不能逆天而为。顺天者存，逆天者亡。齐景公作为北方大国之君，他也知道：既不能号令他人，又不愿听从别人号令，只能自绝于天下诸侯。虽然他爱自己的女儿，也知道自己的女儿一旦嫁入吴国，终生难以再见。但面对吴国的强势，他只能流着眼泪把女儿嫁到吴国去。战国时代，大国称霸，小国受欺，小国避免受欺也想效法大国使自己走向强大，但又耻于接受大国命令，这样小国仍然试图在力量上与大国较量。孟子认为，这种知耻并不是真正的知耻。

耻与不耻是德的问题，不是力的问题，如果小国真正知耻，不是效法大国之力，而应效法文王之德。效法文王，大国只需五年，小国只需七年，一定会获得治理天下的权力。正如《诗经·大雅·文王》中说：商朝子子孙孙，多达十万人。上帝既已授命于文王，他们都要归附周朝。商的子孙归顺周朝，天命无常。孔子也说：国君爱仁，天下无敌。孟子指出，如果真正想拥有力量而无敌于天下，那就实行仁政。希望自己无敌于天下却又不行仁政，是达不到目的的。

◎ 离娄上

战国时代，是尚力的时代，大国竞争需要力，小国自保也需要力。孟子明确指出力在乱世中代表着天意、天道、天理，弱固不可敌强，小固不可敌大，"小役大，弱役强"，这是天命，这是天道，这是天理。然而，力量从何而来？如何才能获得无敌于天下的力量呢？无论是大国，还是小国，都是就力言力，没有探寻力量的来源。孟子指出，效文王，行仁政，将无敌于天下。仁者无敌。仁是德，不是力，仁政是德政，也不是尚力，然而它却是力量的真正来源。

不论是大国还是小国，顺天道，效文王，崇仁德，行仁政，都将无敌于天下。

[8] 孟子曰："不仁者可与言哉？安其危而利其菑①，乐其所以亡者。不仁而可与言，则何亡国败家之有？有孺子歌曰：'沧浪②之水清兮，可以濯③我缨④；沧浪之水浊兮，可以濯我足。'孔子曰：'小子听之！清斯濯缨，浊斯濯足矣。自取之也。'夫人必自侮，然后人侮之；家必自毁，而后人毁之；国必自伐，而后人伐之。《太甲》曰：'天作孽，犹可违；自作孽，不可活。'此之谓也。"

◎ **注释** ①〔菑（zāi）〕同"灾"。②〔沧浪〕前人有多种解释：有人认为是水名（即汉水支流），有人认为是地名，有的学者认为是指水的颜色，即青苍色。本书以后者为是。③〔濯（zhuó）〕洗。④〔缨〕系帽子的丝带。

◎ **大意** 孟子说："不仁的人还能同他讲道理吗？他们将危险视为安全，将灾祸视为大吉大利，把足以导致亡国败家的事当作快乐来追求。不仁的人如果还能同他讲道理，怎么会有亡国败家的事呢？从前有个孩子唱道：'沧浪的水碧清哟，可以洗我的帽带；沧浪的水浑浊哟，可以洗我的脚。'孔子说：'学生们听着！水清就洗帽带，水浊就只能用来洗脚了。这是取决于水自身啊。'所以一个人必然是先有自取侮辱的行为，人家才来侮辱他；一个家必然是先有自取灭亡的行为，人家才来毁败它；一个国必然是先有自取讨伐的行为，别人才来讨伐它。《太甲》上说：'上天降下灾祸，还可以躲避；自己闯祸作乱，那就逃不掉了。'说的就是这个意思。"

◎ **释疑解惑**

本章的中心意思是说祸由自取，福由自求，取祸求福，处仁与不仁而已。

"道二，仁与不仁而已矣。"对每一个百姓是这样，对于任何国君同样如此，小到一家，大到一国，无不如此。

孟子认为，选择了仁，就是选择了福；选择了不仁，也就是选择了灾祸。一个国君自己不德不仁，又不听他人的劝告，结果是陷入险境却自以为安全，将灾祸视为大吉大利，把足以导致亡国败家的事当作快乐来追求。一个国君自己的德行不好如果还能听进别人的劝告，怎么会有亡国败家的事发生呢？从前有个孩子唱道："沧浪的水碧清哟，可以洗我的帽带；沧浪的水浑浊哟，可以洗我的脚。"孔子对学生说：你们听着！水清就能洗帽带，水浊就只能用来洗脚了。这是由水自己招来的。所以一个人必然是先有自取侮辱的行为，人家才来侮辱他；一个家必然是先有自取灭亡的行为，人家才来毁败它；一个国必然是先有自取讨伐的行为，别人才来讨伐它。正如《太甲》上所说："天作孽，犹可违；自作孽，不可活。"

福由自求，祸由自作，福祸之由也要反求诸己。人必自侮、自毁、自亡，然后人侮之、人毁之、人亡之。什么叫自侮、自毁、自亡？处不仁就是自侮、自毁、自亡。处仁就是处安，处不仁就是处祸。一个人修为不够，德行不高，如果能听进仁人劝告，也不至于败家亡国，一个人修为不够，德行不高，又不听仁人劝告，那么败家亡国就不可避免。

[9] 孟子曰："桀纣之失天下也，失其民也；失其民者，失其心也。得天下有道：得其民，斯得天下矣。得其民有道：得其心，斯得民矣。得其心有道：所欲与之聚之，所恶勿施尔也。民之归仁也，犹水之就下、兽之走圹①也。故为渊驱鱼者，獭也；为丛驱爵②者，鹯③也；为汤、武驱民者，桀与纣也。今天下之君有好仁者，则诸侯皆为之驱矣。虽欲无王，不可得已。今之欲王者，犹七年之病求三年之艾④也。苟为不畜⑤，终身不得。苟不志于仁，终身忧辱，以

◎ 离娄上

陷于死亡。《诗》云：'其何能淑，载胥及溺⑥。'此之谓也。"

◎ **注释** ①〔圹（kuàng）〕旷野。②〔爵〕同"雀"。③〔鹯（zhān）〕亦称"晨风"，一种似鹞的猛禽。④〔三年之艾〕治病用的艾草，干的时间越长越好用。意味如果平时不准备，用到时则难以得到。⑤〔畜〕同"蓄"，储备。⑥〔其何能淑，载胥及溺〕出自《诗经·大雅·桑柔》。淑，善。载，则。胥，相，全。及，与。

◎ **大意** 孟子说："桀和纣失去天下，是由于失去了百姓；失去百姓，是由于失去了民心。取得天下有个方法：得到百姓的拥护，就能得到天下了。得到百姓拥护也有个方法：赢得民心的认同，就能得到百姓了。得民心也有个方法：他们想要的，就多给他们；他们厌恶的，不要强加给他们，如此而已。百姓归向于仁，如同水往低处流、野兽奔向旷野一样。所以，为深水赶来鱼的是水獭；为树丛赶来鸟雀的是鹯鹰；为商汤、周武王赶来百姓的，是夏桀和商纣。如果现在天下的国君有爱好仁的，那么诸侯们都会替他把百姓赶来了。即使他不想统一天下，也不可能了。现在想统一天下的人，好比害了七年的病要找存放了三年的陈艾来医治。如果平时不积蓄，那就终身得不到。如果不立志行仁政，必将终身处于忧愁和侮辱之中，以至于死亡。《诗经·大雅·桑柔》上说：'那怎能把事办好，不过一起落水灭顶罢了。'说的就是这种情况。"

◎ **释疑解惑**

天下是怎样丧失的，又是怎样获得的，是本章讨论的焦点问题。

孟子对这一问题的回答至今仍然是颠扑不破的真理，值得一切当权者深思。

孟子基于历史中成功的经验与失败的教训展开他的论述。孟子时代，去古未远，统治者对夏商周三代的历史记忆犹新。夏桀和商纣之所以失去天下政权，是由于失去了百姓的拥护；之所以失去了百姓的拥护，是由于他们失去了民心。从反面的历史教训中，可以得出正面的结论：取得天下政权有个方法：那就是要得到百姓的拥护，只有得到百姓的拥护，才能得到天下政权。得到百姓的拥护也有个方法：取得民心的认同，一旦民心归顺，就能得到百姓的拥护了。得民心也有个方法：百姓想要的，就多给他们；他们厌恶的，不要强加给他们，如此而已。孟子由浅入深，由表及里，层层深入，直指问题的要害与核心，对政权得失做了令人信服的阐述，形成了政权的得失取决于民，而得民在得民心，得民心在从民欲，即政权→百姓→民心→民欲层层递进的逻辑链条。这一逻辑链条至今仍然发

189

人深省。

仁是人的本性，人人有向往仁、归于仁的内在要求。百姓归向于仁的要求，如同水往低处流、野兽奔向旷野一样，是再自然不过的事情了。将鱼赶往深水的是水獭，将鸟雀赶往树丛的是鹯鹰；替商汤、周武王赶来百姓的，是夏桀和商纣。战国时代，天下无道，如果出现爱好仁的国君，那么天下诸侯都会替他把百姓赶来。天下百姓归顺，即使不想统一天下，也不可能了。但现在想统一天下的人，好比害了七年的病要找存放了三年的陈艾来医治，如果平时不积蓄，那就一辈子也得不到三年陈艾。国君如果不立志行仁政，必将终生处于忧愁和羞辱之中，而一统天下只能永远存在于梦想中。

[10] 孟子曰："自暴①者，不可与有言②也；自弃者，不可与有为③也。言非礼义，谓之自暴也。吾身不能居仁由义，谓之自弃也。仁，人之安宅也；义，人之正路也。旷④安宅而弗居，舍正路而不由⑤，哀哉！"

◎ **注释**　①〔暴〕残害。②〔有言〕言，善言。有理、有益之言。③〔有为〕有所作为，共同为善。④〔旷〕此作动词用，意为空出。⑤〔由〕遵循，行走。

◎ **大意**　孟子说："自己残害自己的人，不可能同他讲道理；自己抛弃自己的人，不可能同他有所作为。说话诋毁礼义，这叫自己残害自己；自认为不能将自己的心放在仁的境界里、遵循道义去行动，这叫自己抛弃自己。仁是人们最安全的住所，义是人们最正确的道路。闲置安全的住所而不住，放弃正确的道路不走，真可悲啊！"

◎ **释疑解惑**

此章文字不多，却意味深远，其在孟子思想系统中占有重要地位。

"自暴自弃"是今天我们经常使用的成语，然而却很少有人知道其原始含义。什么叫自暴？何者是自弃？在孟子那里有着严格的规定。自暴是指说话诋毁礼义，自弃是指不能居仁由义，即不能从事道德的实践活动，不承认自己是道德的主体。仁，是最安全的精神家园，是人的灵魂最大的宅院，义是人最正确的道路。然而，闲置自己的安宅而弗居，任其荒芜、崩塌，放弃正道而不走，任其茅塞，这是人最大的悲哀！

何以安身？何以立命？孟子告诉我们唯居仁由义而已。居仁由义与反求诸己相互配合，反求诸己是从方法上说，居仁由义是从方式、状态处讲，反求诸己的己就是仁与义，居仁由义是对反求诸己的积极展开。

[11] 孟子曰："道在迩①而求诸远，事在易而求诸难：人人亲其亲、长其长，而天下平。"

◎ **注释** ①〔迩〕近。

◎ **大意** 孟子说："道在近处却向远处去寻找；事情本来容易，却往难处去做：只要人人亲爱自己的父母、尊敬年长于自己的人，天下就太平了。"

◎ **释疑解惑**

"道不远人，人之为道而远人，不可以为道。"这是《中庸》的话，也是儒家的基本观念。孟子同样认为道在近处，在自己的周围，乃至在自己的身上，然而人们却向远处去求道，向自身之外去求道，这正像《中庸》中所说，拿着斧头的柄子去砍斧头柄，用眼睛到处寻找标准的斧头柄，其实斧头的柄就在自己的手里。

在孟子看来，处理问题并不难，就是从自身做起，从每一个人做起，从每一个家庭做起。"天下之本在国，国之本在家，家之本在身"，每一人做好了，人有修养了，每一个家庭的关系处理好了，天下就太平了。

[12] 孟子曰："居下位而不获于上①，民不可得而治也。获于上有道，不信于友，弗获于上矣。信于友有道，事亲弗悦，弗信于友矣。悦亲有道，反身不诚，不悦于亲矣。诚身有道，不明乎善，不诚其身矣。是故诚者，天之道也；思诚者，人之道也。至诚而不

动者，未之有也；不诚，未有能动者也。"

◎ **注释**　①〔获于上〕获，得。获于上，就是得到上司的信任。

◎ **大意**　孟子说："职位低的官员得不到上级的信任，就治理不好自己管辖的百姓。要取得上级的信任有方法，（首先要得到朋友的信任，）如果得不到朋友的信任，也就不会得到上级的任用。要得到朋友的信任有方法，（首先要得到父母的欢心，）侍奉父母不能使父母欢心，也就不会得到朋友的信任。得到父母的欢心有方法，（首先要诚心诚意，）如果反省自己没有做到诚心诚意，也就得不到父母的欢心。要使自己做到诚心诚意有方法，（首先要明白什么是善，）如果不明白什么是善，也就不会使自己诚心诚意。所以，诚是天道，追求诚是人道。完全达到了诚的境界而不能使人感动，是从不会有的事；自己做不到诚，是不会感动别人的。"

◎ **释疑解惑**

此章与《中庸》二十章部分段落内容高度一致，绝对不是巧合，而是因为《孟子》此章源于《中庸》，或者说就是对《中庸》的直接引用。

孟子引用《中庸》此章目的何在？我们认为此章内容与上一章的内容是贯通的，上一章"人人亲其亲、长其长，而天下平"，主要指向是由内而外，也可以说是儒家外王工夫；而此章旨在说明儒家的内圣成德之路，也可以说是由外而内。

从"获于上"开始步步内转，获于上就要信于友，信于友就是必须悦于亲，悦于亲就必须做到诚，做到诚就要明乎善。诚是天道，追求诚是人道。天道是超越性存在，绝对、普遍、永恒，天道贯于人道，人道即是天道。人不仅客观地存有天道，还会自觉地追求天道，呈现诚，实现诚，完成诚，达到至诚，将人之所以为人的本质充分体现出来，实现天人合一。

[13]　孟子曰："伯夷辟纣，居北海[①]之滨，闻文王作，兴曰：'盍归乎来！吾闻西伯善养老者。'太公辟纣，居东海之滨[②]，闻文王作，兴曰：'盍归乎来！吾闻西伯善养老者。'二老者，天下之大老也，而归之，是天下之父归之也。天下之父归之，其子焉往？诸侯

有行文王之政者，七年之内，必为政于天下矣。"

◎ **注释**　①〔北海〕指渤海。②〔东海之滨〕据《史记·齐太公世家》载，太公望吕尚者，东海上人，即今山东日照人。

◎ **大意**　孟子说："伯夷躲避纣王，隐居在北海边，听说文王兴盛起来了，便说：'为什么不去投奔文王呢！我听说文王善于奉养老人。'太公躲避纣王，隐居在东海边，听说文王兴盛起来了，便说：'为什么不去投奔文王呢！我听说文王善于奉养老人。'这两位老人，是天下德高望重的老人，（他们）投奔了文王，这就代表天下做父亲的都归顺于文王了。天下做父亲的都归顺了文王，他们的儿子能到哪里去呢？如果有诸侯能实行文王那样的仁政，七年之内，一定能统一天下。"

◎ **释疑解惑**

商朝末年，纣王残暴不仁，天下无道，社会精英纷纷出走，以逃避无道商纣的整肃。伯夷，古之仁人，是商朝末年道德的化身，出走北海。吕望，商朝末年智慧的化身，因避纣王而居东海之滨。伯夷、吕望的出走，代表着天下精英对商纣王的绝望，也是对商王朝黑暗政治的批判与抗议。然而，一旦他们听言周文王振作起来，将大有为于天下，就十分兴奋，高唱着"为什么不到西伯那里去呢？西伯善于奉养老人"。伯夷、吕望作为天下最有威望的两位老人，他们的动向关乎天下人的动向。孟子认为，如果有诸侯真能效法周文王，行仁政，天下人必然归顺，七年之内必然会一统天下。

[**14**]　孟子曰："求也为季氏宰①，无能改于其德，而赋粟倍他日。孔子曰：'求非我徒也，小子鸣鼓而攻之可也②。'由此观之，君不行仁政而富之，皆弃于孔子者也，况于为之强战？争地以战，杀人盈野；争城以战，杀人盈城，此所谓率土地而食人肉，罪不容于死。故善战者③服上刑，连诸侯者④次之，辟草莱、任土地者⑤次之。"

◎ **注释** ①〔求也为季氏宰〕求，姓冉，名求，孔子的学生。曾任鲁国执政大夫季氏的家臣。②〔小子鸣鼓而攻之可也〕源自《论语·先进》：季氏富于周公，而求也为之聚敛而附益之。子曰："非吾徒也。小子鸣鼓而攻之可也。"小子，孔子的学生。鸣鼓而攻，公开声讨。③〔善战者〕善于作战的人，如孙膑、吴起等。④〔连诸侯者〕即纵横之士，如张仪、苏秦等。⑤〔任土地者〕尽地力、开阡陌之人，如李悝、商鞅等。

◎ **大意** 孟子说："冉求做季氏的家臣，不能改变季氏的德行，征收田赋反而比过去增加一倍。孔子说：'冉求不是我的学生了，学生们，你们可以大张旗鼓地谴责他！'由此看来，凡帮助不实行仁政的国君聚敛财富的人，都是孔子所鄙弃的，更何况那些替诸侯卖力征战的人呢？为争夺土地而进行战争，杀死的人遍布田野；为争夺一座城池而进行战争，杀死的人遍布城池，这是为了土地而吃人，其罪恶之大，将他们处死都嫌不够。所以，那些善于打仗的人，该受最重的刑罚；那些合纵连横、唆使诸侯拉帮结伙打仗的人，该受次一等的刑罚；那些强令百姓垦荒耕种的人，该受再次一等的刑罚。"

◎ **释疑解惑**

孟子是位理想主义者，而战国时代是一个崇尚武力的时代，土地辟、仓廪实、军力强、国力强盛，是天下所有诸侯国的追求，是他们在列国争战中占领上风，甚至实现一统天下目标的不二法门。然而，战国时代，几个大国地丑德齐，相差无几，莫能相尚，自己的力量不足以压倒对手，于是在外交上游说一些国家联合起来去攻打另一些国家的纵横家出场了。

战争是解决国家之间纷争的最后手段，也是不得已而为之的手段。然而，各诸侯国为扩大本国土地，为了广土众民，发起了连年战争。而战争之残酷，令人瞠目结舌！"争地以战，杀人盈野；争城以战，杀人盈城。"孟子目睹战争给百姓带来的痛苦，给国家造成的伤害，拍案而起，指责这种率土地以食人的勾当。他认为对善战者应给予最重的刑罚，而纵横之士虽然没有直接参与战争，但他们游说一些国家去攻打另一些国家，搬弄是非，唯恐天下不乱，对战争负有不可推卸的责任，应当接受次一等刑罚；而为增加国家财富，强令百姓耕种的人，同样是罪犯。

本章可看作是孟子反对不义之战的宣言书，充分表达了他对此类战争的厌恶与愤慨。人心思定，天下思统，这是大势所趋，人心所向，然而用什么方式一统天下呢？孟子主张用仁政与王道，而不是武力与霸道。孟子的主张看似迂阔而不切实际，然而却是从根本上结束战乱、解决天下一统代价最小的方法。

[15] 孟子曰："存乎人者，莫良于眸子①，眸子不能掩其恶。胸中正，则眸子瞭焉；胸中不正，则眸子眊②焉。听其言也，观其眸子，人焉廋③哉？"

◎ **注释**　①〔眸（móu）子〕瞳子，指眼睛。②〔眊（mào）〕眼睛昏花不明。③〔廋（sōu）〕藏匿，隐藏。

◎ **大意**　孟子说："观察一个人，最好莫过于观察他的眼睛。因为眼睛掩盖不了一个人内心的丑恶。心地光明正大，眼睛就会明亮；心地不光明正大，眼睛就灰暗无神。听一个人讲话的时候，注意观察他的眼神，这个人（的美与丑）怎么能够隐瞒得住呢？"

◎ **释疑解惑**

孟子教给我们辨识一个人内心真假善恶的方法，即观察人的眼睛。孟子似乎已经意识到眼睛是心灵之窗。一个人的眼睛是其内心世界的真实反映，眼睛无法掩饰一个人的真实想法。内心光明正大，眼睛就会明亮；内心不光明正大，眼睛就灰暗无神。听一个人说什么，同时又注意观察他的眼神，就能了解这个人是真是假，是诚是虚。

孟子的说法不是相士语，而是哲学语，是由对人的心理的透彻分析而总结出的识人辨人之法。这一方法至今仍然有着重要意义。

[16] 孟子曰："恭者不侮人，俭者不夺人。侮夺人之君，惟恐不顺焉，恶得为恭俭？恭俭岂可以声音笑貌为哉？"

◎ **大意**　孟子说："恭敬的人不会侮辱别人，俭朴的人不掠夺别人。侮辱别人、掠夺别人的国君,唯恐别人不顺从他,又怎么能做到恭敬和俭朴?恭敬和俭朴难道可以靠声音、笑貌装出来吗?"

◎ **释疑解惑**

恭敬与俭朴是人的美德。一个具有恭敬美德的人不会侮辱他人,一个真正具备俭朴美德的人,不会抢掠别人的财富。现在大国欺侮小国、强国欺辱弱国,无一不掠夺他人,欺辱他人,怎么会有恭敬与俭朴的美德呢?恭敬与俭朴这种美德不是外表装出来的,而是源于本性,发自内心。

如果说"观眸子"是从外在表现看内心世界的话,本章则是讲任何巧伪都不能掩盖其内在本质,这两章相互发明,相得益彰。总之,美德不是伪装出来的,任何伪装都欺骗不了人的眼睛。

[17] 淳于髡①曰:"男女授受不亲,礼与?"

孟子曰:"礼也。"

曰:"嫂溺,则援之以手乎?"

曰:"嫂溺不援,是豺狼也。男女授受不亲,礼也。嫂溺,援之以手者,权②也。"

曰:"今天下溺矣,夫子之不援,何也?"

曰:"天下溺,援之以道;嫂溺,援之以手——子欲手援天下乎?"

◎ **注释**　①〔淳于髡(kūn)〕复姓淳于,名髡,齐国人,约与孟子同时。战国时代著名辩士,曾游事于齐威王、齐宣王和梁惠王。②〔权〕变通。

◎ **大意**　淳于髡说:"男女之间不亲手递接东西,是礼制的规定吗?"

孟子说:"是礼制的规定。"

淳于髡问:"如果嫂子落水了,那么能用手把她拉上来吗?"

孟子说:"嫂子落水了而不去救,这简直是豺狼了。男女之间不亲手递接东西,这是礼制的规定;嫂子落水而用手把她救出来,这是变通的办法。"

◎ 离娄上

淳于髡说："现在，天下的人都掉落水中了，您不去救，为什么呢？"

孟子说："天下的人都落水了，要用王道去救；嫂子落水了，要用手去救。你难道想用手去救天下的人吗？"

◎ **释疑解惑**

淳于髡是齐国著名的辩士。他能言善辩、诙谐幽默，曾游事于齐威王、齐宣王和梁惠王。其中，"不鸣则已，一鸣惊人"的典故就出自他与齐威王的对话。而孟子以好辩而闻名天下，他与淳于髡之间的辩论异常精彩。

这场辩论可能发生在孟子去齐之前，淳于髡有可能受齐王之托前来劝阻孟子。淳于髡是高手，他首先将孟子置于礼与仁冲突的两难困局。他向孟子发难："男女之间不亲手递接东西，礼是这样规定的吗？"孟子的回答当然是肯定的，因为这是常识，这也是淳于髡所要的答案。淳于髡问："如果嫂子落水了，那么能用手把她救上来吗？"在叔嫂不通问的古代，叔嫂之间的交往礼仪有非常严格的规定。淳于髡将孟子置于两难困局：用手拉嫂子，就违背了礼；不拉嫂子，就是见死不救，就是不仁。要么非礼，要么不仁，二者必居其一。淳于髡抛出这个问题之后，十分得意。

孟子的回答让淳于髡的这种得意瞬间就消失了：嫂子落水而不施以援手，这简直就是豺狼。男女之间不亲手递接东西，这是礼制的规定；嫂子落水而用手把她救出来，这是变通、权宜之计。孟子的答复一经一权，将淳于髡精心设下的困局给解开了。

固然，平常无缘无故去拉嫂子的手，严重违犯了礼的规定，将为明礼之人所不齿；然而在特殊情况下，在嫂子行将被淹死的时候，一个人还拘于礼的规定而不出手援救，这就不是礼与不礼的问题，而是人与不人的问题了，也就是一个人有没有人性的问题。礼是可以变通的，是相对的，是人设的。人设礼是为人服务的，人性是绝对的，仁是绝对的。在仁与礼冲突之时，礼必须合乎仁，而不是仁合乎礼。

这时淳于髡亮出了底牌："现在，天下的人都掉进水中了，您不去救，这是为什么呢？"意思是说，现在天下大乱，天下人都陷入水深火热之中，为什么要离齐而去，而不施以援手呢？孟子回答说："天下的人都落水了，要用王道去救；嫂子落水了，要用手去救。难道能用手去救天下的人吗？"天下不是能够以手而援者，只有施仁政、行王道，才能援天下、救斯世。

197

孟子好辩，更善辩，但孟子的辩论不是狡辩，而是以理说理。通过他与淳于髡的辩论，我们知道孟子虽然一再强调法先王之道，但他并不墨守成规，而是主张灵活、变通。这一经权观对中国文化的影响非常深远。

[18] 公孙丑曰："君子之不教子，何也？"

孟子曰："势不行也。教者必以正①；以正不行，继之以怒。继之以怒，则反夷②矣。'夫子教我以正，夫子未出于正也。'则是父子相夷也。父子相夷，则恶矣。古者易子而教之，父子之间不责善③，责善则离，离则不祥莫大焉。"

◎ **注释** ①〔正〕正言正行。②〔夷〕伤。③〔责善〕责备善。

◎ **大意** 公孙丑说："君子不亲自教育自己的儿子，为什么呢？"

孟子说："这是由于客观情势上行不通。教导别人必须用正言正行；用正言正行无效，接下来往往便会动怒。如果动怒了，反而会伤害感情。（儿子会说：）'您用正言正行来教育我，而您自己的行为却未合乎正言正行。'这就伤害父子之间的感情了。父子之间伤了感情，那就不好了。古时候相互交换儿子进行教育，父子之间避免以善来互相督责。以善来互相督责，会使父子关系疏远，父子关系疏远，没有比这更不好的事情了。"

◎ **释疑解惑**

本章的核心观念有两个：一是父子不责善，二是易子而教。

孟子指出：父子关系是亲情关系，主恩。父子之间关键是亲情的养育、呵护，故而不能相互指责；父子之间相互指责，就会伤害感情。感情一旦受到伤害，关系就会疏远，隔阂就会产生，父子之间没有比这更严重的事了。

虽然孟子强调父子之亲是不学而知、不学而能的良知良能，但他没有因此而忽略父子关系，尤其是父子感情的维护与培养，而父子不责善就是维系父子感情的重要方式。良知良能需要保护乃至精心呵护，才能守住。

古人之所以不亲自教育自己的儿子，是因为父子不责善。古人之易子而教是客观上不得已的办法。教育特性在于教育者必须以正言正行来教育学生，如果以正言正行教育失效，教育者往往会动怒。一动怒，心就不正，行就有所不正。儿子会说："您用正言正行来教育我，而您自己的行为却未合乎正言正行。"这样一来，父子之间就以善来互相责备。以善来互相责备，会使父子关系疏远，父子之间的感情就会出现问题。古之人不亲教子，易子而教是呵护父子感情、教育子女的重要方式。

[19] 孟子曰："事，孰为大？事亲为大；守，孰为大？守身为大。不失其身而能事其亲者，吾闻之矣；失其身而能事其亲者，吾未之闻也。孰不为事？事亲，事之本也；孰不为守？守身，守之本也。曾子养曾皙①，必有酒肉；将彻，必请所与；问有余，必曰：'有'。曾皙死，曾元②养曾子，必有酒肉；将彻③，不请所与；问有余，曰：'亡矣'。将以复进也。此所谓养口体者也。若曾子，则可谓养志也。事亲若曾子者，可也。"

◎ **注释** ①〔曾皙〕姓曾，名点，字皙，孔子的学生，曾参的父亲。②〔曾元〕曾参的儿子。③〔彻〕同"撤"。

◎ **大意** 孟子说："侍奉谁最重要？侍奉父母最重要。坚守什么最重要？坚守自己的操守最重要。不丧失自己的操守而能侍奉好父母的人，我听说过；丧失自己的操守而能侍奉好父母的人，我从来没听说过。哪位长者不该侍奉？可侍奉父母却是侍奉的根本。什么道义不应该坚守？但守住自己的操守是根本。曾子奉养他的父亲曾皙，每顿饭必定有酒肉。撤掉食物时，必定要请示（剩下的酒肉）给谁；曾皙问有没有剩余，必定说'有'。曾皙去世后，曾元奉养他的父亲曾子，每顿饭也必定有酒肉。撤掉时，不请示剩余的给谁；曾子问有没有剩余，就回答说'没有了'，准备拿剩下的下顿再进奉给父亲。这叫作对父母的口体奉养。像曾子那样，就可以说是顺从亲意了。侍奉父母能像曾子那样就可以了。"

◎ **释疑解惑**

本章的核心观念是"守身"与"养亲"。

"守身"就是守住自己做人的底线,不丧失最起码的人格操守。

守身是事亲的基础,世界上只有不丧失自己做人的底线而能侍奉好父母的人,不存在丧失自己的操守而能侍奉好父母的人。一个人如果不能守身,就连自己的父母都无法侍奉,何以谈从事于家国天下?侍奉父母是从事一切道德活动的根本,而守住自己的人格底线是守住德性人格的根本。

事亲不难,但也不易。事亲的最高境界不不仅仅是对父母口体之养,即让父母吃饱穿暖的身体之养,而是心理之养、精神之养,养其心志。何谓口体之养?何谓养志呢?孟子认为曾子奉养他的父亲曾皙就是"养志",而曾元养曾子则是"口体之养"。曾子养曾皙是每顿饭必定有酒肉,曾子在父亲吃罢,撤掉食物时,要请示送给谁吃,曾皙问有没有剩余,一定说"有"。曾皙去世后,曾元奉养他的父亲曾子,每顿饭也必定有酒肉;撤掉时,曾元不请示剩余的给谁;曾子问有没有剩余,就回答说"没有了",准备将剩下的食物下顿饭再进奉给父亲。养亲要知亲,知亲就是知亲之心意。酒肉,在古代乃稀有之物,作为父母肯定不愿独享,而愿与同侪乃至晚辈共享。同样是酒肉,曾元让父亲吃下去不舒服,而曾子让父亲吃下去舒服。吃下去舒服、吃得安心,这就是养志。吃下去不舒服,吃下去心不安,这叫作对父母的口体奉养。

[20] 孟子曰:"人不足与适[1]也,政不足与间[2]也;惟大人为能格[3]君心之非。君仁,莫不仁;君义,莫不义;君正,莫不正。一正君而国定矣。"

◎ **注释** [1]〔适〕同"谪"(zhé),指责。[2]〔间〕批评,非议。[3]〔格〕纠正。

◎ **大意** 孟子说:"那些当政的小人,不值得去指责,他们的政事也不值得去非议。只有大德之人才能纠正国君心里的错误。国君仁爱,就没有谁不仁爱;国君行事公正、合理,就没有谁行事不公正、不合理;国君端正,就没有谁不端正。一旦使国君端正了,国家就安定了。"

◎ **释疑解惑**
当政者执国家之权柄,决定着国家的大政方针与政策的制定。执政者有可能是小人，也有可能是大人，即大德之人。之所以小人能得志，源于胁肩谄笑，阿谀奉承，迎君之好，逢君之恶，将国君变成昏君——他们将国家搞得乌烟瘴气。因而小人的行为不值得去指责，小人处理的政事不值得去非议，言之齿冷！

"惟大人为能格君心之非。"格君心之非就是纠正国君心中的错误念想，使其意诚心正，使国君成为有道之君。成为有道之君，国君就会仁爱，上行下效，全国就会兴起仁爱之风；国君行事公正、合理，就没有人行事不公正、不合理；国君端正，就没有人不端正。对于社会风尚来说，国君是关键，有什么样德行的国君就会有什么样的社会风尚。

[21] 孟子曰："有不虞①之誉，有求全之毁。"

◎ **注释** ①〔虞〕意料、期待。

◎ **大意** 孟子说："有意料不到的赞誉，也有过于苛求的诋毁。"

◎ **释疑解惑**

大千世界，无奇不有，人事纷杂，什么样的事情都会发生。孟子所说的"有意料不到的赞誉，也有过于苛求的诋毁"，道出了人世间的实情、实事。"意料不到的赞誉"和"过于苛求的诋毁"，对于个人而言，发生在谁身上是偶然，而这种现象的出现则是必然的、正常的。人往往喜欢"意料不到的赞誉"，而讨厌"过于苛求的诋毁"，但前不必喜，后不必恶。以责人之心责己，以恕己之心恕人，如此而已。

[22] 孟子曰："人之易①其言也，无责耳矣。"

◎ **注释** ①〔易〕轻易。

◎ **大意** 孟子说："一个人说话随随便便，是因为他无须负什么责任罢了。"

◎ **释疑解惑**

　　这一句话一向有不同的理解,朱熹认为:人之所以轻易其言者,以其未遭失言之责故耳。盖常人之情,无所惩于前,则无所警于后。依朱子理解,这句话应这样翻译:一个人轻易出言,是因为他说的话没有受过指责罢了。俞樾先生在《孟子评议》中认为,"无责耳矣,乃言其不足责也"。杨伯峻先生采俞氏之说。以俞氏解,孟子这句话翻译成现代文则为:人能什么话都轻易地说出口,便没有必要责备他。本处认为,这些解释过于曲折。孟子有官守言责之说,责应为责任之责。一个人轻易出言,是因为他对自己说出的话不必负责任。如果自己肩负着责任,说话当然就不能随便;如果对自己说出的话负有责任,说话也不能随便。孟子告诉我们,对那些轻易许诺、随便夸海口的人,不要相信,因为这些人对自己说出的话本来就不愿承担责任。这实际上仍然是教给我们识人辨人的方法。

[23]　孟子曰:"人之患在好为人师。"

◎ **大意**　孟子说:"人们的毛病在于喜欢充当别人的老师。"

◎ **释疑解惑**

　　常人之情,往往责人则明,律己则暗。议论别人头头是道,谈起自己如坠雾中。如此一来,人们往往愿意为他人下指导棋,教诲别人如何如何,这就是好为人师。孟子对好为人师的行为是持批评态度的。好为人师有何不好?有的人指出,患就是害,好为人师就会有祸害。我们认为这种解释太功利了,不合乎孟子思想。孟子之所以讥刺好为人师之人,是因为好为人师则不恭、不谦逊,常常好人所受教,而不好人之所教。孟子的这句话与其说是泛泛批判时人的,不如说是批判当时自以为是的国君的。

[24]　乐正子①从于子敖②之齐。

　　乐正子见孟子。孟子曰:"子亦来见我乎?"

曰:"先生何为出此言也?"

曰:"子来几日矣?"

曰:"昔者。"

曰:"昔者,则我出此言也,不亦宜乎?"

曰:"舍馆未定。"

曰:"子闻之也,舍馆定,然后求见长者乎?"

曰:"克有罪。"

◎ **注释**　①〔乐正子〕即乐正克,鲁人,孟子弟子。②〔子敖〕齐王宠臣,即王驩。

◎ **大意**　乐正子跟随王驩来到齐国。

乐正子拜见孟子。孟子说:"你也会来看我吗?"

乐正子说:"先生为什么会说这种话呢?"

孟子问:"你来了几天了?"

乐正子说:"前些天。"

孟子说:"前些天就来了,我说这话还不应该吗?"

乐正子说:"住所没有定下来。"

孟子说:"你听说过,住所定下来了,才去求见长辈的吗?"

乐正子说:"我有过错。"

◎ **释疑解惑**

这一章通过孟子与乐正克的对话,向我们展示了师生相处之道。

乐正克,孟子早年的学生,与王驩一同来到齐国。王驩,与孟子政见不合,相处不洽。孟子对这位齐王宠臣早已心怀不满,而自己的学生却与这样的人在一起,孟子自然心里不舒服。恰巧乐正克违背与师长相见之礼,孟子于是得到机会,对乐正克进行批评教育。

乐正克拜见孟子。孟子说:"你也会来看我吗?"乐正克说:"先生为什么这样说呢?"孟子问:"你来了几天了?"乐正克说:"前些天。"孟子说:"你前些天就来了,我说这话还不应该吗?"乐正克说:"宾舍一直没有确定下来。"孟子说:"你听说过,住所定下来了,才去求见长辈的吗?"乐正克说:"我错了。"

孟子是真的计较乐正克没有及时拜见，还是恼怒他与王驩交往呢？恐怕二者兼而有之。乐正克毕竟是孟子的高足，在孟子点拨下，很快醒悟过来，马上认识到自己的过错。

[25] 孟子谓乐正子曰："子之从于子敖来，徒铺啜① 也。我不意子学古之道而以铺啜也。"

◎ **注释** ①〔铺（bū）啜（chuò）〕铺，食。啜，喝。
◎ **大意** 孟子对乐正子说："你跟着王驩来，只是为了混吃喝罢了。我没有想到，你学习古人的大道，却拿它来混吃喝。"
◎ **释疑解惑**

本章是接上章而来，如果与上章合为一章，也未尝不妥。

孟子批评乐正克探访不及时只是借口，而乐正克与王驩混在一起才是孟子生气的真正原因。

王驩，齐王的宠臣，曾与孟子一起前往滕国出使，当时孟子身为正使，王驩只是副使，却包办一切，搞得孟子很不高兴。我们由此得知王驩是一个不知分寸、很难合作的人，但同时也是一个有办事能力且深得齐王宠信的人。孟子严厉批评乐正克与这样的人混在一起，指出："你跟着王驩来，只是为了混吃喝罢了。我没有想到，你学习古人的大道，却拿它来混吃喝。"这个批评可谓尖锐、深刻，一语惊醒乐正克。学习古人大道用来混吃喝，是对古之大道的亵渎，同时也是自己人格低下的表现。"士志于道，而耻恶衣恶食者，未足与议也。"（《论语·里仁》）何况是用来混吃混喝呢？

这里虽然未见乐正克对孟子批评的反映，通过上一章最后一语"克有罪"，足见此人可教，孟子才如此批评他、点化他；否则，孟子可能就不屑教了。

◎ 离娄上

[26] 孟子曰:"不孝有三①,无后为大。舜不告而娶②,为无后也,君子以为犹告也。"

◎ **注释** ①〔不孝有三〕赵岐注:"于礼有不孝者三事,谓阿意屈从,陷亲不义,一不孝也;家贫亲老,不为仕禄,二不孝也;不娶无子,绝先祖祀,三不孝也。"②〔舜不告而娶〕舜受尧之二女,因为父母对舜极为刻薄,如告父母,则不得娶,因而没有禀告。

◎ **大意** 孟子说:"(按礼制规定,)不孝的事有三件,其中没有子孙后代是最大的不孝。舜没有禀告父母就娶妻,是担心没有后代,所以君子认为他如同禀告了一样。"

◎ **释疑解惑**

"不孝有三,无后为大"的观念,在传统社会广为流传,在当今社会则招来不少争议。其实,孟子提出这一观念,是基于当时特殊的历史背景。

孟子所处的战国时代,地广人稀,如何增加人口是当时执政者考虑的最重要的问题。"不孝有三,无后为大"在传统社会是有实效的,这一生育导向保障了华夏民族的繁衍生息和不断发展壮大。

"不孝有三,无后为大"是舜"不告而娶"的理由与根据。先秦时代,孝是人们恪守的核心价值观,一切价值都要服务于孝的价值。舜正是以"无后为大"这一价值观去接受尧之二女,不告而娶,实现婚姻自主的。

[27] 孟子曰:"仁之实①,事亲是也;义之实,从兄是也;智之实,知斯二者弗去是也;礼之实,节文②斯二者是也;乐之实,乐斯二者,乐则生矣;生则恶可已也,恶可已,则不知足之蹈之手之舞之。"

◎ **注释** ①〔实〕与虚相对,实际、实质。②〔节文〕节,调节。文,修饰、优化、美化。

◎ **大意**　孟子说:"仁落实下来,就是侍奉父母;义落实下来,就是顺从兄长;智落实下来,就是了解这两方面的道理而不背离;礼落实下来,是对两者进行合理的调节并加以修饰;乐落实下来,就是爱好这两者。(爱好这两者,)快乐也就自然产生了;快乐一产生怎能抑制得住呢?抑制不住,就会不知不觉地手舞足蹈起来了。"

◎ **释疑解惑**

仁、义、智、礼、乐五个观念组合在一起,而不是仁、义、礼、智"四端","四端"是就性言,这里的仁、义、智、礼、乐是就事言。孟子非常重视家庭伦理,仁与义是孟子思想的核心价值,而这一核心价值的确证要从家庭伦理或血缘伦理开始。

孟子认为,仁、义、智、礼、乐不是虚的,而是实的。一个人不能口谈仁义而不去践行,这样的仁义,虚而不实,了无现实内容。在孟子看来,仁义是实学,人人可学,人人可做,落实下来不过是侍奉父母、顺从兄长而已;智落实下来,就是了解事亲与从兄这两方面的道理;礼落实下来,就是对事亲与从兄进行合理的调节并加以修饰,乐落实下来,就是爱好这两者。(爱好这两者),快乐也就自然产生了。快乐一产生怎能抑制得住呢?抑制不住,就会不知不觉地手舞足蹈起来了。此乐乃天伦之乐。

[28]　孟子曰:"天下大悦而将归己,视天下悦而归己,犹草芥也,惟舜为然。不得乎亲,不可以为人;不顺乎亲,不可以为子。舜尽事亲之道而瞽瞍①厎豫②,瞽瞍厎豫而天下化,瞽瞍厎豫而天下之为父子者定,此之谓大孝。"

◎ **注释**　①〔瞽(gǔ)瞍(sǒu)〕舜的父亲。②〔厎(zhǐ)豫〕厎,致之意。豫,乐。意思是说非常快乐。

◎ **大意**　孟子说:"天下的人都很高兴,并且将要来归附自己,把天下人悦服并将归附于自己看得如同草芥的，只有舜是这样。不能得到父母的欢心，不可以称之为人；不能顺从父母的心意，不能算是好儿子。舜竭尽全力侍奉父母，终于使他的父亲瞽瞍高兴了；瞽瞍高兴了，天下的人由此受到感化；瞽瞍高兴了，天下父子之间应有的伦常关系也就确定了，这叫作大孝。"

◎ 释疑解惑

天下人都高兴，天下人都归附，这是何等的光荣！多少人求之不得，羡慕不已。然而大舜将这种事业上的成功视同草芥，并不觉得有什么了不起。得不到父母的欢心，不可以为人；不能顺从父母的心意，不可以为子。一句话，做不到孝，不能称之为人，不能称得上人子。舜竭尽全力侍奉父母，终于使他的父亲瞽瞍高兴了；瞽瞍高兴了，天下的人由此受到感化；瞽瞍高兴了，天下父子之间应有的伦常关系也就确定了，这叫大孝。舜作为天子，面对不慈、无爱之母，他何以能做到这点？因为在舜看来，天下悦而归己是能力问题、才华问题，得父母之欢心，顺乎父母之心意是道德问题、价值问题、本质问题。一句话，能否做到孝，是人与非人的问题，是人能不能成为人的问题。舜成为天子，还竭力侍奉父母，让父亲高兴。父亲高兴了，父子关系融洽了，人间的伦常关系就稳定了。舜与其父的紧张关系都可化解，天下哪一对父子的矛盾不可化解？天下父子关系融洽，天下就太平了。

离娄下

《离娄下》共三十三章，主要围绕三个问题展开论述：第一，为人之道。孟子言为人之道，从人禽之辨说起，认为"人之异于禽兽者几希"，只有君子才能保存这几希之点，这也是君子不同于常人之处，君子"以仁存心，以礼存心"。由君子之道进而言大人之道，大人就是"不失其赤子之心"的人。由大人之道而言圣人之道，认为只要是圣人，虽然相隔千里，相去千岁，"得志行乎中国，若合符节。先圣后圣，其揆一也"。得志之圣贤与不得志之圣贤，其揆一也。"禹、稷、颜回同道。"第二，为政之道。孟子批评郑国大夫子产是"惠而不知为政"，要求国君"视臣如手足"，对臣"谏行言听，膏泽下于民""视民如伤"，做到"以善养人"。第三，论五不孝。

◎ 离娄下

[1] 孟子曰:"舜生于诸冯①,迁于负夏②,卒于鸣条③,东夷之人也。文王生于岐周④,卒于毕郢⑤,西夷之人也。地之相去也,千有余里;世之相后也,千有余岁。得志行乎中国,若合符节⑥,先圣后圣,其揆一也。"

◎ **注释** ①〔诸冯〕地名,已不可详考,一说今山东诸城市诸冯村,一说今山东菏泽以南十五里。②〔负夏〕地名,相传今山东兖州以西。③〔鸣条〕丘陵名。界于山西闻喜以南,夏县、运城以北。今山西运城安邑镇。④〔岐周〕地名,指岐山下周的旧邑,在今陕西岐山县东北。⑤〔毕郢〕地名,在今陕西咸阳市东二十一里。⑥〔符节〕符与节都是古代印信之物,双方各执一半,以验真假。

◎ **大意** 孟子说:"舜出生在诸冯,迁居到负夏,死在鸣条,是东方边远之人。文王生在岐周,死在毕郢,是西方边远之人。两地相距一千多里,时间相隔一千多年,但他们得志后在中国推行他们的抱负,简直没有什么两样,(这是因为)前代的圣人和后代的圣人,他们所遵循的准则是一样的。"

◎ **释疑解惑**

"先圣后圣,其揆一也"是本章的核心,是孟子在本章中所要表达的真实思想。

舜是东夷之人,文王是西夷之人,东夷与西夷两地相距一千多里,舜与文王时间相隔一千多年,但他们"得志行乎中国,若合符节",两人施政主张完全相合,故而"先圣后圣,其揆一也"。这里表达了"天下无二道,圣人无两心"(《荀子·解蔽》)的思想,圣人高度契合并非一切完全一致,而是所使用的尺度、标准高度一致。

孟子"先圣后圣,其揆一也"的主张,事实上成为陆王心学的立论依据。陆九渊即曾喊出:"东海有圣人出焉,此心同也,此理同也;西海有圣人出焉,此心同也,此理同也;南海北海有圣人出焉,此心同也,此理同也;千百世之上至千百世之下有圣人出焉,此心此理,亦莫不同也。"(《陆九渊集·年谱》)这无疑是从"先圣后圣,其揆一也"中推导出来的。

相距千余里，相去千余年，先圣后圣之所以"得志行乎中国，若合符节"，关键在于"其揆一也"。"揆"是尺度，是标准。这个标准在内而不在外，陆九渊的心同理同，说到底是仁同义同。千古以上圣人，千古以下圣人，东海圣人，西海圣人，只要是圣人，都以仁义为尺度、为标准。

[2] 子产①听郑国之政，以其乘舆②济人于溱洧③。孟子曰："惠而不知为政。岁十一月，徒杠④成；十二月，舆梁⑤成，民未病涉也。君子平其政，行辟⑥人可也，焉得人人而济之？故为政者，每人而悦之，日亦不足矣。"

◎ **注释** ①〔子产〕复姓公孙，名侨，字子产，春秋时郑国的执政大夫。先秦典籍《左传》《国语》《论语》多载其言行或对其评价。②〔乘舆〕舆，本指车厢，这里代指车子，乘舆即所乘的车子。③〔溱（zhēn）洧（wěi）〕两条河水的名称，都发源于今河南省境内。④〔徒杠〕供人徒步走的小桥。⑤〔舆梁〕供车子通过的大桥。⑥〔辟〕通"避"，回避，避让。

◎ **大意** 子产执掌郑国的政事，用自己乘坐的车子帮助别人渡过溱水和洧水。孟子说："这是只知施恩惠于民却不懂处理好政事。（如果）十一月把行人走的小桥修好，十二月把行车通过的大桥修好，百姓就不会为渡河发愁了。做官的人搞好了政治，出行时让行人回避自己都是可以的，哪能一个个地帮行人渡河呢？所以执掌国政的人，如果想取悦每个人，时间是不够用的。"

◎ **释疑解惑**

本章的中心话题是批评子产"惠而不知为政"。

子产，春秋时代郑国的贤大夫，孔子曾称颂他。"子谓子产：'有君子之道四焉：其行己也恭，其事上也敬，其养民也惠，其使民也义。'"（《论语·公冶长》）孔子的评价不可谓不高。对自己、对国君、对百姓，在孔子那里子产都是为政者的榜样，然而孟子却说子产"惠而不知为政"，两者是否矛盾呢？

其实不然。孔子的话是对子产一生盖棺论定之后做出的整体评价，而孟子是针对子产的具体政策做出批评。概括子产的一生，当然不会纠缠于某些具体的政策、措施而过分关注细节，因为这往往会掩盖子产作为一代政治人物的光辉。子产用自己乘坐的车子帮助别人渡过溱水和洧水，这是"惠而不知为政"的行为。作为执政大夫，以自己的乘车充当百姓渡河的临时桥梁，许多人会为子产的这项举动而啧啧称赞。但在孟子看来，这只是沽名钓誉的小惠，不是一个执政大夫所应为。作为执政大夫，应考虑的不是一条河、两条河的问题，更不是一座桥、两座桥的问题，而是境内所有桥的问题；不是某一两处地方百姓过河的问题，而是境内所有百姓过河的问题。一个真正懂得为政之道的执政大夫，就应在每年十一月之前把行人走的小桥修好，十二月之前把行车通过的大桥修好，这样百姓就不会为渡河发愁了。如果一个执政大夫将国家治理好了，出行时让行人回避都是可以的，哪能一个个地帮行人渡河呢？一个执政之人，如果一味想着取悦每一个人，会整日纠缠于琐事之中，最后谁也照顾不好。

在孟子看来，作为一位政治家，施小惠于民是不够的，而用小惠来取悦于百姓更不合适。政治家所考虑的不是某一个具体问题，也不是个别人的问题，而是国家问题、境内百姓问题。政治家要顾全局、抓根本，不惠而惠乃为大惠。大惠者，普惠天下之谓也。这样说来，孟子对子产的批评不是很中肯吗？

[3]　孟子告齐宣王曰："君之视臣如手足，则臣视君如腹心；君之视臣如犬马，则臣视君如国人；君之视臣如土芥，则臣视君如寇雠①。"

王曰："礼，为旧君有服②，何如斯可为服矣？"

曰："谏行言听，膏泽③下于民；有故而去，则君使人导之出疆，又先于其所往；去三年不反，然后收其田里。此之谓三有礼焉。如此，则为之服矣。今也为臣，谏则不行，言则不听；膏泽不下于民；有故而去，则君搏执之，又极④之于其所往；去之日，遂收其田里。此之谓寇雠。寇雠，何服之有？"

◎ **注释** ①〔寇雠〕寇，盗贼、敌人。雠，同"仇"。寇雠，即仇敌。②〔为旧君有服〕去职的大臣为原来侍奉过的国君服丧。③〔膏泽〕滋润土壤的雨水，比喻恩惠。④〔极〕困穷，这里是使动用法，使……困穷。

◎ **大意** 孟子告诉齐宣王说："国君把臣下看得如同自己的手足，臣下就会把国君看得如同自己的腹心；国君把臣下看得如同狗马，臣下就会把君主看得如同寻常的国人；国君把臣下看得如同泥土草芥，臣下就会把君主看得如同仇敌。"

齐宣王说："礼制规定，（已经离职的臣下）要为侍奉过的国君服孝，君主怎样对待臣下，臣下才会为他服孝呢？"

孟子说："臣下劝谏的话君主照办了，臣下好的建议君主听从采纳了，使君主恩泽遍及百姓；臣下因故去职，君主就派人护送他出境，并且事先派人到他要去的地方做好安排；离开三年还不回来，才收回他的田产和房屋，这叫三有礼。这样，臣下就会为他服孝了。如今做臣下的，劝谏的话国君不肯照办，好的建议国君不肯听从采纳，国君的恩泽不能遍及百姓；因故离去，国君就要捉拿他，他到一个地方，还想方设法使他穷困万分；离开的当天，就没收了他的田产和房屋，这样就叫作仇敌。对于仇敌，臣下还服什么丧呢？"

◎ **释疑解惑**

在这一章，孟子告诉齐宣王君臣之间的关系是互动关系，是情义关系。臣对君的礼重、敬忠既不是绝对的服从关系，也不是天经地义的礼敬关系。君如何对待臣，臣就以相应的方式对待君。国君把臣下看得如同自己的手足，臣下就会把国君看得如同自己的腹心；国君把臣下看得如同狗马，臣下就会把君主看得如同寻常的国人；国君把臣下看得如同泥土草芥，臣下就会把君主看得如同仇敌。孟子的这些话是当面说给齐宣王听的，由此可见孟子的风骨、节操乃至刚正不阿的精神，同时，我们从中也可窥见齐宣王的宽容、大度与隐忍。唯齐宣王有这种宽容的修养，才使孟子的这番言论流传千古，也只有孟子这样的风骨，才可以面对强权有如此言论。

至于孟子与齐宣王"为旧君有服"的讨论实际上是对君臣关系的具体说明。一个去职的臣下怎样才能为旧君有服？说到底，只有旧君对臣下仁至义尽，充分为臣下着想，臣下才能有服。相反，一个臣下侍奉国君，劝谏不被受理，建议不被采纳，恩泽无法施于百姓；因故去职，国君立即收其田里，甚至将他捉起来，在臣下所到之处百般阻挠，使臣下陷入种种困厄，这是像对待仇敌一样对待臣下。如此，臣下怎么会为旧君服丧呢？

上下级的关系不仅是服从与被服从的关系，也不是简单的领导与被领导的关系，更重要的是，它是人与人之间的一种关系。只要谈人的关系，就要知道人是情感的存在，也是道义的存在；感情与道义相互支撑，"爱人者，人恒爱之；敬人者，人恒敬之"（《孟子·离娄下》）。作为上级，你怎样对待下属，下属就会怎样对待你。

孟子的这一主张与后世奉行的"君为臣纲""君要臣死，臣不得不死"等观念没有任何关系，甚至可以说是对几千年专制体制下流行的君臣关系的颠覆。孟子的这一观念受到曲学阿世之人的质疑，同时也受到专制暴君的批判。然而，孟子也受到刚直的学人与开明国君的褒扬。

[4] 孟子曰："无罪而杀士，则大夫可以去；无罪而戮民，则士可以徙。"

◎ **大意** 孟子说："无辜杀害有气节的读书人，那么做大夫的就可以离开这个国家；无辜杀害百姓，那么有气节之人就可以迁往别处。"

◎ **释疑解惑**

士何以为士？士有自己的节操、品格，代表着社会的良心与人间正道。如果士无辜被杀害，这就是践踏社会正义，摧残社会良知，可谓仁义充塞，率兽食人，那么做大夫的就应当离开这个国家，以示抗议。无辜杀害百姓，那么有气节之人就可以迁往别处，以表示对暴行的抗议。

同类相应，同气相求，物伤其类，这是千古不变的法则。士无罪被杀，大夫辞官以表示抗议，代表天理尚存，人心未死，大夫不表示抗议，则说明天理不彰。天理不彰，任由国君的暴行蔓延，接下来就会杀大夫。百姓无罪而被杀，士不表示抗议，无动于衷，则百姓之怨何由伸？天理何以见？士之去，则是对暴政最低限度的抗议。

[5] 孟子曰:"君仁,莫不仁;君义,莫不义。"

◎ **大意**　孟子说:"国君仁爱,就没有人不仁爱;国君有正义,就没有人不正义。"

◎ **释疑解惑**
　　这一章是说国君对百姓起着模范带头作用。仁义是社会的基本价值,是国家的核心观念,仁义的实现程度不取决于百姓,而是取决于国君。国君仁义,谁会不仁义?谁能不仁义?

[6]　孟子曰:"非礼之礼①,非义之义②,大人弗为。"

◎ **注释**　①〔非礼之礼〕焦循《孟子正义》谓:"似礼非礼。"杨伯峻采用这种译法。本书认为,此处直译为佳,即不符合礼的礼。②〔非义之义〕焦循《孟子正义》谓:"似义非义。"本处直译为"不符合义的义"更好。

◎ **大意**　孟子说:"不合乎礼的'礼',不符合的义的'义',德行高尚的人是不会去做的。"

◎ **释疑解惑**
　　有些人的行为虽然是礼,但实际已经违背了礼,如鲁国三家大夫演奏着天子之乐,撤去祭品,季孙氏之家乃至以八佾舞于庭。这些场面够壮观,够气派,但行这种礼实际上违背了礼的精神,不合乎当事人身份,这就是"非礼之礼"。墨家巨子孟胜为阳城君守城,阳城君死于难,而城不得守,孟胜率一百八十名墨者慷慨赴死,这是"非义之义";为报私仇而滥杀无辜的游侠也是"非义之义"。对于这些行为,君子不为也。

[7] 孟子曰:"中^①也养不中,才^②也养不才,故人乐有贤父兄也。如中也弃不中,才也弃不才,则贤不肖之相去,其间不能以寸^③。"

◎ **注释** ①〔中〕朱熹注:"无过不及之谓中。"也有人认为履中和之气的人称为中,这里的"中"是指有德行的人。②〔才〕朱熹注:"足以有为之谓才。"指有能力的人。③〔其间不能以寸〕差距不能以寸来衡量,小于寸。

◎ **大意** 孟子说:"道德修养高的人教育、熏陶道德修养不高的人,有才能的人帮助、扶持才能低的人,所以人们都喜欢有德有才的父辈与兄长。如果道德修养高的人鄙弃道德修养不高的人,有才能的人鄙弃没有才能的人,那么贤能的人与不贤能的人之间的距离,就近得不能用分寸来衡量了。"

◎ **释疑解惑**

　　人与人之间是需要相互帮助、相互扶持的,尤其是父子之间、兄弟之间。道德修养高的人教育、熏陶道德修养不高的人,有才能的人帮助、扶持才能低的人,正因为如此,人们才因为有了道德高尚且有才华的父辈与兄长,而感到自豪和骄傲。如果道德修养高的人鄙弃道德修养不高的人,有才能的人鄙弃没有才能的人,那么一个道德高尚且有能力的父兄,和一个不贤能的父兄,还有什么差别呢?

　　中国人并非习于"羡慕嫉妒恨",更多的是盼望他人尤其是自己的亲人德行好、才华出众。有德有能力的人一定要学会帮助、照顾没有能力的人,这样人们才会期盼别人能力更强,德行更高,才华更出众,社会才能进入良性循环。

[8] 孟子曰："人有不为也，而后可以有为。"

◎ **大意** 孟子说："一个人有所不为，然后才能有所作为。"

◎ **释疑解惑**

世界是无限的，人是有限的，用有限的生命去做无限的事情，应是痴心妄想。虽然我们常听人说，"世界有穷愿无穷""力移高山志填海"，但这只是人们心愿的诗意表达，并不是客观现实。

一个人应当量力而行，做自己能做、应做的事情。如果什么都想做，结果只能是什么也做不好，甚至什么也做不成。《颜氏家训·省事》云："'多为少善，不如执一；鼯鼠五能，不成伎术。'近世有两人，朗悟士也，性多营综，略无成名，经不足以待问，史不足以讨论，文章无可传于集录，书迹未堪以留爱玩，卜筮射六得三，医药治十差五，音乐在数十人下，弓矢在千百人中，天文、画绘、棋博、鲜卑语、胡书、煎胡桃油、炼锡为银，如此之类，略得梗概，皆不通熟。惜乎！以彼神明，若省其异端，当精妙也。"颜之推所说的近世两人，可谓聪明绝顶，样样通，结果行行都稀松。有所不为，才能有所为，才能大有所为。

[9] 孟子曰："言人之不善，当如后患何？"

◎ **大意** 孟子说："宣扬人家的缺点，招来了后患，应当怎么办呢？"

◎ **释疑解惑**

言有招辱也，行有招祸也，故而儒家主张慎言、讷言。主张扬人之善，而不是揭人之短，更不主张揭发别人的隐私。每一个人都应对自己的言论负责，暴露别人不足，揭发别人的隐私，是要负责任的，甚至是要负法律责任的。孟子在这里不过告诉人们要谨言慎言罢了。

[10] 孟子曰："仲尼不为已甚者。"

◎ **大意**　孟子说："仲尼不做过头的事。"

◎ **释疑解惑**

孔子以中庸之方处世，无过无不及，处事恰到好处，不走极端，更不会剑走偏锋。孔子曾说："好勇疾贫，乱也。人而不仁，疾之已甚，乱也。"（《论语·泰伯》）对不仁的人都不能过分批判，过分批判就是情绪性宣泄，不仅达不到目的，反而会激起情绪化反弹，激化矛盾，使问题更加复杂、更不易解决。

[11] 孟子曰："大人者，言不必信，行不必果，惟义所在。"

◎ **大意**　孟子说："有德行的人，说话不一定句句守信用，所做的事情不一定都要有个结果，只有道义是最终追求。"

◎ **释疑解惑**

"言必信，行必果"，是做人的基本道德规范。言而有信，这是对人的基本要求。孟子何以说"言不必信，行不必果"呢？言必信是常态，而言不必信，行不必果是权变，是变通。这种变通是势有必至、理有必然的结果，这个势就是当下的客观情势，这个理就是义。尾生守信，抱柱而亡，结果害己害人。而明知已错，却要顽固坚持到底，这种行必果只能坏事，不能成事，也不能称之为有德，甚至是缺德，"硁硁然小人哉"（《论语·子路》）。

信要服从于义，行要合乎义，由仁义行。一切以义为准则，这才是孟子的真实用心。

[12] 孟子曰："大人者，不失其赤子之心者也。"

◎ **大意**　孟子说:"德行高尚的人,是不丧失自己原初本心的人。"

◎ **释疑解惑**

赤子,初生之婴孩。人之初,性本善。"仁义礼智,非外铄我者也,我固有之也。"(《孟子·告子上》)孟子认为仁义礼智是先天的,不是后天的。大人就是道德品质高尚的人,大人能保持自己的本心,以仁存心,以礼存心,所以不失其赤子之心。而不少人是"放其心而不知求",学问之道就是找回自己的本心,即"求放心"。

[13]　孟子曰:"养生者不足以当大事,惟送死可以当大事。"

◎ **大意**　孟子说:"生前奉养父母不能算是大事,只有为父母送终即丧事办妥才算得上大事。"

◎ **释疑解惑**

养老送终是中国人对父母报恩的基本要件。孟子认为,养生与送终相比,送终更重要。送终之所以重要,是因为送终践行着丧礼、祭礼。曾子说:"慎终追远,民德归厚矣。"(《论语·学而》)送终就是慎终,丧尽礼,祭尽诚,可以改良民风,化民成俗,优化社会风气。

[14]　孟子曰:"君子深造之以道,欲其自得之也。自得之,则居之安;居之安,则资之深;资之深,则取之左右逢其原,故君子欲其自得之也。"

◎ **大意**　孟子说:"君子依照正确的方法进行深层次探究,是想使他自己有所收获。通过自己的努力体会出的道理,拥有它才会心安理得;拥有它心安理得,就能积蓄很深;积蓄深了,就能左右逢源、融会贯通,所以君子想要自己有所收获。"

◎ **释疑解惑**

　　此章讲究学问探究的方法：在做学问的道路上，在真理的追求上，如果想有自己的收获，必须"深造之以道"。深造固然重要，"以道"更重要，无道而深造将无所得，有道而不深造，同样无所得，"深造"与"以道"二者缺一不可。只有自己得来的东西，拥有它、占有它才心安理得。只有心安理得，才能涵泳其中，向深处想，向大处悟。涵泳久了，就能左右逢源、融会贯通。一切努力最终还是为自得。深造、自得、资深、左右逢源等词语，我们今天仍然在使用。

[15]　孟子曰："博学而详说之，将以反说约也。"

◎ **大意**　孟子说："广博地学习，详细地阐述，是要由此返回能简明扼要地表达的境地。"

◎ **释疑解惑**

　　博与约是学问的两种方法，由约而博，由博返约，这是学问的一体两面。孟子对学问之道深有心得。广博地学习，详细地阐述，是达到简明扼要之境的学习方法，至今仍然有着重要的方法论意义。由约而博易，但由博返约难，由博学而详说，以至于返约，这是学问的升华，是思想境界的提升。

[16]　孟子曰："以善服人者，未有能服人者也；以善养人，然后能服天下。天下不心服而王者，未之有也。"

◎ **大意**　孟子说："用善来使人服气，没有能使人心服的；用善来涵养、感化人，才能使天下的人心服。天下的人不心悦诚服，却能使天下归顺而统一天下，这是从来不会有的事。"

◎ **释疑解惑**

　　力行善道是人之本分。行善或力行善道是目的，不是达到某目的的手段。如果将善视为让人服气的手段，那么这种善已经不是真善。善不是用来服人，而是用来养人的。所谓养就是涵养，即熏渍陶染，是对他人感染、浸润。以善养人，人才能心悦诚服。作为国君，只有以善养人，才能让天下人心悦诚服，才能一统天下。

[17] 孟子曰："言无实不祥。不祥之实，蔽贤者当之。"

◎ **大意**　孟子说："说话空洞而没有实际内容是不好的。不好的后果，应由阻碍进用贤者的人承担。"

◎ **释疑解惑**

有人说话夸夸其谈却空洞无物、了无边际，这种人长期占据话语权却提不出解决实际问题的政治主张，这对于国家不祥。空谈者长期占据话语权，从某种意义上剥夺了贤者的话语权，由此孟子认为，不祥后果应由阻碍任用贤者的人承担。

[18] 徐子①曰："仲尼亟称于水②，曰'水哉，水哉！'何取于水也？"

孟子曰："原泉混混③，不舍昼夜，盈科④而后进，放乎四海。有本者如是，是之取尔。苟为无本，七八月之间雨集，沟浍皆盈，其涸也，可立而待也。故声闻⑤过情，君子耻之。"

◎ **注释**　①〔徐子〕徐辟，孟子的学生。②〔仲尼亟称于水〕亟，屡次。孔子多次称赞水，甚至感叹：水啊！水啊！《论语》中，孔子临川叹水，又说"知者乐水"等，大概在孟子时代还能读到更多孔子赞水之文。③〔混混〕混，同"滚"。水流充沛的样子。④〔盈科〕科，坑、坎。盈科即充满坑坎。⑤〔声闻〕名声。

◎ **大意**　徐辟说："孔子多次称赞水，说道：'水啊，水啊！'对于水，孔子赞许它哪一点呢？"

孟子说："源头里的泉水滚滚涌出，不分白天黑夜，注满坑洼后继续前进，一直流入大海。有本源的事物都是这样，孔子就取它这一点罢了。如果没有本源，像七八月间大雨滂沱，大小沟渠都积满了水，但它们干涸只要很短的时间。所以，声望超过了实际情况，君子以此为耻。"

◎ **释疑解惑**

水是生命之源。自人类诞生起，水就与人类息息相关。离开了水，人类就无法生存。水诞育了生命，又滋润了生命，但洪水又可以随时淹没生命，乃至吞噬人类的一切。水，对于人类生存与发展有着重要意义。中国古代先哲又从水的流动、变化中领悟出许多人生道理。先贤多比德于水，从水的形态、流动、变迁中领悟出水之仁、水之义、水之礼、水之智、水之信。徐辟问孟子："孔子多次称赞水，说道：'水啊，水啊！'对于水，孔子赞许它哪一点呢？"孟子说："源头里的泉水滚滚涌出，不分白天黑夜，注满坑洼后继续前进，一直流入大海。有本源的事物都是这样，孔子就取它这一点罢了。如果没有本源，像七八月间大雨滂沱，大小沟渠都积满了水，但它们干涸却只要很短的时间。所以，声望超过了实际情况，君子以此为耻。"孔子何以称水？亦不得详考。《韩诗外传》里记载了孔子"亟称于水"的理由，可备一说。子贡问："君子看见大水总是要观赏，这是为什么呢？"孔子回答说："君子是用水来比拟人的道德啊！水施于万物而无私，这不是像很有德行吗？所到之处万物生长，这不是像很有仁爱吗？流向总是循着一定的道理，这不是像很有正义吗？浅处流淌，深处莫测高深，这不是很有智慧吗？奔赴深渊大谷而毫无疑惧，这不是很有勇气吗？任何细微之处也不放过，这不是明察吗？脏东西进去，干干净净出来，这不是很善于化育吗？水面永远是平的，这不是很公正吗？不求一概满盈，这不是很有节度吗？无论经过多少曲折，始终向东流，这不是很坚毅吗？正因为水有这些特性，所以君子看见大水就一定要观赏。"比德于水，这是中国古代哲学家对大自然的感悟，将自然现象拟人化，又将人投射到自然现象之中，这种类比思维构成了中国哲学的一大特征。

对于徐辟的疑惑，孟子的回答是基于他对孔子的理解，未必就是孔子的本意。其实本章是孟子借助于徐辟之问，阐明自己对水的理解。有本有源，踏实、稳步推进，最后才能够放乎四海；没有本源，像七八月间的暴雨，来得猛烈，去得匆匆。这是孟子体会出的水德。这种水德告诉我们，不要急于求成，更不要急于成名。急于成名，那就是七八月间的水而已。名，来也匆匆，去也匆匆。有本有源，稳步前进，最终才能放乎四海。

"声闻过情，君子耻之"是本章的结论，也是本章的主题。孟子大概以此告诫徐辟，不要追求世俗的名声，而要在追求人生大道上踏踏实实下功夫。

[19] 孟子曰："人之所以异于禽兽者几希，庶民去之，君子存之。舜明于庶物，察于人伦，由仁义行，非行仁义也。"

◎ **大意** 孟子说："人区别于禽兽的地方很少，一般人将很少的这点区别给丢弃了，君子则保存了这点区别。舜弄懂了万事万物的道理，明察人的各种关系，遵循仁义的原则去行事，而不是将仁义作为手段去推行仁义。"

◎ **释疑解惑**

孟子道性善，言必称尧舜。性善说是孟子全部理论的根据，是孟子学说的基础。性善说的根据恰恰在于人禽之辨。如果不是立足于人禽之辨的意义，性善论是很难成立的。人性之所以是善的，不在于人与动物的相同之处，而在于人与动物的相异点，或者说是人区别于动物且高于动物的构成人之所以为人的本质特征的那些点。

人区别于动物、高于动物的那些特点是人之所以为人的根据，是人之本性，然而不少人丢失了这些本性，只有有修养的君子才保留着它。保留得最好的当然是大舜，舜明了万事万物的道理，明察人伦关系，因此能遵照仁义行事，而不是勉强地推行仁义。

"由仁义行，非行仁义也。"由仁义行，仁义是内在的，是人们行事的标准、价值尺度，一切行事要根据仁义的原则。"行仁义"，仁义是手段，不是目的。"非行仁义"就是不要把仁义作为手段、工具去使用。仁义一旦工具化，将会变成不仁不义。为出名而行善、做好事，就是"行仁义"，而非"由仁义行"。行善就是行善，行善之外无目的，做好事就是做好事，这件好事不做，我心里不安，做了我就心安了，这就是"由仁义行"。

[20] 孟子曰："禹恶旨酒^①而好善言。汤执中^②，立贤无方^③。文王视民如伤，望道而未之见。武王不泄迩^④，不忘远^⑤。周公思兼三王，以施四事；其有不合者，仰而思之，夜以继日；幸而得之，坐以待旦。"

◎ **注释** ①〔旨酒〕美酒。②〔执中〕坚持中正的原则和中道立场。③〔无方〕没有固定、一成不变的法则，唯贤是立，执中有权。④〔不泄迩〕泄，通"狎"。轻慢对待。迩，近。不泄迩，即不轻慢与自己距离近的朝臣。⑤〔不忘远〕远指诸侯。不忘远，即不忘记散在四方边远的诸侯国国君。

◎ **大意** 孟子说："禹讨厌美酒而喜欢善言。汤掌握住中正的原则，选拔贤人没有一成不变的常规。文王看待百姓，如同他们受了伤一样，（总是同情抚慰；）追求道却像从未发现过一样，（永无懈怠，不断追求。）武王不轻慢身边的朝臣，不遗忘驻守四方的边远之臣。周公想要拥有夏、商、周三代圣王的美德，践行禹、汤、周文王、周武王四圣的功业；如有与三代四圣不符合的情况，就仰首思索，夜以继日；幸而想通了，就坐等天亮（以便立即实行）。"

◎ **释疑解惑**
孟子通过追溯三代四圣之事，其一说明三代四圣都有自己独特的治国理政的方法、原则，其二说明周公是三代四圣的集大成者。大禹的美德是讨厌美酒而喜欢善言。美酒虽美，但多饮伤人；善言有时候听起来不顺耳，却是治理天下的良方。商汤的美德是坚持中正原则，选用贤才没有常规，唯贤是举。周文王的美德表现在望见百姓如同百姓受了伤害一样，极为同情百姓；探索大道如同从未发现道一样，永远充满兴趣与好奇。周武王不怠慢近臣，也不遗忘驻守四方的边远之臣。周公想要拥有夏、商、周三代圣王的美德，践行禹、汤、文王、武王四圣的功业；如有与三代四圣不符合的情况，就仰首思索，夜以继日；幸而想通了，就坐等天亮，以便立即实行。

三代四圣所处的具体时空背景不同,其美德展现形式不同,所取得的功业也不同,可以说各有千秋,都值得欣赏。周公兼三代四圣之德,并运用三代四圣之德去治理天下国家,这是周公的伟大之处,也是他集诸圣之大成之所在。

孟子歌颂三代四圣,加上周公是五圣,当然不仅仅是为缅怀古圣往贤,而是为战国时代的国君树立标准、典型,让他们去学习。

[21] 孟子曰:"王者之迹①熄而《诗》亡,《诗》亡然后《春秋》作。晋之《乘》②,楚之《梼杌》③,鲁之《春秋》,一也:其事则齐桓、晋文,其文则史。孔子曰:'其义则丘窃取之矣。'"

◎ **注释** ①〔迹〕采诗活动。②〔《乘》〕春秋时晋国的史书。后用以称一般的史书。③〔《梼杌》〕楚国的史书。

◎ **大意** 孟子说:"圣王采集歌谣的做法废止后,《诗》就没有了;《诗》没有之后,就出现了《春秋》一类史书。晋国的《乘》,楚国的《梼杌》,鲁国的《春秋》,都是一样的:上面记载的是齐桓公、晋文公之类的事,上面的文字,都是由史官记录而成。孔子说:'各国史书的编纂原则,我自己将它们拿来(运用到《春秋》中去)了。'"

◎ **释疑解惑**

文化总是变化的,一种文化形态消歇了,另一种文化形态会代之而起。孔子之前的时代,圣王采《诗》,各地献《诗》,《诗》是孔子之前的时代有教养的人的思想表达形式,是那个时代的文化形态。天子采诗的做法停止了,各地献《诗》也就没有了,《诗》的鼎盛时代也就结束了。《诗》的鼎盛时代过去了,代之而起的是史书时代,修史、编史风气由此形成。晋国的《乘》、楚国的《梼杌》、鲁国的《春秋》等都是史书。可惜晋国的《乘》、楚国的《梼杌》等在历史发展中消失了,唯有鲁国的《春秋》经过孔子编修保存下来。孔子说:"各国史书的编纂原则,我自己将它们拿来运用到《春秋》中去了。"《春秋》可谓春秋时代史书的最高成就,也是孔子那个时代史书的集大成者。

中国历史上一种文化形式兴起了,另一种文化形式就相对衰弱了。《春秋》之后，从思想义理上看，先秦诸子学、两汉经学、魏晋玄学、南北朝隋唐佛学、宋明理学、清代朴学，先后继起，在中国思想史的舞台上尽显风流。就文学表现形式上看，唐诗、宋词、元曲、明清小说等，各领风骚数百年。一代之治必有一代之学，一代之学必成一代之治，这是中国文化发展的内在魅力！

[22] 孟子曰："君子之泽①五世而斩②，小人之泽五世而斩。予未得为孔子徒也，予私淑③诸人也。"

◎ **注释**　①〔泽〕恩惠，引申为影响。②〔斩〕断绝。《广雅·释诂一》曰："斩，断也。"③〔私淑〕私，私下。淑，善。敬仰某人的德行与学问，自己私下学习其道德学问。

◎ **大意**　孟子说："君子道德风尚的影响，五代以后就断绝了；小人道德风尚的影响，五代以后也就断绝了。我没能（赶上）做孔子的门徒，我是私下从别人那里学习（孔子的道德学问）的。"

◎ **释疑解惑**

无论是君子，还是小人，其影响力超不过五代。如果三十年为一代，影响力不超一百五十年，五代以后影响力就没有了。然而圣人之泽，传之久远。孔子距孟子相去早已超过五代，但孔子的影响力犹在，孟子"私淑"诸人而得闻孔子的德行与学问。

在本章中，孟子一方面告诉我们，其学问的来源是直追孔子；另一方面告诉我们，圣人的影响力非君子、小人之可比，其历史越久，影响越大。

[23] 孟子曰："可以取，可以无取，取伤廉；可以与，可以无与，与伤惠；可以死，可以无死，死伤勇。"

◎ **大意**　孟子说:"可以拿,可以不拿,拿了就伤害廉洁;可以赐予,可以不赐予,赐予了就伤害恩惠;可以死,可以不死,死了就伤害勇敢。"

◎ **释疑解惑**

在是非分明、利害清楚时,人们比较容易做抉择。但社会是复杂的,许多事情并非总是黑白分明的,在取与不取、予与不予、死与不死之间有许多模糊的空间。关系到个人利益的,可以取,也可以不取,取不犯法,也不违纪。但孟子认为,如果选择了取,就伤害了个人的廉洁;如果选择不取,则显出高风亮节。

作为国君,面对可以赐予也可以不赐予的情形时,就不应当赐予,以免"伤惠"。为何赐予反而"伤惠"呢?这不好理解。如果这是孔子所说的"君子周急不继富"(《论语·雍也》)的意思,那么如果对方需求确实很急,而不是富呢?我们怀疑此处经文有误,可能"与伤惠"的"与"字前漏掉一"无"字。也有人认为,战国时代,豪侠风气盛行,四方豪杰滥施恩惠,孟子针砭时弊,引以为戒,这样说有一定的道理,但不足以服人。

面对可以牺牲、可以不牺牲的情形,牺牲伤勇,这个不难理解。儒家一向珍惜生命,反对无意义、无价值的牺牲。在可以死、也可以不死的情况下,选择了死,就是不珍重生命,就是对勇这个美德的伤害。勇的本质是珍惜生命,保护生命,而不是轻视生命,更不是漠视生命。

面对难以抉择的处境,孟子给出明确的答案,即灵活运用与理解儒家的价值观。

[24]　逢蒙①学射于羿②,尽羿之道,思天下惟羿为愈己,于是杀羿。孟子曰:"是亦羿有罪焉。"

公明仪曰:"宜若无罪焉。"

曰:"薄乎云尔,恶得无罪?郑人使子濯孺子③侵卫,卫使庾公之斯④追之。子濯孺子曰:'今日我疾作,不可以执弓,吾死矣夫!'问其仆曰:'追我者谁也?'其仆曰:'庾公之斯也。'曰:'吾生矣。'其仆曰:'庾公之斯,卫之善射者也;夫子曰"吾生",何谓

◎ 离娄下

也？'曰：'庾公之斯学射于尹公之他⑤，尹公之他学射于我。夫尹公之他，端人也，其取友必端矣。'庾公之斯至，曰：'夫子何为不执弓？'曰：'今日我疾作，不可以执弓。'曰：'小人学射于尹公之他，尹公之他学射于夫子。我不忍以夫子之道反害夫子。虽然，今日之事，君事也，我不敢废。'抽矢，扣轮，去其金，发乘矢⑥而后反。"

◎ **注释** ①〔逄（péng）蒙〕逄，相传是羿的学生，后叛变，帮助有穷国的相寒浞杀了羿。②〔羿〕又称后羿，传说是夏代有穷国的君主，以善射闻名。③〔子濯孺子〕郑国大夫。④〔庾公之斯〕卫国大夫。⑤〔尹公之他〕卫国人。⑥〔乘（shèng）矢〕乘，乘矢，四支箭。

◎ **大意** 逄蒙向羿学射箭，完全掌握了羿的技巧后，他想到天下只有羿超过他，于是杀死了羿。孟子说："这事羿也有过错。"

公明仪说："羿应该是没有过错吧。"

孟子说："（过错）小一点罢了，怎么能说没有过错呢？郑国派子濯孺子入侵卫国。卫国派庾公之斯追击他。子濯孺子说：'今天我的病发作了，不能拿弓箭，我死定了！'又问给他驾车的人说：'追我的人是谁呀？'那位车夫答道：'是庾公之斯。'子濯孺子便说：'我能活下去了。'车夫说：'庾公之斯是卫国擅长射箭的人，先生却说"我能活下去了"，为什么这样说呢？'子濯孺子说：'庾公之斯向尹公之他学习射箭，尹公之他向我学习射箭。尹公之他是正直的人，他选择的朋友也一定正直。'庾公之斯追上来了，问：'先生为什么不拿弓呢？'子濯孺子说：'今天我疾病发作，不能拿起弓箭。'庾公之斯说：'我向尹公之他学射箭，尹公之他则是跟您学的射箭。我不忍心用您的箭术反过来害您。虽然这样，今天这事是君王交托的事情，我不敢不做。'抽出箭在车轮上敲打，去除金属制的箭头，射了四箭然后就回去了。"

◎ **释疑解惑**

逄蒙向羿学习射箭技术，将羿之技术全部学会了，以为天下只有羿一人的射箭技术高于自己，于是就杀了羿。逄蒙向人学艺，艺成害师，历来为人所不齿，这是天下共识。逢蒙何止嫉贤妒能，简直是恩将仇报，不仅是道德上的小人，还是法律应惩处的恶人。但孟子提出了自己独特的见解，认为羿之取祸，他自己也应负责任。

择人要淑，遇人要善，教人以德，这样才不至于害人害己。教育不能只是教人知识和技艺，更重要的是教人德行。孟子举例说明：郑国派子濯孺子入侵卫国，卫国派庾公之斯追击他。子濯孺子突然发病，不能拿弓箭，认为自己死定了。当他听说追杀他的是庾公之斯时，立即认为自己有救了。虽然庾公之斯是卫国擅长射箭的人，但子濯孺子认为：庾公之斯向尹公之他学习射箭，尹公之他向自己学习射箭。尹公之他是正直的人，他选择的学生也一定是公平、正直的人。庾公之斯追上来了，得知子濯孺子疾病突然发作，不能拿起弓箭时，说他向尹公之他学射箭，尹公之他又是向子濯孺子学的射箭。庾公之斯不忍心用子濯孺子的箭术反过来害他。虽然这样，事情是国君交托的，庾公之斯不敢不做，便抽出箭，在车轮上敲去金属制的箭头，连发四箭而去。子濯孺子善于选择和教育学生，注重学生的人品培养，相信学生尹公之他也会像自己一样选择和教育学生。"君子之泽，五世而斩"，由子濯孺子到尹公之他，不过三世而已，所以子濯孺子知道庾公之斯不会杀他。可羿却不善于选择和教育学生，对于逢蒙的人品失察失教，结果招致杀身之祸。

逢蒙尽得羿之术而杀羿，这样的历史悲剧一再上演，至今不绝。孟子告诉我们，一方面要注意识人察人；另一方面，在传授技艺的同时，一定要注意对学生进行品德教育。羿的悲剧就是教训：他只教逢蒙箭术，没有教他做人的道理，或者说只是传艺，而不传德。我们教学生，一方面要传授知识、技艺，另一方面还要培养德行人格，从德与才两个方面进行教育与培养，使之全面发展，成为德才兼备的人。只有做到了这两个方面，才不会酿成祸端，否则，会使自己反遭其殃，后悔莫及。

从另一角度来说，羿有德否？羿本人是否重艺而轻德呢？羿以善射闻名，却篡夺了夏朝的王位，恐怕正因为羿本人也不重德，故而才有逢蒙这样的学生。这也从另一个方面告诉我们：艺人、工匠、有技能的人，只重技艺，而不重自己的德行，那么这种技艺既可以成己，也可以害己。

◎ 离娄下

[25] 孟子曰:"西子^①蒙不洁,则人皆掩鼻而过之;虽有恶人^②,齐^③戒沐浴,则可以祀上帝。"

◎ **注释** ①〔西子〕春秋时越国美女西施,这里泛指美女。②〔恶人〕与美人"西子"相对,指外表丑陋的人。③〔齐〕通"斋"。

◎ **大意** 孟子说:"如果西施这样的美人蒙上了脏东西,那么人人都会掩着鼻子走过她跟前;即使是长得丑陋的人,只要斋戒沐浴,同样可以祭祀上帝。"

◎ **释疑解惑**

西施是美人的代表,有着极高的"颜值"与"回头率",然而,如果她身上蒙上脏物,人们同样会掩鼻而走。任何美的东西都必须有恰当的呈现方式,如果没有恰当的呈现方式,美便会转化为丑。

我们认为,此章的意义并不是为了讨论西施的美,或者西施是如何由美的象征变成令人讨厌的存在物的。西施是美的化身,象征着君子。本章涉及的问题是,如何才能成就一位君子。文质彬彬,然后君子。君子既要有内在本质的善,也要有呈现内在善的恰当方式。如果一位君子认为自己本性好、品德好就可以了,而不注重外在的礼仪规范,甚至表现得极为粗鄙,那么就像"西施蒙不洁"一样,受到人们的鄙视。

"西施蒙不洁"这句话告诉我们,本质再好的人有了污点,也会被众人看轻。"虽有恶人,齐戒沐浴,则可以祀上帝。"这告诉我们,即便一个人形象不佳,只要依礼行事,内心虔诚,也可以得到认可。

[26] 孟子曰:"天下之言性也,则故^①而已矣。故者以利^②为本。所恶于智者,为其凿也。如智者若禹之行水也,则无恶于智矣。禹之行水也,行其所无事^③也。如智者亦行其所无事,则智亦大矣。天之高也,星辰之远也,苟求其故,千岁之日至^④,可坐而致也。"

◎ **注释** ①〔故〕原来、原本、固有，这里指事物本来具有的规律。②〔利〕顺，这里指顺乎自然。③〔无事〕不用做事。大禹治水是根据水的自然本性，不治而治，不是逆着水性治水。顺水自然本性，不费人力，令水顺势入海，故曰"无事"。④〔日至〕夏至或冬至，这里指冬至。

◎ **大意** 孟子说："天下之人所说的本性，无非指万物固有的规律而已。固有的规律是以顺乎天生的本性为根本的。之所以要讨厌玩弄聪明的人，是因为他们穿凿附会。如果真正聪明得能像禹使水顺势而流那样，当然就不会讨厌聪明了。禹使水顺势流淌，做的是不用穿凿而顺其自然的事。如果聪明人也能做不用穿凿而顺其自然的事，那聪明也就大得不得了。天是很高的，星辰是很远的，如果能推求它们固有的（运行）规律，那么一千年后的冬至，也是可以坐着推算出来的。"

◎ **释疑解惑**

对本性的讨论乃至天下万事万物本性的讨论古已有之。在孟子看来，天下人所说的本性指的是万事万物原有的规律而已。原有的规律是以顺乎天生的本性为根本。玩弄聪明之所以让人讨厌，是因为他们穿凿附会，远离了事物本有状态。老子言道就是智者穿凿附会，把本来很简单的问题说得非常复杂、玄远，令人难测，以显深刻、高明。墨家兼爱也是智者穿凿附会，因为蹈空，无法落实。如果真正聪明得能像禹治水那样，让水顺势流淌，完全不用穿凿而顺其自然。这种不用穿凿而顺其自然的聪明是真正的聪明，是大得不得了的聪明。虽然天很高，星辰很远，但我们一旦掌握天地运行规律并加以推算，那么一千年后的冬至都可以坐着推算出来。

谁说儒家不懂科学？"天之高也，星辰之远也，苟求其故，千岁之日至，可坐而致也"，这一论断，显然含有非常丰富的科学智慧。孟子的这一见解是以天文历算为基础的，没有发达的天文学，孟子也得不出这样的结论。在这里，孟子告诉人们，一定要按事物固有的规律办事，不能自以为聪明而穿凿附会。

[27] 公行子①有子之丧，右师②往吊。入门，有进而与右师言者，有就右师之位而与右师言者。孟子不与右师言，右师不悦，

曰："诸君子皆与驩言，孟子独不与驩言，是简③驩也。"

孟子闻之，曰："礼，朝廷不历④位而相与言，不逾阶而相揖也。我欲行礼，子敖以我为简，不亦异乎？"

◎ **注释** ①〔公行子〕齐国大夫。②〔右师〕官名，此处指齐国大夫王驩，字子敖。③〔简〕怠慢。④〔历〕越，跨越。

◎ **大意** 公行子为儿子办丧事，右师前去吊丧。进了门，就有走上来同他说话的，（坐下后，）又有走近他的座位来同他说话的。孟子不同右师说话，右师不高兴地说："大夫们都来同我说话，只有孟子不同我说话，这是怠慢我。"

孟子听了这话，说："按礼的规定，在朝廷上不能越过位次相互交谈，不能越过台阶相互作揖。我是想按礼办事，子敖却认为我怠慢了他，这难道不令人诧异吗？"

◎ **释疑解惑**

右师王驩为齐王宠臣，在齐国无人敢小视，以至于在齐国大夫公行子儿子的丧礼上，各位吊丧者纷纷走上前与这位右师打招呼、套近乎，然而孟子却无动于衷。这位权臣很不高兴，公然批评孟子怠慢自己。

孟子指出，按礼的规定，在朝廷上不能越过位次相互交谈，不能越过台阶相互作揖；他只是按礼办事，子敖却认为怠慢了他，令人费解！孟子以礼处事，然而参与吊丧的齐国大夫也未必不知礼，但为什么还要破坏礼纷纷与右师套近乎呢？说到底，他们是将丧礼视为政治集会，视为联络感情的场所，吊丧本身反而是次要的了。

在丧礼上，大夫们高谈阔论，临丧不哀，何以观之哉！

[28] 孟子曰："君子所以异于人者，以其存心也。君子以仁存心，以礼存心。仁者爱人，有礼者敬人。爱人者，人恒爱之；敬人者，人恒敬之。有人于此，其待我以横逆①，则君子必自反也：我必不仁也，必无礼也，此物②奚宜③至哉？其自反而仁矣，自反而有

礼矣，其横逆由是也，君子必自反也，我必不忠。自反而忠矣，其横逆由是也，君子曰：'此亦妄人也已矣。如此，则与禽兽奚择④哉？于禽兽又何难⑤焉！'是故君子有终身之忧，无一朝之患也。乃若所忧则有之：舜，人也；我，亦人也。舜为法⑥于天下，可传于后世，我由未免为乡人也，是则可忧也。忧之如何？如舜而已矣。若夫君子所患则亡矣。非仁无为也，非礼无行也。如有一朝之患，则君子不患矣。"

◎ **注释** ①〔横逆〕朱熹注："谓强暴不顺于理也。"意即蛮横无理。②〔此物〕物就是事，事是指"横逆"的态度。③〔奚宜〕怎么会。④〔奚择〕朱熹注："何异也。"择，择别。奚择，有什么区别。⑤〔难〕责难。⑥〔法〕效法，学习的楷模。

◎ **大意** 孟子说："君子之所以不同于一般人，是因为他保存住了自己的本心。君子把仁保存在心里，把礼保存在心里。仁人会关爱别人，有礼貌的人会尊敬他人。关爱他人的人，常常会受到别人的关爱；尊敬他人的人，常常会受到别人的尊敬。假设这里有个人，他以粗暴蛮横的态度对待我，那么，我作为一个君子一定会反省自己：我（对他）一定还有不仁的地方，一定有无礼的地方，不然，事情怎么会这个样子呢？自我反省后，我实在做到了仁，实在做到了礼，那人的粗暴蛮横态度仍然如此，君子一定还要自我反省：我（待他）一定还没有做到尽心竭力。经过反省，实在做到了尽心竭力，那人的粗暴蛮横还是这样，君子就说：'这不过是个狂妄之徒罢了。像他这样，同禽兽有什么区别呢？对于禽兽又有什么好责备的呢？'因此，君子有终身的忧虑，没有一时的担心。至于终身忧虑的事：舜是人，我也是人；舜给天下的人树立了榜样，影响可以流传到后世，我却仍然不免是个平庸的人，这是值得忧虑的。忧虑了怎么办？像舜那样去做罢了。至于说到君子一时所担心的，那是没有的。不仁的事不干，不合礼的事不做。即使有一时的担心，君子也不认为那是值得担心的。"

◎ **释疑解惑**

此章非常精彩，读后可谓痛快淋漓。

孟子从存心讲起，认为君子能存心，小人不能存心。所谓存心就是存性。在孟子那里，本心即本性，本性即本心，从本源的意义上讲心性不二。性善其实是本心即善。保持住自己的本心就是保持住自己的本性。君子以仁存心，以礼存心。仁，就是人的本心，存仁即存心，存心即存仁。礼是人的本心，存礼即存心，存心即存礼。仁的实质就是爱，礼的实质是敬。存仁的人会关爱别人，存礼的人会尊敬他人。"爱人者，人恒爱之；敬人者，人恒敬之。"这是一般规律，或者说是常态。有没有反常呢？孟子设定了一个反常现象，并教给我们处理反常现象的方法。

他说，假设这里有个人，他以粗暴蛮横的态度对待我，我作为一个君子一定要自我反省：我一定还有不仁的地方，一定还有无礼的地方，不然，他对我怎么会是这个样子呢？自我反省后，我实在做到了仁，实在做到了礼，那人的粗暴蛮横态度仍然如此，君子一定还要自我反省：我一定还没有尽心竭力。因为精诚所至，金石为开。对方心结未开，说明我精诚未至。经过反省，精诚已至，那人的粗暴蛮横还是这样。如此，君子认为这个人不过是个狂妄之徒罢了。像这样的人同禽兽有什么区别呢？对于禽兽又有什么好责难的呢？有的人天良丧尽，良知已泯，沦为禽兽，已不可理喻。对不可理喻之人讲理，实际上作践了理。

由此，孟子引出了"终身之忧"与"一朝之患"的对比。在他看来，真正有修养的君子可以而且应有"终身之忧"，而不要有而且不必有"一朝之患"。君子终身所忧：舜是人，我也是人；舜给天下的人树立了榜样，影响可以流传后世，我却不免平庸。大舜耕于历山，由平常人而成为非凡之人，即圣人；而我不过是平常人，这才是真正值得担忧的。担忧了怎么办？像舜那样努力去做就是了。至于"一朝之患"，对于有修养的君子而言是不存在的。不合乎仁的事不干，不合礼的事不做，对得住自己的天地良心，即使有什么意外之灾，也不值得担心了。

在孟子看来，做到仁与礼，就做好了自己应做之事，实现了自己的价值。仁，宅心厚道；礼，礼仪周全。对己做到了不失赤子之心，保持住了做人的尊严与价值；对人既爱且敬，做到仁至礼周。这样，君子就可以堂堂正正、俯仰无愧，存在于天地之间，就是一个人，一个真正的人，一个与天地并列的人。如此，何患之有？

[29] 禹、稷当平世，三过其门而不入①，孔子贤之。颜子当乱世，居于陋巷，一箪食，一瓢饮；人不堪其忧，颜子不改其乐，孔子贤之②。孟子曰："禹、稷、颜回同道。禹思天下有溺者，由己溺之也；稷思天下有饥者，由己饥之也，是以如是其急也。禹、稷、颜子易地则皆然。今有同室之人斗者，救之，虽被发缨冠③而救之，可也；乡邻有斗者，被发缨冠而往救之，则惑也，虽闭户可也。"

◎ **注释** ①〔禹、稷当平世，三过其门而不入〕禹、稷为舜之臣，舜命禹治洪水，稷教民耕种，二人皆能公而忘私，多次经过自己的家门而不进去。②〔孔子贤之〕孔子屡称颜子之贤，孟子这里所引出自《论语·雍也》。"子曰：'贤哉回也！一箪食，一瓢饮，在陋巷，人不堪其忧，回也不改其乐。贤哉回也！'"③〔被发缨冠〕被，通"披"。被发，即没有束发，头发散乱。缨、冠，帽带、帽子，这里作动词。古人戴帽子要先束发，再系好帽带。披散着头发就戴帽系缨，以示情况紧急。

◎ **大意** 禹、后稷处在太平时代，多次路过家门都不进去，孔子称赞他们。颜子处在乱世，居住在僻陋的巷子里，用一个小竹筐装饭吃，用一个瓢子舀水喝，别人忍受不了那种清苦，颜子却不改变他的快乐，孔子称赞他。孟子说："禹、后稷、颜回遵循同一个道理。禹一想到天下的人有淹在水里的，就觉得仿佛是自己使他们淹在水里似的；后稷一想到天下的人还有挨饿的，就觉得仿佛是自己使他们挨了饿似的，所以才那样急迫（地去拯救他们）。禹、后稷和颜回如果互换一下处境，也都会一样。假设现在有同室的人打架，（为了）阻止他们，即使披散着头发、没有系好帽带子去阻止他们，也是可以的。如果乡邻中有人打架，也披散着头发、没有系好帽带子去阻止，那就太糊涂了；（对这种事，）即使关起门来（不管它）也是可以的。"

◎ **释疑解惑**

"禹、稷、颜子易地则皆然"是本章的主题、核心，是孟子所要表达的中心思想。

◎ 离娄下

大禹治水，三过家门而不入；后稷树艺五谷，教民稼穑。禹、稷皆功在当代，泽及万世。禹一想到天下的人有淹在水里的，就觉得仿佛是自己使他们淹在水里似的；后稷一想到天下的人还有挨饿的，就觉得仿佛是自己使他们挨了饿似的。所以，禹、稷才那样积极救世。颜子居住在僻陋的巷子里，一箪食，一瓢饮，过着清苦的生活，却不改变自己求道的快乐。他既没有惊天伟业，也没有感人的故事，但孟子认为"禹、稷、颜回同道"。禹、稷、颜子心同理同，只是由于生活的时空背景不同，才有不同的处世方式和人生结果。

"禹、稷、颜回同道"，才会"易地则皆然"。天下无二道，圣贤无两心，禹、稷、颜回同道，为什么前两者积极救世，颜子却箪食瓢饮、隐于陋巷呢？禹、稷生当治世，颜子处于乱世，这是根本原因吗？处乱世不更应该积极作为，解民于水火吗？"天下有道，丘不与易也"，不是正因天下无道，才需要我辈吗？颜子何以不积极作为呢？孟子下面举的例子，给我们揭开了这一谜底。假若住在一起的人打架，为了劝阻他们，即使披散着头发、没有系好帽带子也是可以的。如果乡邻中有人打架，也披散着头发、没有系好帽带子去阻止，那就太糊涂了；即使关起门来，不去管它，也是可以的。禹、稷所遭遇的问题是同室之人斗，颜子所遭遇的问题是乡邻之人斗。这就告诉人们，同样面临着问题，有相关不相关、相涉不相涉的问题，相关、相涉就要积极作为，不相关、不相涉就要知进退，有所回避。禹、稷处治世，尧、舜为天子，以天下为公，天下乃天下人之天下，面对天下困难、忧患人人都应积极作为，去化解危机。而颜子生于乱世，天下为公的局面已不存在，家天下局面久矣，诸侯之战如乡邻之人斗，不再是同室之人斗。这是其一。其二，禹、稷都属于统治集团，自然有责任、有义务去急民之急，而颜子远离权力中心，当然"闭户可也"。

"易地"至少有两重含义：其一是说治世与乱世不同，其二是说地位不同，禹、稷在权力中心，为官，而颜子处陋巷，为民。"禹、稷、颜回同道"，而"易地则皆然"的真正意义便是如此。

[30] 公都子曰："匡章，通国皆称不孝焉，夫子与之游，又从而礼貌之，敢问何也？"

孟子曰："世俗所谓不孝者五：惰其四支①，不顾父母之养，一不孝也；博弈好饮酒，不顾父母之养，二不孝也；好货财，私妻子，不顾父母之养，三不孝也；从②耳目之欲，以为父母戮③，四不孝也；好勇斗很④，以危父母，五不孝也。章子有一于是乎？夫章子，子父责善而不相遇也。责善，朋友之道也；父子责善，贼恩之大者。夫章子，岂不欲有夫妻子母之属哉？为得罪于父，不得近，出妻屏⑤子，终身不养焉。其设心以为不若是，是则罪之大者，是则章子已矣。"

◎ **注释** ①〔四支〕即四肢。②〔从〕同"纵"。③〔戮〕朱熹《四书章句集注》曰："戮，羞辱也。"④〔很〕同"狠"。⑤〔屏〕屏退，疏远。

◎ **大意** 公都子说："（齐国的）匡章，全国人都说他不孝，您却同他交往，还对他很客气，请问这是为什么呢？"

孟子说："世俗所说的不孝，有五种情况：四肢懒惰，不顾父母的生活，这是一不孝；喜欢赌博喝酒，不顾父母的生活，是二不孝；贪图钱财，偏爱老婆孩子，不顾父母的生活，是三不孝；放纵于寻欢作乐，使父母蒙受羞辱，是四不孝；逞勇斗狠，连累父母，是五不孝。章子在这五种不孝中犯有哪一种吗？章子是因为父子之间互相责求善行而不能相处的。责求善行，这是朋友相处的原则；父子之间责求善行，是最伤感情的事。章子难道不想夫妻母子团聚？只是因为得罪了父亲，不能亲近他，（不得已）把妻子儿女赶出了门，终身不要他们侍奉。他心里设想，如果不这么做，就是更大的罪过。这就是章子罢了。"

◎ **释疑解惑**

孝是中华民族的传统美德。

齐国的匡章，身为大将，背负着不孝的罪名，举国不愿与他交往，而孟子却与普通人不同，不仅与匡章交往，丝毫没有看轻他的意思，甚至对匡章还很客气。孟子的学生公都子对此大惑不解，于是向老师发问：这是为什么？

在孟子看来，匡章与其父亲关系没有处好，不能说匡章不孝。因为匡章所作所为没有一条违反孝的原则。当时有五不孝：其一，四肢懒惰，不顾父母的生活；

其二，喜欢赌博喝酒，不顾父母的生活；其三，贪图钱财，偏爱老婆孩子，不顾父母的生活；其四，放纵自己，寻欢作乐，使父母蒙羞；其五，逞勇斗狠，连累父母。匡章没有违犯这五不孝中的任何一条。既然这样，为什么举国皆称其不孝呢？

孟子的解释是，匡章虽然没有违反孝道，但错误地使用"责善"之道与父亲相处，结果父子之间的感情疏远，父子之间不亲近，于是举国皆称匡章不孝。在孟子看来，"责善"是朋友相处之道，不是父子相处之道。"父子责善，贼恩之大者。"责善就是儿子责父不善，责其不善使之善，使父归于善，当然会让父亲颜面无光，甚至使父亲难堪，父子之间的感情便疏远了。

匡章因为得罪了父亲，不能亲近父亲。为了弥补自己的过失，不得已把自己的妻子儿女赶出了门，终生不用他们侍奉。他想用这种自虐的方式，取得父亲的谅解，效果我们不得而知。孟子为匡章辩护，说服力并不是很强。无论从哪个意义上说，匡章都没有与父亲处好关系，虽不能说他不孝，但毕竟有瑕疵。他想用"出妻屏子"这种极端自虐的方式挽回父子亲情，可谓错上加错。可以说，匡章就是不懂为父之心。

[31] 曾子居武城①，有越寇②。或曰："寇至，盍去诸？"曰："无寓人于我室，毁伤其薪木。"寇退，则曰："修我墙屋，我将反。"寇退，曾子反。左右曰："待先生如此其忠且敬也，寇至，则先去以为民望；寇退，则反，殆③于不可。"沈犹行④曰："是非汝所知也。昔沈犹有负刍之祸⑤，从先生者七十人，未有与焉⑥。"

子思⑦居于卫，有齐寇。或曰："寇至，盍去诸？"子思曰："如伋去，君谁与守？"

孟子曰："曾子、子思同道。曾子，师也，父兄也；子思，臣也，微也。曾子、子思易地则皆然。"

◎ **注释** ①〔武城〕故城在今山东省费县西南九十里。②〔越寇〕寇，动词，侵略，侵犯；越王勾践曾建都琅琊，琅琊位于今山东诸城市东南，离武城不远，鲁、吴、越等国在此处边界错综复杂，越国强而鲁国弱，常有越人入鲁境抢掠。③〔殆〕大概，恐怕。④〔沈犹行〕曾子的学生，姓沈犹，名行，其家族乃鲁国之大族。⑤〔负刍（chú）之祸〕负刍，一说人名。一说刍，喂养牲畜的草料。负刍，即背柴草。负刍之祸，一说名为负刍的人作乱，一说打柴的穷人起来造反。我们认为，负刍为人名的可能性更大。⑥〔未有与焉〕没有参与到这件事情中。当时曾子和七十个学生住在沈犹行家，沈犹行没有让这场灾祸波及他们，因为他们是老师和客人。言外之意，曾子有老师这一特殊身份，理所当然不应涉及越人入侵之灾。⑦〔子思〕姓孔，名伋，字子思，孔子之孙。

◎ **大意** 曾子居住在武城，越国军队来侵犯。有人说："敌人要来了，何不离开这里？"（曾子临离开时）说："不要让别人住到我家来，毁坏了这里的树木。"敌人退走了，曾子就说："修好我的墙屋，我要回来了。"敌人退走后，曾子回来了。他身边的人议论说："（武城人）对我们先生这样忠诚而恭敬，敌人来了，先生却先离开，给百姓做了这么个榜样；敌人退走了，他才回来，（这么做）恐怕不好。"沈犹行说："这不是你们所能明白的。从前，（先生曾住在我们那里，）沈犹家遭遇负刍作乱的祸事，跟随先生的七十个弟子，没有一个出事的。（因为他们是老师和客人，让他们先离开。）"

子思居住在卫国，有齐国军队来侵犯。有人说："敌人要来了，您何不离开这里？"子思说："如果我也离开，国君同谁来守城呢？"

孟子说："曾子和子思遵行相同的道理。曾子是老师，是长辈；子思是臣，身份低。如果曾子、子思互换了地位，也都会这样的。"

◎ **释疑解惑**

"圣贤易地则皆然"是孟子的基本观念。前面讲过孟子"禹、稷、颜子易地则皆然"，那是在宏大的时空背景下说的，此处"曾子、子思易地则皆然"显然指向具体的时空背景。

曾子居住在武城，越国军队来侵犯，他要求"不要让别人住到我家来，毁坏了这里的树木"。敌人退走了，曾子则说："修好我的房屋，我要回来了。"由此，人们对曾子的行为感到不理解，以至于议论纷纷。有人说：武城人对先生这样忠诚而恭敬，敌人来了，先生却先离开；敌人退走了，先生才回来，这样做恐怕不好。子思在卫国，齐国军队入侵。有人劝子思离开，子思却说："如果我也离开，国君同谁来守城呢？"

曾子在敌人来犯时，立即逃走了；子思在敌人来犯时，留下抗敌。两人的做法完全相反。谁是谁非？孟子认为，二人皆是。曾子和子思同道，曾子是老师，是长辈；子思是臣，社会地位低。曾子、子思的选择都是正确的。

虽然圣贤同道，但身份不同、地位不同，对同一问题可以做出不同的甚至相反的选择。这要求我们，应根据自己的年龄、长幼尊卑等，做出恰当的抉择。理解儒家经典一定要辨析清楚"位"这一核心观念，而践行儒家学说也一定要清楚自己的"位"，如此才能理解孟子"圣贤易地则皆然"的意义。

[32] 储子①曰："王使人瞯②夫子，果有以异于人乎？"孟子曰："何以异于人哉？尧舜与人同耳。"

◎ **注释** ①〔储子〕人名，齐国人，齐王宠臣。②〔瞯〕窥视，偷看。

◎ **大意** 储子说："齐王派人暗中观察先生，（您）果真有同别人不一样的地方吗？"孟子说："哪有什么同别人不一样的呢？尧、舜与普通人也一样啊！"

◎ **释疑解惑**

"尧舜与人同耳"一语震撼千古，可谓一语破的，道出儒家学问的不传之秘。

孟子在战国时代是一位非凡人物，在齐王看来，非凡人物必有非凡之处。于是派人暗中观察孟子，看看孟子是否有异于常人之处。齐王派人观察孟子，未必是偷窥，也无关乎孟子的隐私，也许只是出于好奇。

齐王观察良久，可能一无所获，于是让储子询问孟子：先生果真有异于常人之处吗？孟子回答十分果决、自信且有几分自负：我哪里有与常人不同之处？尧舜与人同耳。这就告诉齐王，圣人与常人是一样的：在外在构造上与常人是一样的；在生理特点上与常人是一样的，也得吃喝、冬要暖、夏要凉等；喜怒哀乐与常人也是一样的；从本性上看，人人都有尧之性，即人性本善。然而，现实中并非人人都是尧舜。尧舜异于人者，非在外貌与情感，而在于心。

"尧舜与人同耳"一语道出了孟子的自信，他说"尧舜与人同"，又说自己与常人比没有什么两样，显然自比尧舜，可见他是儒门之"大雄"。"大雄"者，精进勇猛之谓也。化孟子之"雄"而进之者，孔子、颜子也。孔子、颜子，即凡即圣，即圣即凡。

[33] 齐人有一妻一妾而处室者，其良人①出，则必餍②酒肉而后反。其妻问所与饮食者，则尽富贵也。其妻告其妾曰："良人出，则必餍酒肉而后反；问其与饮食者，尽富贵也，而未尝有显者来。吾将瞯良人之所之也。"

蚤③起，施④从良人之所之，遍国中无与立谈者。卒之东郭墦间⑤，之祭者，乞其余；不足，又顾而之他。此其为餍足之道也。

其妻归，告其妾，曰："良人者，所仰望而终身也，今若此。"与其妾讪⑥其良人，而相泣于中庭，而良人未之知也，施施⑦从外来，骄其妻妾。

由君子观之，则人之所以求富贵利达者，其妻妾不羞也，而不相泣者，几希⑧矣。

◎ **注释** ①〔良人〕古代妇女对丈夫的称呼，有人认为，古之"良"，犹今之"郎"。②〔餍(yàn)〕饱。③〔蚤〕同"早"。④〔施(yí)〕又音yǐ，通"迤"，斜行，不正大光明地走路。⑤〔墦(fán)间〕墓场。墦，坟墓。⑥〔讪〕讥诮，咒骂。⑦〔施施〕得意扬扬的样子。⑧〔几希〕非常少。希，通"稀"。

◎ **大意** 齐国有个人，家里有一妻一妾。丈夫每次出门，必定是喝足了酒、吃饱了肉之后才回家。妻子问同他一起吃喝的是些什么人，他说都是些有钱有权的人。妻子告诉他的妾说："丈夫每次出去，总是酒足肉饱后回来；问他同谁一起吃喝，他就说都是有钱有权的人，可是从来没见有头有脸的人到过我们家，我打算暗暗地观察，看看他都到什么地方去。"

（第二天）一早起来，（妻子）暗中跟着丈夫到他要去的地方，走遍全城没有一个站住了跟他说话的人。最后走到了东门外的一块墓地中间,(见丈夫)跑到祭墓人那里,讨些残剩的酒菜吃;没吃饱,又东张西望上别处去乞讨,这就是他吃饱喝足的办法。

妻子回家后,(把情况)告诉了妾,说:"丈夫,是我们指望终生依靠的人,现在他竟这样!"(说罢)同妾一起嘲骂丈夫,在庭中相对而泣。而丈夫还不知道,得意扬扬地从外面回来,还向妻妾摆架子。

在君子看来,人们用来追求升官发财的手段,能使他们的妻妾不感到羞耻、不相对而泣的,恐怕很少。

◎ 释疑解惑

这是《孟子》书中相当有名的一章,所谓"齐人之福"的典故就出自本章。

不少人羡慕拥有一妻一妾的齐人之福,却不知孟子讥讽的这位齐人为其妻妾所不齿!

不少人认为,这个故事可能不是真人真事,是孟子出于理论的需要设计出来的。这个说法,不是全无道理。但世间之事,常常出人意料,不少事只有想不到,没有做不到,这样的齐人在世间可能真的存在。

作为传统社会女人的终身托付,丈夫不富可忍,无权也能忍,但活得没有尊严,没有人格,没有人样,即使是妻妾也不能忍。为了满足自己的口腹之欲而没有尊严地活着,在外像狗,回到家里反而扬扬自得,甚至"骄其妻妾",则士之无行,于斯极也。

孟子用意在于借这位"骄其妻妾"的齐人讥讽那些为追求富贵利达而寡廉鲜耻的人。有人为了发财不顾廉耻,甚至是要钱不要命;有人为追求权力,为了向上爬,不顾廉耻;有人为了出名,不顾廉耻,什么乖张的事情都做得出来。骄其妻妾的齐人,过去有,现在有,将来还会有,一个社会的优良程度与这种齐人的多少成反比。